はしがき

　「人の生死を決定できるほど十分に賢い者はいない」。これはアメリカ合衆国ワシントン州の最高裁判事を務めたことのあるロバート・アターの言葉である（『毎日新聞』2010年3月31日付朝刊「極刑と生きる④」による）。この言葉を生み出したものは、言うまでもなくアメリカ合衆国における死刑をめぐる経験であると言ってよい。「無実の人や、死には値しない人たちを死刑にすることなく、ごく稀に、かつ、的確な対象だけを死刑にするような制度を構築することは不可能だ」というのである（デイビッド・T・ジョンソン/田鎖麻衣子訳「現代アジアにおける死刑の多様性」季刊刑事弁護63号〔2010年〕185頁）。裁判員裁判において死刑判決が相次いでいる今、そのことに思いをいたすとき、我が国における裁判員制度と死刑制度との関係について重大な疑念が生じる。

　たとえば、アメリカ合衆国において死刑を存置している州では（ジョージア州などごく一部の州を除き）、死刑適用事件に関しては有罪評決をした同一の陪審が有罪認定過程および量刑認定過程で提出されたすべての証拠を考慮した上で、「いかなる減軽事由にもまさる少なくとも1つの制定法上の加重事由の存在を訴追側が合理的な疑いを超えて立証したことを全員一致で」認めた場合に限り、死刑が言い渡される（小早川義則『裁判員裁判と死刑判決』〔成文堂、2011年〕13頁参照）。死刑大国と言われるアメリカにおいてさえ、陪審の死刑評決にあたってはこのような手続が履践されているのである。
　ところが、裁判員裁判で初めて死刑判決を言い渡した横浜事件では、死刑言渡し後に裁判長が被告人に控訴を勧める「異例の説諭」をしたことから、「死刑に納得しなかった者がいたということだろう」と言われている（五十嵐二葉「裁判員裁判の死刑判決」法と民主主義454号〔2010年〕65頁参照）。アメリカ合衆国では上述のように、こと死刑の適用に関しては有罪評決及び死刑評決のいずれについても全員一致制が採用されているのである。また、裁判員裁判初の死刑求刑かと予想されながら求刑通りの無期懲役が言い渡された鳥取事件では、裁判員選

任手続で配布された質問表に「死刑反対」と書いたため結果的に裁判員に選ばれなかったというある男性候補者の説明によると、裁判長との個別の面接の際、「死刑反対とありますが、宗教的なものですか」などと尋ねられ、「いいえ、個人的な考えです」と応じ、やりとりは1分程度で終わったという。アメリカ合衆国においては、死刑に関する見解を根拠に陪審員候補者が排除されるときの判断基準として、「説示および宣誓に従う陪審員としての義務の履行が妨げられるか実質的に阻害されるであろうと認められるか」というウィザースプーン＝ウィット法則が連邦最高裁判所の判例上、確立している。本法則の具体的な適用を詳細に研究した論者からは、わずか1分程度のやりとりで死刑に反対しそうな裁判員候補者を排除する手続に対して、「余りにも安易にすぎる判断であるといわざるを得ない」、との批判が出されている(小早川・前掲書152〜193頁、206頁参照)。あるいは、裁判員裁判で初めて少年に死刑判決を言い渡した石巻事件では、法廷証拠以外の情報が裁判員の心証形成に影響を及ぼした可能性が指摘されている(五十嵐・前掲論文65頁参照)、等々。

　以上のような疑問は取るに足りない些細な事柄に過ぎないとの見方が、内閣府の直近の世論調査では国民の85.6％もが死刑を支持しているという事実の重みを暗黙の前提にして、対置されるかもしれない。しかし内閣府の調査方法に対しては、「死刑に賛成」の率が高めに現れるという社会調査方法上の疑義が出されており、この点、実際に質問方法を変えた場合、死刑賛成は60％である。調査対象者の年齢の問題を考慮に入れても、内閣府の調査との大きな差は調査方法の問題を抜きには説明できないと考えられる。もっとも、それでもなお死刑反対(18％)との差は42ポイントもあることこそ問題であろう(本書第4章参照)。この点につき、ある政治思想の専門家の分析によれば、この間の格差拡大という社会の矛盾の深化に対して、それを客観的な社会のシステムの矛盾の問題へと繋ぐ回路が、労働組合や学生自治会などの中間団体の衰退に伴い消滅した一方で、教育制度・試験制度の整備という過程において個々人の「オンリーワン」の「差異的」なあり方に意味を求める主観的な思考が支配的となり、人々の共同性、連帯性、安定性、統合性が流動化された結果生まれた人々の不安感が、あのナショナリズムと同じように(犯罪に及んでいないという限度での自己肯定感

を背景にして)犯罪によって損なわれた社会的正義の側に立つことで、精神的安定＝自己肯定と繋がり、それが犯罪に対する重罰化＝死刑肯定の要求となって現れる、という(岩間一雄「日本の思想と死刑制度」おかやま人権研究センター『人権21 調査と研究』209号〔2010年〕56〜59頁参照)。人々の中に「死刑を求める心」の動きを生み出す社会の仕組みをそのままにしておいては、死刑を克服することも困難であることが示唆されているのではあるまいか。このような分析からすれば、死刑を廃止した国々においても必ずしも世論の多数が死刑に反対であるから死刑を廃止したわけではない、という事情も理解が可能となろう(ホジキンソン/シャバス〔菊田幸一監訳〕『死刑制度 廃止のための取り組み』〔明石書店、2009年〕311頁以下〔シャバス〕参照)。

ともあれ、現代における正義のかたちを表すのに、「死刑」は我々がそれなしに済ますことはどうしてもできない、必要不可欠なものであろうか。死刑に様々な側面から光をあてようとする本書の問いかけが、裁判員法の見直し作業(「附則」9条参照)を控えた今、死刑問題の議論の深化に資することになれば、編者としてこれに勝る喜びはない。

なお、本書では裁判員裁判における少年に対する死刑判決の問題を独立に取り上げていない。本書の企画の時点で編者として石巻事件における死刑判決を全く想定していなかったことによる(五十嵐・前掲論文62〜63頁、川村百合「19歳の少年に対する死刑判決を考える(1)――『石巻事件と裁判員』裁判」世界814号〔2011年〕203頁以下参照)。本書の改訂の機会を与えられた場合には、むろん、第一に補充しなければならないテーマと考えている。その他、鹿児島事件では死刑求刑に対する無罪判決に検察官は控訴した(この点につき、五十嵐二葉「裁判員判決への検察控訴」法と民主主義455号〔2011年〕59頁以下参照)。この問題も改訂の機会に同時に補充したい点である。

編者　福井　厚

増刷の機会に、第10章として「少年事件で死刑にどう向きあうべきか」(本庄武)を収録した。これで本書の市場価値が高まり、改訂版のチャンスが与えられた場合には、よりアップツーデイトな内容にしたいと考えている。

2012年4月25日

目　次

はしがき ……………………………………………………………………… i

序　章　刑罰論からみた死刑　髙山佳奈子 …………………………… 1

1　はじめに ……………………………………………………………… 1
2　死刑に関する世論 …………………………………………………… 2
3　刑罰の目的についてのいろいろな考え方 ………………………… 5
4　国際的な動向 ………………………………………………………… 12
5　絶対的終身刑について ……………………………………………… 14
6　結びに代えて ………………………………………………………… 15

第1章　裁判員裁判と死刑──民主主義との関係を中心に
　　　　　髙山佳奈子 ……………………………………………………… 21

1　裁判員制度とは ……………………………………………………… 21
2　裁判員制度が導入された理由 ……………………………………… 23
3　問題点 ………………………………………………………………… 25
4　裁判員制度の意義 …………………………………………………… 31
5　死刑事件における問題 ……………………………………………… 33

第2章　裁判員裁判における死刑選択基準　永田憲史 ………………… 37

1　はじめに ……………………………………………………………… 37
2　裁判員裁判における量刑基準 ……………………………………… 38
3　裁判員裁判における死刑選択基準 ………………………………… 49
4　死刑選択基準 ………………………………………………………… 51

第3章　死刑をめぐる「世論」と「輿論」──審議型意識調査の結果から
　　　　　佐藤舞・木村正人・本庄武 ………………………………………… 65

1　序論 …………………………………………………………………… 65
2　審議型意識調査──理論と方法 …………………………………… 65
3　死刑に関する知識──知識不足と誤った認識 …………………… 67
4　死刑に対する態度の変化──量的分析と質的分析 ……………… 70

	5	死刑存廃の支持理由	74
	6	結論	80

第4章　裁判員の心理と死刑　山崎優子　87

	1	はじめに	87
	2	内閣府による死刑に対する意識調査	87
	3	死刑に対する認識に影響を及ぼす要因	89
	4	調査	90

第5章　裁判員裁判における死刑事件の弁護　後藤貞人　109

	1	はじめに	109
	2	捜査弁護	110
	3	起訴後公判前	117
	4	公判弁護	122

第6章　誤判と死刑　福井厚　127

	1	はじめに	127
	2	再犯の予防のための死刑？	128
	3	誤判と死刑	129
	4	死刑廃止は不正義か？	132

第7章　日本が死刑を存置する理由──9つの仮説
デイビッド・T・ジョンソン／翻訳：布施勇如　139

	1	衰退する死刑制度	139
	2	仮説	141
	3	歴史的解釈	141
	4	外在的な力	145
	5	内在的な力	148
	6	結論	155

第8章　韓国の国民参与裁判と死刑　趙炳宣　165

	1	序論	165
	2	韓国の「死刑宣告後不執行」政策	166

3	国民参与裁判の概観と量刑	170
4	陪審員の死刑開陳に対する理論的分析――若干の比較法的分析を兼ねて	180

第9章　国際連合と死刑廃止　ウィリアム・A・シャバス／翻訳：北野嘉章　*191*

1	はじめに	191
2	基準設定――世界人権宣言とB規約	192
3	国連の議題における死刑問題の位置付け	195
4	「保護措置」	199
5	B規約の第二選択議定書	201
6	気運の高まりと反対国の団結	204

第10章　少年事件で死刑にどう向きあうべきか
――世論と専門的知見の相克の中で　本庄武　*231*

1	はじめに	231
2	少年と死刑をめぐる最近の議論	231
3	アメリカ判例における少年に対する死刑	233
4	アメリカ判例に見る世論と専門的判断の関係	237
5	少年の有責性低減に関する科学的知見	240
6	裁判所独自の判断の検討	243
7	日本法への示唆	246
8	おわりに	248

執筆者・翻訳者プロフィール　*252*

序章

刑罰論からみた死刑

髙山佳奈子

1 はじめに

　2009年5月21日に施行された「裁判員の参加する刑事裁判に関する法律」（2004年5月28日法律第63号）、通称「裁判員法」は、死刑の対象となりうる犯罪の裁判を、原則としてすべて、裁判員の参加のもとに行うこととしている（2条1項1号）。つまり、日本においてこれからの事件で死刑が言い渡されるときは、つねに一般市民が判断に加わることになったのである。
　新しい裁判員制度では、市民の中から選ばれた裁判員は、被告人が有罪か無罪かを決めるための「事実認定」と、有罪と判断された場合の「量刑」との両方に関与しなければならない。「事実認定」のほうは、さまざまな背景をもつ裁判員らが自己の経験を生かしながら行っていくことができると考えられるが、「量刑」はどうであろうか。どのような場合にどのような刑を科すべきなのかは、多くの一般市民にとり、率直に言って見当もつかない話であろう。とりわけ、死刑を科すという判断は、市民が自己の経験を基に行うことのできる性質のものではない。死刑が問題となる事件に直面した裁判員が、非常な悩み、苦しみにさいなまれる可能性が当然出てくる。
　いったい、重大犯罪の犯人をどのように処罰するのが正しいのだろうか。実はこの問題は、裁判員となった人々が個人的な悩みや苦しみにおいて責任をもって解決すべきものではなく、科学的な理論や検証に基づいて判断されなければならないものである。本章では初めに一般の方々にそのことを知ってもらいたいと考え、次のような序論を置くことにした。

まず、法律の知識のない普通の日本国民が、死刑についてどのような一般的観念をもっているかを、政府の世論調査を手がかりとして簡単に見てみる(「2　死刑に関する世論」)。ここではいろいろな考え方の対立していることがわかるが、それらの考え方は決して素人の「でたらめ」ではなく、理由のあるものであり、学問的に整理すると、刑罰に関するいくつかの異なった理論に結び付くものであることがわかる。そこで次に、少し進んで、それらの刑罰論の内容を紹介し、死刑についての立場の違いがどこから生じているのかを明らかにしよう(「3　刑罰の目的についてのいろいろな考え方」)。この理論的な検討の後に、今度は経験的なデータとして、死刑に関する諸外国の動向を簡単に紹介する。1つには、日本ではまだあまり知られていないが、ここ30年の間に世界の中で死刑を廃止する国が急増したということがある(「4　国際的な動向」)。それでは、仮に日本が死刑廃止を検討するとしたら、新たにどのような制度を設けることが考えられるだろうか。仮釈放(有期刑の受刑者が刑期の満了前に、または、無期刑の受刑者が、仮に釈放される制度)の可能性のない「絶対的終身刑」の導入可能性が国会や政府などで言及されているが、これについても、外国で実施された例があるので、もう1つの内容として紹介する(「5　絶対的終身刑について」)。なお、裁判員が刑を決めるまでの手続は、本書第5章「裁判員裁判における死刑事件の弁護」(後藤貞人)で詳しく扱われることになる。
　誰もがいつ重大犯罪にかかわることになるかわからない現在、死刑存置論・廃止論のそれぞれの主張に立ち返って、刑罰を科すことの意義を考えてみたい。

2　死刑に関する世論

(1) 全体的な動向

　政府は、「基本的法制度に関する世論調査」の中で、死刑についての国民の意見を調査している。死刑についての調査は、1956(昭和31)年に「死刑問題に関する世論調査」として開始され、その後名称を変えつつ、1967(昭和42)年、1975(昭和50)年、1980(昭和55)年、そして1989(平成元)年以降は5年ごとに、実施されてきている。最新の調査は、2009年11月から12月にかけて内閣府大臣官房政府広報室が実施し、2010年2月にその集計結果を公表したものであ

る*1。より詳しい情報は、本書第4章「裁判員の心理と死刑」(山崎優子)で紹介されているので、そちらを参照されたい。

　2009年の調査では、「死刑制度及び犯罪の処罰に関する国民の意識を調査し、刑事司法に関する施策等を検討する参考資料とする」ことが目的とされている。今回の調査項目は「裁判所の見学や裁判の傍聴」「犯罪捜査や刑事裁判における権利の尊重」などの5項目に分かれており、その2番目が「死刑制度の存廃」となっている。調査対象者は20歳以上の全国の日本国民であり、調査員による個別面接聴取の方法で1,944人からの有効回答が得られている。

　それによると、今回の調査ではまず、「死刑制度に関して、このような意見がありますが、あなたはどちらの意見に賛成ですか。(ア)どんな場合でも死刑は廃止すべきである　(イ)場合によっては死刑もやむを得ない　わからない・一概に言えない」に関して、(ア)(死刑廃止派)が5.7％、(イ)(死刑存置派)が85.6％、「わからない・一概に言えない」が8.6％であったとされる。1994年、1999年、2004年の調査の(ア)の割合は13.6％、8.8％、6.0％、(イ)は73.8％、79.3％、81.4％、「わからない・一概に言えない」は12.6％、11.9％、12.5％と変遷していた。(イ)の支持が上昇していることがうかがえる。なお、この選択肢(ア)(イ)は通常の世論調査とは異なり(イ)の数値が高くなるように設定されていることが指摘されている*2。

　ただ、さらに詳しく見ると、「日本人だから死刑に賛成」といった単純化した評価はできないことがわかる。1989年までの調査の質問文は、「今の日本で、どんな場合でも死刑を廃止しようという意見にあなたは賛成ですか、反対ですか」となっており、1956年、1967年、1975年、1980年、1989年の結果はそれぞれ、「賛成」(死刑廃止派)が18％、16％、20.7％、14.3％、15.7％、「反対」(死刑存置派)が65％、70.5％、56.9％、62.3％、66.5％、「わからない」が17％、13.5％、22.5％、23.4％、17.8％と推移している。1975年の調査における死刑存置派の割合は56.9％にすぎなかったのである。

　また、世代による数値の差に注目するならば、2009年の調査では、(イ)を選んだ40代の割合が30代・50代の者に比べて高く、60代の割合も50代・70代以上に比べて高かった。同じ世代の10年前の調査結果でも、当時の30代は20代・40代よりも(イ)を多く選んでおり、当時の50代も40代・60代以上の者よ

り(イ)の支持が高かった。5年前の調査は10年前の調査と同じ傾向を示していることから、現在の40代前半・60代前半の者が、その前後の世代よりも死刑存置の考えを強く持っている可能性がある[*3]。他方で、調査のどの回でも、20代は(ア)を選ぶ者の割合が他のどの世代よりも高かった。また、(イ)を選んだ者へのさらなる設問「将来も死刑を廃止しない方がよいと思いますか、それとも、状況が変われば、将来的には、死刑を廃止してもよいと思いますか。(ア)将来も死刑を廃止しない　(イ)状況が変われば、将来的には、死刑を廃止してもよい」では、(ア)を選んだ男性が65.9％に上るのに対して女性では56.6％にすぎず(全体では60.8％)、性差も小さくない。後述する「死刑を存置する理由」についての回答では、地域差もあるとされる。

　このように、現在同じ社会に生きているはずの日本人も、その立場は一様ではなく、育ってきた経済的背景や教育環境などによって異なる考え方を形成してきていることがうかがえるのである。

(2) 死刑制度を廃止・存置する理由

　世論調査では、初めの質問で(ア)(イ)を選んだ人のそれぞれに対して、複数回答でその理由を選ばせている。2009年の調査では、まず(ア)を選んだ者の「死刑制度を廃止する理由」は、「生かしておいて罪の償いをさせた方がよい」が55.9％、「裁判に誤りがあったとき、死刑にしてしまうと取り返しがつかない」が43.2％、「国家であっても人を殺すことは許されない」が42.3％、「人を殺すことは刑罰であっても人道に反し、野蛮である」が30.6％、「死刑を廃止しても、そのために凶悪な犯罪が増加するとは思わない」が29.7％、「凶悪な犯罪を犯した者でも、更生の可能性がある」が18.9％となっている。この順序は2004年の調査も同じである。

　これに対し、(イ)を支持した者が選んだ、「場合によっては死刑もやむを得ない」という意見に賛成する理由は、「死刑を廃止すれば、被害を受けた人やその家族の気持ちがおさまらない」が54.1％、「凶悪な犯罪は命をもって償うべきだ」が53.2％、「死刑を廃止すれば、凶悪な犯罪が増える」が51.5％、「凶悪な犯罪を犯す人は生かしておくと、また同じような犯罪を犯す危険がある」が41.7％などの順である。しかし、2004年の調査で最も多かった回答は「凶悪な

犯罪は命をもって償うべきだ」の54.7％であった。「気持ちがおさまらない」は2004年には50.7％にとどまっており、1994年の調査では40.4％にすぎなかった。これはこの間に、犯罪被害者・遺族の声が世論に対して強い影響を持ったことを推測させる。

(3) 死刑に犯罪抑止力はあるのか

(2)への回答でもすでに示されていたところであるが、「死刑がなくなった場合、凶悪な犯罪が増えるという意見と増えないという意見がありますが、あなたはどのようにお考えになりますか。」という問いに対して、初めの質問で(ア)を選んだ廃止派は「増える」16.5％、「増えない」30.4％、「一概に言えない」49.7％であったのに対して、(イ)の存置派では「増える」61.4％、「増えない」6.8％、「一概に言えない」28.4％、と顕著に異なった回答を出していた。つまり、逆にいえば、死刑に凶悪犯罪を抑止する力があると考えている人は死刑存置を支持する傾向にあり、ないと考える人は死刑を廃止すべきだとの立場をとっていることになる。しかし、犯罪抑止力はあるかないかのいずれかであり、それは「宇宙人はいるかいないか」をめぐる対立などとは違って、調べればわかることではないのだろうか。その答えは、以下の「4 国際的な動向」で紹介する事実が明らかにしている。

3 刑罰の目的についてのいろいろな考え方

(1) 刑罰論における主な対立

それでは次に、2(2)で出てきていたいろいろな理由づけが、刑法の専門的な理論ではどのように説明されているかを見ていくことにする。

刑罰の目的については、大きく分けて「応報刑論」と「目的刑論」との対立がある。応報刑論は、犯罪という「悪」を行った者が、その応報として自分にも「悪」としての刑罰を受けなければならないとする立場である。犯罪が「作用」であるとすれば、刑罰が「反作用」として科されることが正義の要請だとするのである。「目には目を、歯には歯を」（タリオの法）というハンムラビ法典の考え方もここから理解されることが多い。また、過去に行った罪をつぐなうという「贖罪」の

思想や、人間が自由な意思決定に基づいて犯罪を行ったことに対する「非難」を重視する見解と結び付きやすい。応報刑論は、「犯されたがゆえに罰する」という理論だといってもよい。

　現在の応報刑論は、さらに「絶対的応報刑論」と「相対的応報刑論」とに分けられる。前者は、刑罰が純粋な応報でなければならず、犯罪予防の目的を一切追求してはならないとする。刑罰を科すことによって将来の犯罪を予防しようとするのは、人間を動物や道具のように扱うものであって許されないとするのである。また犯罪に対する刑罰は作用に対する反作用であるから、犯罪が行われたときには必ず処罰がなければならない。イマヌエル・カントは著書『人倫の形而上学』の中で応報刑論の理念を次のように述べていた。「たとえ市民社会が、その全成員の合意によって解体することになろうとも（たとえば島に住んでいる人民が、別れて世界中に散らばろうと決める）、そのまえに、監獄に繋がれた最後の殺人犯が死刑に処されなければならない」[*4]。カントは、社会がなくなってしまい、もはやその社会における犯罪の予防を考える余地がないとしても、なお応報の観点からは処罰が必要だとするのである[*5]。これに対し、後者は、現在日本において有力な考え方で、刑罰は応報であることから基礎づけられるとしつつも、その具体的な適用では予防目的を考慮できるとする。たとえば、刑務所での矯正教育や、社会復帰可能になった受刑者の仮釈放が認められる。

　もう1つの「目的刑論」は、刑罰とは犯罪予防を目的として科すものだとする考え方である。犯罪が行われたことを契機として、将来同じことが起こらないようにするために予防を目的として処罰するものであり、標語的に言えば「犯されないために罰する」立場である。目的刑論にもいくつかの種類があり、大きく「特別予防」と「一般予防」とに分けられる。特別予防は、特に犯罪を行った者だけに注目して、その者が将来再び犯罪を繰り返さないようにするものである。わかりやすいのは、犯人を刑務所に収容することによって、犯罪者から社会を防衛するという「隔離」の考え方である。外国の刑罰制度の中には、この観点が非常に強く出ているものがある。しかし、特別予防のうち、より積極的な意味を与えられてきたのは、「教育」ないし「改善」である。この立場は、犯罪を行った者を教育して社会復帰させる「再社会化」を目的としており、「教育刑論」とも呼ばれる。刑罰によるはたらきかけで犯罪者を改善しようとする考え方で

あり、人間の行動が生まれつきの素質とその後の環境によって決定されるという理解と結び付きやすい。そのため、特別予防を重視する学者の中には、人間に科学的な意味での「自由意思」というものはないとする「決定論」を支持する者もある。

「一般予防」は、一般人が将来犯罪を犯さないようにするものであり、これにも2つのタイプがあるとされる。「消極的一般予防」と呼ばれる伝統的な考え方は、犯罪を行えば刑罰が科せられることを予告し、また実際に犯罪者を処罰することを示して、一般人に犯罪を思いとどまらせるという「威嚇」の効果を重視する。「抑止刑論」とも呼ばれる[*6]。たとえば、刑法199条には「人を殺した者は、死刑又は無期若しくは5年以上の懲役に処する」と書かれている。これは、「人を殺すとこのような刑で処罰するぞ」と一般人を脅して、犯罪を思いとどまらせようとするものだと理解されることになる。しかし、実際には、処罰されるのがいやだから殺人を行わない、という人がどの程度いるかは疑問である。一般人の多くは、刑罰に威嚇されて犯罪を思いとどまっているのではなく、犯罪が許されないことだとわかっているからこれをしないのである。そこで、近年では、同じ一般予防論でも「積極的一般予防」という考え方によってこのことを説明する立場が有力になってきた。この理論は、犯罪として禁止され処罰されている行為はなすべきではない、と一般人に教えることによって、その規範意識を覚醒させ、犯罪を予防する考え方である。そして、実際に犯罪が処罰されることで、法秩序が守られているという信頼が一般人に与えられる。規範意識へのはたらきかけを通じて犯罪を予防しようとするところから、「規範予防論」ともいう。

(2) それぞれの利点と欠点

以上のように、刑罰の意味は何かについては、実に多様な考え方がある。法制度の中でどの側面が重視されているかは国によって異なり、どれか1つだけが正しい理論だということにはなっていない。各理論に、次のようなメリットとデメリットがある。

まず「犯されたがゆえに罰する」とする応報刑論であるが、良い面として、刑罰が人権の剥奪や制限であって害悪そのものだという点を見逃さないことがあ

げられる。また、刑罰は「作用に対する反作用」であるため、「作用」としての犯罪がなければ科されないという限定が導かれる。単なる思想は処罰されず、「行為責任主義」が妥当する。同時に、重い罪は重く、軽い罪は軽く処罰するという「罪刑の均衡」が守られ、軽微な罪を非常に重く処罰するという不正義を防ぐことができる。悪い面としては、作用があった以上、必ず反作用を要求するという「必罰主義」に陥ってしまうおそれがある。先ほどのカントの「島の事例」は非現実的であるし、また、犯人が死亡してしまった場合に有罪判決が下されないのは、作用に対して必ず反作用がなければならないという制度が現在では採用されていないことをも意味しよう。さらに、「応報」はそれ自体としては同害報復のような限定を含んでいないのではないかという指摘も可能である。「応報感情」に際限がなくなることはありうる。たとえば、米国の作家ジョン・グリシャムの小説『評決のとき』(1996年に映画化)では、幼い娘が強姦され重大な後遺症を負わせられたことを知った父親が、憤激のあまり犯人を射殺してしまう。ここでは、性被害と身体傷害が加えられたのに対して、父親の報復はより重い生命侵害であるから、バランスがとれていない。しかし、陪審員は父親のとった行動に同情を示すのである。ハンムラビ法典のような同害報復は、応報感情からそのまま出てくる制限ではない。現実の法制度でも、たとえば詐欺罪や窃盗罪など財産に対する罪に対しても、懲役刑などの自由刑が定められており、財産には財産、という刑罰にはなっていない。

　次に、目的刑論に属する特別予防論のうち、「隔離」はどうだろうか。確かに、刑務所に入れておけば、その間は社会で犯罪を犯す心配がない。しかし、いつまで入っていればよいのかは明らかでなく、これだけでは歯止めがない。再犯の危険性が高いと考えられる人は、軽微な犯罪を行っただけでも長期間刑務所に入るべきことになりかねない。「改善」「教育」は、犯人の社会復帰を目指している点でより人道的であるように見える。だが、社会復帰論では、刑罰が害悪の賦課であることが見過ごされがちなため、医療や教育と刑罰との区別があいまいになるという問題がある。実際には、重度の精神疾患などのためにやってよいことと悪いこととの区別がつかず、責任無能力と判断された人には、刑罰を科すことができない。そのような人は、一定の範囲で医療処分の対象とされている。特別予防の必要性という点からすると、犯罪を行う危険のある人であ

れば、責任能力があってもなくても処罰すべきことになってしまわないか。

　一般予防論にもメリットとデメリットとがある。「威嚇」を重視する消極的一般予防は、確かに刑罰の機能をよくとらえている面がある。たとえば、取り締まりに遭うのをおそれて違法駐車をやめるという人や、麻薬を使ってみたいが処罰がいやなのでやめるという人は少なくないと思われる。法改正によって飲酒運転の刑罰が引き上げられたときには、交通事故が減少したとの報告もある。しかし、抑止効果は無限に追及しうるものである。一般には、刑罰を峻厳にすればするほど、威嚇力は強まると考えられる。実際にも、歴史的には、窃盗や姦通が死罪とされていたことがあったが、これは現在では認められないだろう。また、摘発の難しい犯罪を威嚇するためには刑を重くする必要があるが、そうすると、刑の重さが犯罪の重さではなく摘発の難しさによって決まってしまうことになる。そもそも、刑罰の予告による抑止力は、損得を計算できる人が犯す可能性のある軽微な犯罪でしか生じないとの指摘もある。重大な犯罪の場合、一方で、無計画な犯行は、後のことを考えずになされるものであるから刑罰の威嚇には意味がなく、他方で、計画的犯行は、捕まらないと思って行っているので、やはり抑止力ははたからないことになる。理論的には、犯罪者の処罰によって一般人の犯行を防止しようとすることは、犯罪者を他人のための見せしめに利用するものであり、また、一般人には動物に向かってムチを振り上げるような扱いをすることになるという批判もある。

　一般人の規範意識を高めようとする「規範予防」ないし積極的一般予防にはそのような性格がなく、確かに、実際にもよくあてはまる例がある。たとえば、かつて日本では、18歳未満の青少年に対価を提供して性的な行為に応じさせることが「援助交際」と呼ばれ、広く行われていた。しかし、これは児童のお金欲しさにつけ込んでその心身を害する行為であり、1999年にできた「児童買春、児童ポルノに係る行為等の処罰及び児童の保護等に関する法律」(児童買春処罰法)によって処罰されることになった。それまでは、援助交際が悪い行為だと思っていなかった人も多かったが、法律ができて初めて、これが児童にとって有害なことだと考え直す契機が与えられたのである。

　しかし、「法律に従う」という考え方を強調すると、問題も生じる。法律ならばすべて正しいとする態度を人々がとると、「悪法も法」になってしまうためで

ある。ナチスの時代には、ナチスを批判するビラをまいた者がギロチンで処刑されていた。このような法は法として認めるべきではないのであり、内容が不当な法律は、むしろ廃止・改正すべきことになる。したがって、現在では、市民のとるべき態度は、「法だから従う」というものではなく、問題点を指摘し、国会を通じた立法においてこれを改善するために責任を果たすというものであろう。実はこの積極的一般予防論は、最初の応報刑論と共通点があるともいわれている。応報刑論では「作用に対する反作用」として刑罰が理解されていたが、積極的一般予防論でも、「法律に違反したから処罰される」として、国家や現在の法秩序が絶対化されてしまうおそれがあるからである。

結局、どの考え方も、極端な形で追求するときは、処罰が無限定に広くなったり重くなったりしかねないことになる[*7]。また、現在の日本の刑罰制度は、上で述べた理論の1つだけに依拠しているわけではなく、さまざまな性格を複合的に持っている。

(2) 死刑の位置づけ

それでは、今見てきたような理論からは、死刑はどのように説明されるだろうか。

まず、死刑は特別予防の考え方からは正当化されないことがわかるだろう。社会復帰を目指した教育刑からはもちろんのこと、犯罪者を隔離する場合であっても、終身刑があれば十分なのであり、死刑は不要である。したがって、特別予防論は死刑廃止論に結び付く。

死刑を正当化する理論としては、威嚇のための見せしめとして死刑を執行する必要があるとする消極的一般予防論が考えられる。さらに、作用に対する反作用として、あるいは応報感情の満足のために殺人罪に死刑を科すことが必要だとする応報刑論もある。

法秩序が保たれていることを一般人に示そうとする積極的一般予防論は、死刑と矛盾するものではないが、死刑が科されるのは何人にとっても犯罪であることが明らかな犯罪ばかりであるから、死刑によって一般人の規範意識を高める必要は特にないともいえる。実際この理論は、もともと死刑廃止国の中で唱えられるようになったものである。むしろこの考え方からは、「国民の大部分

が死刑に賛成しているときは、死刑を存置することが法秩序に対する信頼を高める」という説明が出てきうる。

2で紹介した日本の世論調査における選択肢も、3(1)のいろいろな理論を基礎にしている。死刑に反対する人への質問での選択肢のうち、「裁判に誤りがあったとき、死刑にしてしまうと取り返しがつかない」は刑罰論ではなく刑事手続に関するものなので別とすると(詳しくは本書第6章「誤判と死刑」〔福井厚〕を参照されたい)、「人を殺すことは刑罰であっても人道に反し、野蛮である」「国家であっても人を殺すことは許されない」という意見は、少なくとも応報の観点から死刑を正当化しない態度を示すものである。これに対し、「凶悪な犯罪を犯した者でも、更生の可能性がある」、「生かしておいて罪の償いをさせた方がよい」は、特別予防の追求と親和的だと考えられる。そして、「死刑を廃止しても、そのために凶悪な犯罪が増加するとは思わない」は、死刑に一般予防効果がないとする立場を表している。

死刑を容認する人への選択肢では、まず、「凶悪な犯罪は命をもって償うべきだ」、「死刑を廃止すれば、被害を受けた人やその家族の気持ちがおさまらない」が、「作用に対する反作用」としての応報刑の考え方と、応報感情の満足の追求を示している。死刑廃止派の選択肢とは逆に、「死刑を廃止すれば、凶悪な犯罪が増える」とするのは、死刑が犯罪抑止力を持っているとする主張を意味している。「凶悪な犯罪を犯す人は生かしておくと、また同じような犯罪を犯す危険がある」は、犯人の再犯可能性に着目するものとしては特別予防の考え方に近いが、先に述べたように、特別予防論によれば、改善不可能な犯人であっても隔離しておけば足りることから、この選択肢は特別予防論そのものではない。

実際の日本の法制度はどうなっているかというと、法定刑の中に死刑が定められている犯罪(すべて裁判員裁判の対象となる)は数多くあるが、実務上、死刑判決の言渡しは、殺人罪と強盗殺人罪の事案にほぼ限られている。つまり、故意に人を殺害した場合のみが死刑の対象になっている。その点では「作用に対する反作用」の考え方が採用されているようにも見えるが、しかし、殺人罪の法定刑としては、死刑だけではなく「無期若しくは5年以上の懲役」も定められている。懲役5年でもよい(さらに情状酌量によって軽くすることもできる)という

ことになると、「故意に人の命を奪った以上、命をもってつぐなうべきだ」という前提は採用されていないといえる。また、抑止効果を追求する運用が行われているわけでもない。政府の統計によると、日本では年間1,100件から1,300件程度の殺人事件が起きているが、死刑の執行数は10前後である。具体的な事件での量刑の基準については本書第2章「裁判員裁判における死刑選択基準」（永田憲史）を参照されたい。

　抑止力に関しては、「逆効果」の問題もある。日本では近年、「死刑になるための凶悪犯罪」とも呼ぶべき事件がいくつか起こっている。大阪教育大附属池田小学校児童殺傷事件[*8]がその例である。被告人は小学校に侵入して多数の子どもたちを殺害しようと企て、2001年6月8日に包丁2丁を持って小学校敷地内に侵入し、8名の児童を殺害するとともに、13名の児童および2名の教諭に傷害を負わせた。被告人の刑事責任能力が争われたが、裁判所は被告人に完全な責任能力があったと判断し、2003年8月28日に死刑判決を言い渡した。判決後、弁護団は控訴したものの、被告人が自ら控訴を取り下げたため、地方裁判所の判決が確定した。被告人は、「6カ月以内、できれば3カ月以内の執行を」と弁護団に訴えていた。2004年9月14日に死刑が執行された[*9]。被告人は死刑を執行されるまで、遺族に謝罪せず、贖罪の気持ちを表すこともなかった。このように、社会に対する示威のために大量殺人などを行う場合、死刑のあることがむしろ犯行の引き金になっているのではないかとも考えられる。外国で起きている自爆テロなども、刑罰によるはたらきかけに効果のないことを示す例である。

4　国際的な動向

　積極的一般予防論の立場からは、日本では死刑を支持する人が多いため、死刑が執行されればその人々に安心感が与えられるという見方も成り立ちうる。自民党政権下においてはしばしば、「国民の支持が多いから死刑を存置する」との説明がなされてきた。しかし、それが死刑を存置する根拠となるには、国民の支持自体が合理的なものである必要がある。

　国際的には、日本が死刑を執行していることに対する批判が強い（国際連合

の取組みについては、本書第9章「国際連合と死刑廃止」〔ウィリアム・シャバス〕が論じている)。ヨーロッパでは死刑がほぼ全廃され、死刑のある国はEU(European Union、欧州連合)にも加盟できないことになっている。EU憲法の第II-62条「生存権」は、1項で「何人も生きる権利を有する」、2項で「何人も死刑判決を言い渡されてはならず、また死刑を執行されてはならない」と定めている。欧州評議会(Council of Europe)でも、ヨーロッパで唯一の死刑存置国であるベラルーシが加盟国資格を申請したのに対し、これを認めていない。ジェノサイド(集団殺害罪)や戦争犯罪などの重大犯罪を裁くために2002年に活動を開始した国際刑事裁判所(International Criminal Court)の根拠法であるローマ規程(1998年)も、その77条で、終身刑が最高刑であることを定めている。

　近年の死刑廃止の潮流については、世界的な人権団体である非政府組織(NGO)のアムネスティ・インターナショナルが詳しく紹介している*10。それによれば、過去30年の間に死刑廃止国が急増しており、現在、法律上死刑を全廃している国は95カ国、軍刑法や刑務所内での犯罪などの例外を除く通常犯罪に対する死刑を廃止している国は9カ国ある。さらに、法律上死刑を廃止した国のほか、10年以上死刑が執行されていない「事実上の廃止国」も増加しており、35カ国に上るとされる。たとえば、ロシアや韓国も死刑を執行していない*11。これらを合計すると139カ国になる。存置国は58カ国であるが、その中で実際に死刑を執行している国は世界で20カ国ほどしかないとされる。日本は2009年についての調査で世界第11位の死刑執行国となっている。

　死刑廃止国の中には、誤審事件を契機として廃止に踏み切ったところもあるが、諸外国の動向は、死刑を廃止しても治安状況が悪化しないことを示唆している。これらの事実、特に、韓国が事実上の死刑廃止国となっていることは、日本ではあまり知られていないようである(韓国の状況については、本書第8章「韓国の国民参与裁判と死刑」〔趙炳宣〕を参照)*12。逆に、ヨーロッパ諸国の一般人の間では、文明国であるはずの日本がまさか死刑執行国であろうとはゆめゆめ考えないという人がほとんどを占めている。なお、日本で犯罪を犯した者が死刑廃止国に逃亡した場合、「死刑のある国には犯人を返さない」という制度を採用している国が多いため、日本は犯人の引渡しを受けられないことがある*13。国外逃亡のケースでは、処罰の必要性が最も高い重大犯罪について、自国で裁

くことができない結果となる。

5　絶対的終身刑について

　それでは、日本も諸外国のように死刑廃止に踏み切れるのか。これを検討するために、死刑を代替する刑罰として、絶対的終身刑を日本に導入する可能性が議論されるようになった。法務省も無期刑受刑者の仮釈放のあり方についての検討を行っている。

　ここでは、参考になる実例として、ドイツの経験を紹介したい。ドイツではすでに20世紀の初めに、終身刑についての次のような研究があったとされる。「終身自由刑については、古くからその問題性が指摘されてきた。代表的なものは、1912年の第31回ドイツ法曹大会(Juristentag)におけるリープマンの鑑定意見である。彼は、ヨーロッパ諸国の2,000名を上回る終身受刑者の実態調査をベースに、有名な『3段階理論(Dreiphasentheorie)』を提唱した。それによると、受刑者は、高度の興奮と深い鬱状態が交互に訪れる第1段階、自己保存が拘禁の破壊力に打ち克ち、恩赦への希望の下で行刑が有効に機能しうる第2段階を経て、ふつう拘禁期間が20年を超えると、諦めや失望が心身を蝕み、受刑を無目的な苦痛と感じ、希望が消えていく中で意思を失い、無感覚になり、ついには廃人に至る第3段階があらわれるとされる」[*14]。

　現実の問題は、第2次世界大戦後の西ドイツで、憲法にあたるボン基本法(1949年)が死刑廃止を定めたところから顕在化した[*15]。ナチスへの反省を動機としたものであったが、これにより、絶対的終身刑が最高刑となり、それまでならば死刑とされたはずの罪に絶対的終身刑が科されるようになってその数が増加した。これにより行刑上の難点が生じてきたため、1958年の世論調査では、むしろ死刑を復活させたほうがましだとする死刑復活論が80％に上るようになった。リープマンの第3段階が問題となる1970年前後には、恩赦の運用による対処が試みられ、1977年に連邦憲法裁判所は、仮釈放制度を導入しなければ終身刑は違憲である旨の判決を下すに至った。これを受けて、1979年の法改正で、終身刑についての一般的な仮釈放の制度が実現した。アメリカでも、州法や連邦刑法に絶対的終身刑が置かれているが、恩赦の余地は認められてい

るようである。

　そこで、日本に絶対的終身刑を導入すべきだと簡単に結論づけることはできないと思われる。そもそも、現在の無期刑の運用は、絶対的終身刑の導入を検討しなければならないほど仮釈放に傾いたものになっているのだろうか[*16]。実際にはそうではない。法務省が公表した「無期刑の執行状況及び無期刑受刑者に係る仮釈放の運用状況について」[*17]によると、2009年中に新たに無期刑の受刑者となった者は81名、仮釈放された無期刑受刑者は6名、それらの者が仮釈放までに刑務所に在所していた平均期間は30年と2カ月だという。また、2005年以降は、在所期間が20年未満で仮釈放の認められた者はひとりもいない。年による変化があるため細かい分析はできないが、これを見ても、無期刑に処せられる者のうち仮釈放の対象となるのはごく一部であること、また、仮釈放される場合であってもそれまでの期間は極めて長くなっていることがわかるだろう。

　さらに、刑罰としての無期刑以外にも、終身の身柄拘束が可能な制度がある。それは、殺人を含む重大犯罪にあたる行為をした際に責任無能力や限定責任能力の状態であった者について、一定の条件下で強制的な医療処分を認める「心神喪失等の状態で重大な他害行為を行った者の医療及び観察等に関する法律」（心神喪失者等医療観察法）、および、「精神障害のために自身を傷つけ又は他人に害を及ぼすおそれがあると認められる者」について措置入院と呼ばれる処分を行うことのできる「精神保健及び精神障害者福祉に関する法律」が定める制度である。これらによる強制入院については、その必要性を定期的に審査することになっているが、場合によっては終身刑と同じく終身の自由剥奪の効果が生じる。諸外国では、刑罰以外の「保安処分」という制度によって、犯罪行為をなした責任無能力者や累犯者などの危険性への対処が行われている。

6　結びに代えて

　グリム童話の中に、「子供たちが屠殺ごっこをした話」というものがある。

　　あるとき、おとうさんが豚を屠殺すところを、その子どもたちが見まし

た。やがて、おひるすぎになって、子どもたちが遊戯をしたくなると、ひとりが、もうひとりの小さい子どもに、
「おまえ、豚におなり。ぼくは、ぶたをつぶす人になる」と言って、抜き身の小刀を手にとるなり、弟の咽喉を、ぐさりと突きました。
　おかあさんは、上のおへやで、赤ちゃんをたらいに入れて、お湯をつかわせていましたが、その子どものけたたましい声をききつけて、すぐかけおりてきました。そして、このできごとを見ると、子どもののどから小刀を抜き取るが早いが、腹たちまぎれに、それを、豚のつぶしてであったもうひとりの子の心臓へ突き立てたものです。
　それから、たらいのなかの子どもはどうしているかと思って、その足でおへやへかけつけてみましたら、赤ちゃんは、そのあいだに、お湯のなかでおぼれ死んでいました。
　これが原因で、妻は心配が嵩じて、やぶれかぶれになり、めしつかいの者たちがいろいろなぐさめてくれるのも耳に入らず、首をくくってしまいました。
　夫がはたけから帰ってきました。そして、このありさまをのこらず見ると、すっかり陰気になって、それから間もなく、この人も死んでしまいました*18。

　このむごい話の中には、人がなぜ処罰したくなるのか、また、処罰するとどうなるのか、という問題を考えるヒントが含まれている。母親が上の子を腹立ちまぎれに殺害してしまったのは、この子が弟を殺したからである。弟の生命を奪った以上、自分も命をもってその罪をつぐなわなければならない、という発想がそこにある。だが、あと先のことを考えずに処罰を追及すると、この家族のように全滅することになってしまうかもしれない。刑罰を科す際には、その効果を考えることが必要になる。その意味では絶対的応報刑論は支持できない。
　命で罪をつぐなわせるのか、生きて罪をつぐなわせるのか。いくつかの著名死刑囚の例がこれを考えさせてくれる。本書第2章でも扱われる「永山事件」の永山則夫元死刑囚は19歳のときに4人の被害者に対する連続ピストル射殺事

件を起こし、死刑判決を受けたが、獄中で『無知の涙』などの小説を執筆し、文学界で高い評価を得た。死刑判決は1990年に確定し、1997年に執行された。彼の生前には事件の背景や死刑のあり方がしばしば議論の対象になっていたが、死刑執行後はそれらが取り上げられることは比較的少なくなった[*19]。18世紀の功利主義啓蒙思想家チェザーレ・ベッカリアは、「死刑をもってすれば、国民にひとつの見せしめを示そうとするたびに、〔死刑に値する〕ひとつの犯罪が必要となってくる」が、終身刑ならば「たったひとつの犯罪が、長続きする見せしめを繰り返し提供してくれる」と指摘して、死刑が不要であることを説いている[*20]。イラクのサダム・フセイン元大統領は、住民を大量に殺害した罪によりイラクの裁判所で死刑判決を受け、2006年に処刑されたが、死刑が早期に執行されたため、イラクで起こっていた問題のある事実の多くが解明されないままに葬られてしまった。もし生きて罪をつぐなえば、同じことの再発に少しでも貢献できたのではないかとも考えられる。それを実現できたのが、韓国の金賢姫元死刑囚である。北朝鮮の工作員であった彼女は、1987年の大韓航空機爆破事件の実行犯であり、発覚して自殺を図ったが救助され、韓国の裁判所による死刑判決が1989年に確定したものの、翌年に韓国政府によって特赦が認められた。彼女については、自爆テロや特攻隊と同じく、犯罪実行後にほぼ死ぬことが想定されていたと思われるが、生き延びたことによって、その後、北朝鮮による日本人拉致の問題に関する情報提供などの一定の社会貢献をしているといってよい。

　グリム童話には、実はもう１つ「屠殺ごっこの話」がある。

　　西部フリースランド（オランダ）にあるフラネッケルという名まえの小都会で、五歳か六歳ぐらいの女の子と男の子、まあそういったような齢のいかない子どもたちが遊んでいました。
　やがて、子どもたちは役わりをきめて、一人の男の子に、おまえは牛や豚をつぶす人だよと言い、もう一人の男の子には、おまえはお料理番だよと言い、またもう一人の男の子には、おまえは豚だよと言いました。それから、女の子にも役をこしらえて、一人は女のお料理番になり、もう一人はお料理番の下ばたらきの女になることにしました。この下ばたらきの女

は、腸づめをこしらえる用意として、豚の血を小さい容器に受ける役目なのです。

　役割がすっかりきまると、豚をつぶす人は、豚になるはずの男の子へつかみかかって、ねじたおし、小刀でその子の咽喉を切りひらき、それから、お料理番の下ばたらきの女は、じぶんの小さないれもので、その血をうけました。

　そこへ、市の議員がはからずとおりかかって、このむごたらしいようすが目にはいったので、すぐさまその豚をつぶす人をひったてて、市長さんの家へつれて行きました。市長さんは、さっそく議員をのこらず集めました。

　議員さんがたは、この事件をいっしょうけんめいに相談しましたが、さて、男の子をどう処置していいか、見当がつきません。これが、ほんの子どもごころでやったことであるのは、わかりきっていたからです。ところが、議員さんのなかに賢い老人が一人あって、それなら、裁判長が、片手にみごとな赤いりんごを、片手にライン地方で通用する１グルデン銀貨をつかんで、子どもを呼びよせて、両手を子どものほうへ一度につきだしてみせるがよい。もし、子どもが、りんごを取れば、無罪にしてやるし、銀貨のほうを取ったら、死刑にするがよいと、うまいちえをだしました。

　そのとおりにすることになりました。すると、子どもは、笑いながら林檎をつかみました。それで、子どもは、なんにも罰をうけないですみました[21]。

　こちらの話では、子供は人を殺したにもかかわらず死刑になっていない。ここには、人を殺すことの意味がわかっていない子供を処罰しても無益であるとする制度の合理性が示されていると同時に、生命をもって罪をつぐなわせるのがむごいことであり、できるだけ避けるべきだとの考えも表れているように思われる。

　　※　本稿は2009年４月20日に京都大学春秋講義「死刑を考える」にて行った公開講演「刑罰の目的と死刑の意義――なぜ人が人を裁けるのか」の内容の一部に修正を加えた

ものである。これに先立ち、2006年10月30日に京都大学・日仏学館主催、東京日仏学院共催、駐日欧州委員会代表部協賛シンポジウム「Pas la peine！死刑廃止をめぐるヨーロッパの経験」（フランス死刑廃止25周年）におけるパネルディスカッション、2008年9月20日に京都大学ジュニアキャンパスにおける公開講義「なぜ人が人を裁けるのか——刑法の目的」、2008年9月12日に独日法律家協会における講演「日本の死刑」（慶應大学）の機会をいただいたことが有益であった。関係諸氏にこの場を借りて御礼申し上げる。また本書の刊行が予定より遅れたのは筆者のみの執筆の遅延によるものであり、深くお詫び申し上げる。

*1　政府のウェブサイトで見ることができる（http://www8.cao.go.jp/survey/h21/h21-houseido/index.html）。
*2　たとえば本書第1章注1の「法と心理学会」ワークショップにおいて藤田政博准教授のコメントをいただいた。
*3　これはこの世代において「自己決定・自己責任」を追及しようとする傾向が特に強いことを示唆する可能性があるのではないかと筆者は考える。日本人におけるこの傾向につき、髙山佳奈子「社会的連帯と個人主義——フランス法意識調査に見る責任観念」ジュリスト1341号（2007年）146頁を参照。
*4　カント（樽井正義・池尾恭一訳）『人倫の形而上学』カント全集11（岩波書店、2002年）181頁。
*5　カントとヘーゲルの応報刑論、および、後述のフォイエルバッハの一般予防論につき、三井誠ほか『刑法学のあゆみ』（有斐閣新書、1978年）16頁以下を参照。
*6　抑止というときには、犯罪を行った者自身に懲らしめないし刑罰の予告を与えて、再犯を思いとどまらせるという特別予防が念頭に置かれている場合もある。
*7　これを避けるには、処罰による犯罪予防の利益の追求だけでなく、処罰による人権の剥奪・制限という不利益も考慮することが必要だと思われる。たとえば、少額の無銭飲食を防止する利益は重大犯罪を防止する利益に比べて小さいため、これに対して極端に長い自由刑を科すと全体として社会にとって有益だとはいえない。
*8　大阪地方裁判所平成15年8月28日判決（判例時報1837号13頁）。
*9　この当時、日本における2000年以降の死刑執行は、死刑判決の確定から4年以上経過したものについてしか行われていなかったので、池田小事件では被告人の希望が特別にかなえられたことになる。
*10　死刑に関する各国の動向を調査した詳しい英語版報告書はアムネスティ・インターナショナルのウェブサイトに掲載されている（http://www.amnesty.org/en/death-penalty）。アムネスティ・インターナショナル日本も日本語による紹介を行っている（http://www.abolish-dp.jca.apc.org/）。簡単な紹介として、同団体の国際事務局の2009年の死刑統計発表に関する記事がある（アムネスティ・インターナショナル日本のウェブサイト〔http://www.amnesty.or.jp/modules/news/article.

*11　ただしチェチェン共和国で1996年から1999年の間に執行があったといわれる。
*12　最新の文献ではないものの、団藤重光『死刑廃止論〔第6版〕』(有斐閣、2000年)は、国際的な動向の紹介をも含めて死刑の問題を多角的に論じた名著とされる。
*13　実例の紹介として、団藤・前掲注12書68頁。
*14　小池信太郎「ドイツにおける『終身自由刑』の動向──連邦憲法裁判所の判例を中心に」刑事法ジャーナル14号(2009年)18頁。
*15　ドイツにおける展開の紹介として、田中開「西ドイツにおける終身自由刑の改革」ジュリスト798号(1998年)54頁以下、グンナー・ドゥットゥゲ(佐川友佳子訳)「終身刑と責任重大条項(刑法57条a)」龍谷法学42巻1号(2009年)175頁以下などがある。
*16　法務省の「無期刑受刑者の仮釈放に係る勉強会報告書」(2008年)では、「無期刑受刑者は、受刑後10年又は十数年が経過すれば、仮釈放が許されて自由になる」との誤解のみられることが指摘されている(http://www.moj.go.jp/content/000057314.pdf)
*17　http://www.moj.go.jp/content/000057318.pdf)。
*18　グリム兄弟(金田鬼一訳)『完訳グリム童話集(1)』(岩波文庫、改版版1979年)250頁以下。
*19　永山事件に関する最近の著作として、細見和之『永山則夫──ある表現者の使命』(河出ブックス、2010年)は文学、堀川惠子『死刑の基準──「永山裁判」が遺したもの』(日本評論社、2009年)は量刑の観点からの分析を加えたものである。
*20　ベッカリーア(小谷眞男訳)『犯罪と刑罰』(東京大学出版会、2011年)94頁。
*21　グリム兄弟・前掲注18書248頁以下。

(たかやま・かなこ／京都大学大学院法学研究科教授)

第1章

裁判員裁判と死刑
民主主義との関係を中心に

髙山佳奈子

1 裁判員制度とは

　最高裁判所は、2009年8月に開始された裁判員裁判について、同年末までのデータに基づき、「裁判員等経験者に対するアンケート調査結果報告書」を2010年3月、「平成21年における裁判員裁判の実施状況等に関する資料」を同7月に公表した[1]。裁判員経験者に対するアンケートによると、「裁判員に選ばれる前の気持ち」は「やりたくなかった」と「あまりやりたくなかった」とが合わせて55.7％に上っていたのに対し、裁判員を務めた感想のほうは「非常によい経験と感じた」が57.0％で、「よい経験と感じた」の39.7％と合計すると、96.7％の裁判員経験者が肯定的な評価を選んでいる。選ばれる前に抽象的に想像していたときの印象と、現実に裁判に臨んだ後の印象とが大きく異なっていることが注目される。また、このアンケート結果を見る限り、裁判員制度の導入には積極的意義があったともいえそうである。ただし、これはまだ死刑求刑事件が出ていない時期の調査であることに注意を要する。その後、検察官が死刑を求刑する事件が増加し、その中では死刑判決が下される例も出てきた。これらの事件を担当した裁判員も同様の感想をもつかどうかは、まだ明らかでない。
　裁判員経験者のアンケートにみられる肯定的な評価は、いろいろな理由に基づいていると思われるが、裁判員裁判の開始以前の各種の世論調査では、裁判員をやりたくないという回答がかなり高い割合を占めていた。その当時は、裁

判員制度の意義が一般市民に十分理解されていなかったことがうかがえる。実は、それにもやむをえない面があった。そもそもなぜこの制度を導入するかの理由が、法的知識のない素人に対しても一義的に明確な形で示されていたとはいえない状況にあったからである。そのような中では、いくつかの誤解も生じていた。その1つは、職業裁判官の量刑が軽すぎて、犯罪の被害者や遺族が満足するような裁判結果が得られないから、一般の国民を裁判に加えることによって処罰を重くすることが裁判員裁判の目的だとする考えである。もう1つには、社会経験の乏しいエリート集団である職業裁判官に裁判を任せず、国民主権の原理に基づいて多数決的民主主義に近い制度を導入するのが裁判員裁判だとする理解である。「2　裁判員制度が導入された理由」で見るように、これらはいずれも誤っている。

　この点に立ち入る前に、裁判員制度の内容をごく簡単に見ておくことにしよう*2。制度に関する基本的な事項は「裁判員の参加する刑事裁判に関する法律」（2004年5月28日法律第63号）が定め、これを刑事訴訟法や裁判所法などの他の法律が補っている。裁判員制度は、くじで選ばれた成人の日本国民が職業裁判官と一緒に刑事裁判を行うものである。対象事件は、殺人、放火、強盗致死傷、強姦致死傷、危険運転致死などの重大事件である。具体的な事件を扱う裁判所の合議体は、通常、職業裁判官3名と裁判員6名とから成り、争いの少ない事件では職業裁判官1名と裁判員4名にすることもできる。一般人から選ばれた裁判員は「事実認定」と「量刑」の両方に関与し、1つの事件だけを担当する。判決は多数決だが、有罪の判断や重い刑を科す判断など、被告人に不利益な内容を決定するためには、少なくとも職業裁判官と裁判員1名ずつの賛成が必要であり、たとえば裁判員6名と職業裁判官3名との意見が対立してしまった場合、裁判員だけで有罪判決や重い刑を科す評決をすることはできない。

　裁判員制度を諸外国の類似する制度と比較すると、これは、英米法の陪審制度と、ヨーロッパ大陸法の参審制度との中間にあたる性格をもつものだとされ、そのために、「裁判員」制度という新しい名称が創られた。一般人が事件1件ごとに選出されるところは陪審制度と同じである。だが、陪審制度では職業裁判官と陪審団とが分離しており、陪審は通常、事実認定の権限しかもたない（アメリカの死刑事件については例外がある）。職業裁判官と一般人とが一緒になって

合議体を形成し、素人も事実認定と量刑との両方に関与する点では、裁判員制度は参審制度と共通する。また、陪審は有罪か無罪かの評決を発表するだけだが、裁判員制度では、参審制度の場合と同様に、判決理由を示さなければならない。全体として見ると、裁判員制度には参審員制度との共通点が多い。これは、日本の刑法の条文が少なく抽象的であって、書かれていない理論や解釈が複雑に発達してこれを補っているため、一般人だけでは議論を整理して結論を出すのが難しいと考えられることとも関連している。

2　裁判員制度が導入された理由

　では、実際にはなぜ裁判員制度を導入することになったのだろうか。主要先進国の中にも、オランダのように、国民の司法参加の制度がないところもある*3。日本では、1928年から1943年までの間、陪審制度が実施されていたが、その後停止され、国民が司法に参加する制度は、調停委員、司法委員、検察審査会などの限定的なものにとどまっていたという経緯がある。たくさんの税金を投入しなければならない新制度が必要とされた理由は何だろうか。

　裁判員制度が提案されたのは、1999年に内閣に設置された司法制度改革審議会が2001年に出した意見書*4においてであった。この意見書はほかにも、司法試験制度改革と法科大学院の設置、後に言及する公判前整理手続の導入などを提案している。国民の司法参加について、意見書は次のように述べている。「訴訟手続は司法の中核をなすものであり、訴訟手続への一般の国民の参加は、司法の国民的基盤を確立するための方策として、とりわけ重要な意義を有する」。「すなわち、一般の国民が、裁判の過程に参加し、裁判内容に国民の健全な社会常識がより反映されるようになることによって、国民の司法に対する理解・支持が深まり、司法はより強固な国民的基盤を得ることができるようになる」。「このような見地から、差し当たり刑事訴訟手続について、……広く一般の国民が、裁判官とともに責任を分担しつつ協働し、裁判内容の決定に主体的、実質的に関与することができる新たな制度を導入すべきである（参加する国民を仮に「裁判員」と称する。）」。ここでは、「国民の健全な社会常識」を裁判に反映させること、それによって司法に対する国民の理解・支持を深めることが目的と

されているのがポイントである。

　この提言を受けて、同年、司法制度改革推進本部が設置され、そこでの検討を基に2004年に制定されたのが、「裁判員の参加する刑事裁判に関する法律」である。その趣旨として、同法1条は次のように規定する。「この法律は、国民の中から選任された裁判員が裁判官と共に刑事訴訟手続に関与することが司法に対する国民の理解の増進とその信頼の向上に資することにかんがみ、裁判員の参加する刑事裁判に関し、裁判所法……及び刑事訴訟法……の特則その他の必要な事項を定めるものとする」。先の報告書にあった「国民の健全な社会常識」という表現は用いられておらず、「国民の理解の増進とその信頼の向上」が強調されている。

　現在も最高裁判所の「裁判員制度ウェブサイト」に掲載されている「裁判員制度Q&A」では、「どうして裁判員制度を導入したのですか」という問いに対して、次の答えがある。「これまでの裁判は、検察官や弁護士、裁判官という法律の専門家が中心となって行われてきました。丁寧で慎重な検討がされ、またその結果詳しい判決が書かれることによって高い評価を受けてきたと思っています」。「しかし、その反面、専門的な正確さを重視する余り審理や判決が国民にとって理解しにくいものであったり、一部の事件とはいえ、審理に長期間を要する事件があったりして、そのため、刑事裁判は近寄りがたいという印象を与えてきた面もあったと考えられます」。「また、現在、多くの国では刑事裁判に直接国民が関わる制度が設けられており、国民の司法への理解を深める上で大きな役割を果たしています」。「そこで、この度の司法制度改革の中で、国民の司法参加の制度の導入が検討され、裁判官と国民から選ばれた裁判員が、それぞれの知識経験を生かしつつ一緒に判断すること(これを「裁判員と裁判官の協働」と呼んでいます。)により、より国民の理解しやすい裁判を実現することができるとの考えのもとに裁判員制度が提案されたのです」。ここでは、国民にとっての理解しやすさ、審理の長期化の問題性、国民の知識経験を生かすことへの言及が注目される。

　これらの文書・資料に述べられたことをまとめると、裁判員制度を導入する意義として想定されたのは、おおよそ次の3つであることになろう。第1に、裁判・判決をわかりやすくし、司法に対する国民の理解を深めること。第2に、

判決に国民の健全な社会常識を反映させ、司法に対する信頼を高めること。第3に、裁判の長期化を防ぐことである。だが、個別に見ていくと、それぞれに問題点もある。

3　問題点

(1) 裁判の迅速化？

　まず、裁判員制度を導入することによって、迅速な裁判が実現されるという点を検討しよう。確かに、従来、重大事件の裁判の中には、10年以上かかっているものもあった。裁判員が参加するようになれば、長期間の関与を義務づけることはできないから、裁判が迅速化しそうに見える。だが、ここには2つの問題がある。1つには、単純に論理的に言って、「裁判員制度を実施するには裁判期間を短くする必要があるが、迅速化は裁判員がいなくてもできる」ということがある。すなわち、裁判を迅速化する必要性は、裁判員制度を導入する理由にはならない。より実質的なもう1つの問題は、裁判員制度を導入しても手続が迅速化されず、むしろ長期化しているケースもあるということである。これは、「公判前整理手続」が「落とし穴」になっていることによる。

　公判前整理手続は、裁判員制度が導入されるよりも前の2005年11月に開始されたが、裁判員裁判への適用を念頭に置いて刑事訴訟法の中に設計された制度である。ほかには、複雑な経済犯罪の事件の審理が長期化することを防止するためなどにも使われている。裁判員裁判対象事件では、実際に裁判員が参加できる公判審理の期間が限られていることから、公判の開始前に、扱うべき内容を整理しておく必要があり、必ず公判前整理手続を経ることとされている。公判前整理手続は、裁判員が選任される前に行われ、職業裁判官、検察官、弁護人の三者が協議して、当該事件の争点を絞り込み、そこでの主張・立証のために必要な証拠の範囲や証拠調べの順番を検討するものである。この準備が場合によっては長期間を要しているのが問題である。実際、裁判員制度が開始されたのは2009年5月21日であるが、初めの公判が開始されたのはやっと8月上旬になってからであった。これよりもさらに公判前整理手続が長引いているケースも少なくない上、その間、被告人のほとんどは身柄を拘束されている。

結局、公判「だけ」は迅速化したものの、それより前の準備段階をも含めると、すべての事件で手続が迅速化が実現したとはいえないのである。

そればかりでなく、公判前整理手続に付された事件と、それ以外の事件とでは、公判のあり方にもかなりの相違が出ている。実際には、何を争点とするかということ自体、当事者間で意見の食い違いがありうる問題である。しかし、裁判員は、事前に「お膳立て」された流れに従って、劇場のように公判を見るだけになってしまっている可能性がある。スケジュールの変更は難しいため、十分な検討ができなかったと感じている裁判員がいることも報告されている。

(2) わかりやすい判決？

次に、裁判や判決の国民にとってのわかりやすさについてはどうか。法律の専門家らは、裁判で用いられる難解な法律用語をわかりやすく言い改めたり、これに説明を付けたりする努力を重ねているほか、プレゼンテーション技術の研修なども実施しているようである。判決についても、従来は、文章が難解であり、重大事件において非常に大部に及んでいるものが少なくなかったが、裁判員裁判では、平易な表現を用いた簡潔な判決理由が示されるようになった。複合的な事件においては、いくつかの部分に分けた「区分審理」に基づいて「部分判決」を出すという制度を設けることによって、裁判員が一部についてだけ関与すればよいこととし、過度の負担を回避する工夫も導入された。

だが、ここにも問題がないわけではない。従来は、重大事件だからこそ、慎重な判断が行われ、判決理由も詳細にわたるということが多かった。これらが簡略化されると、プレゼンテーション技術の高いほうが裁判員に大きな影響を与え、判断の精確性が害されることになってしまうのではないか、というおそれがある。

(3) 国民の健全な社会常識？

最後に、裁判に国民の社会常識を反映させる点であるが、まず、少なくとも、事実認定については、一般人の判断を入れることに問題がないと考えられているようである。先の「Q&A」では、「法律を知らなくても判断することはできるのですか」という問いへの回答として、次のように説明されている。「裁判員は、

法廷で聞いた証人の証言などの証拠に基づいて、他の裁判員や裁判官とともに行う評議を通じ、被告人が有罪か無罪か、有罪だとしたらどのような刑にするべきかを判断します。例えば目撃者の証言などに基づいて、被告人が被害者をナイフで刺したかどうかを判断することは、みなさんが、日常生活におけるいろいろな情報に基づいて、ある事実があったかなかったかを判断していることと基本的に同じですので、事前に法律知識を得ていただく必要ありません。なお、有罪か無罪かの判断の前提として法律知識が必要な場合は、その都度裁判官から分かりやすく説明されますので、心配ありません」。

しかし、裁判員は、被告人が加害者かどうか以外の判断も行わなければならない。裁判所のウェブサイトは、裁判員対象事件について次のように説明している。「裁判員制度の対象となる事件は、代表的なものをあげると、次のようなものがあります」。「人を殺した場合(殺人)」、「強盗が、人にけがをさせ、あるいは、死亡させてしまった場合(強盗致死傷)」、「人にけがをさせ、死亡させてしまった場合(傷害致死)」、「泥酔した状態で、自動車を運転して人をひき、死亡させてしまった場合(危険運転致死)」、「人の住む家に放火した場合(現住建造物等放火)」、「身の代金を取る目的で、人を誘拐した場合(身の代金目的誘拐)」、「子供に食事を与えず、放置したため死亡してしまった場合(保護責任者遺棄致死)」。確かに、これらの犯罪類型は、一般人にもそれなりに想像・理解が可能なものである。だが、裁判員法は、法定刑に無期刑が含まれている犯罪類型をすべて対象に含めている*5ため、ほかにも、爆発物取締罰則違反、覚醒剤・麻薬取引の一部、通貨偽造などが裁判員裁判で扱われることになっている。これらについては、一般市民が「常識」を持ちあわせているとは考えにくい。自己の経験を生かすことができるのは、実際にそれらの犯罪を行ったことのある者くらいであろうが、裁判員法は「禁錮以上の刑に処せられた者」は裁判員になれないこととしている(14条2号)。そもそも、わかりやすそうな方の犯罪類型でも、通常の市民がはたして殺人や放火についてどの程度「常識」を生かせるのかは疑問であるし、また、危険運転致死罪に関して、実際に自動車の運転に日常的に携わっている者ばかりが裁判員に選ばれた場合と、そのような人が1人もいない場合との間で、判断の公平性が確保できるのかも明らかでない。

より問題が大きいのは、量刑の判断である。これには死刑も含まれる。仮に、

民主主義的な裁判を実現するために、裁判員が関与することによって、国民の多数が正しいと思う判断をすべきだと考えたとすると、国民の間で、職業裁判官による量刑が軽すぎるという意見が多数を占めていた場合には、裁判員としては、そのことを理由として量刑を重くすべきことになるだろう。それでは、国民の多数はどのような意見を持っているだろうか。序章で触れた「基本的法制度に関する世論調査」(2009年、内閣府)では、死刑存置を認める者が85.6％に上り、どのような場合でも死刑を廃止すべきだとした者は5.7％にすぎなかった。存置派の理由としては、「死刑を廃止すれば、被害を受けた人やその家族の気持ちがおさまらない」と「凶悪な犯罪は命をもって償うべきだ」とが高い割合を占めていた。これは、多くの国民が、「故意に人の命を奪った以上、自分も死刑になって当然だ」という意見を持っていることを推測させる。

　しかし、法律はそのような前提には立っておらず、また、実際の事件の中にも、そのような評価が不適切な例がある。いわゆる「尊属殺人罪違憲判決」[*6]がその１つである。この事件の被告人は女性で、14歳になったばかりのころに実の父親から姦淫され、やがて実の母親とも別居して父親と夫婦同様に暮らすほかない状況となり、父親との間に子供5人を出生するという異常な境遇にあったが、母親も親戚も誰ひとりとして助けてくれなかった。被告人は29歳になって、当時勤めに出ていた職場の同僚である青年との結婚を考えるに至った。ところがそのことを打ち明けられた父親は被告人を手放すのをいとい、以後被告人の外出を阻止し、脅迫・虐待を加え、夜も眠らせないなどの行状に出た。そのため被告人は心身共に疲労していたところ、ある夜、泥酔した父親から口汚く罵られ、ついにこのような境遇から逃れようとして父親の首を締めて殺害した。被告人は犯行直後、近所の知り合いのところに駆け込み、警察への通報を依頼した。当時の刑法200条の尊属殺人罪には、法定刑として死刑と無期懲役しか規定されていなかった。最高裁は、通常の殺人罪と、尊属殺人罪の法定刑が著しく違っていることは、憲法14条の平等原則に違反する、として、尊属殺人罪の規定を無効であるとした。被告人は、殺人罪で懲役2年6月・執行猶予3年の有罪判決を受けた[*7]。

　この判決では、最高裁判所の裁判官の意見も、①尊属殺人罪は憲法違反でないとする立場、②尊属に対する罪をそうでない場合より重く処罰する規定は憲

法違反だとする立場、③尊属に対する罪を重く処罰することは憲法違反でないが、死刑と無期懲役しかないのは重すぎるとする立場、の3つに分かれ、多数決で法廷意見となったのは③の理由づけである。当時の殺人罪の法定刑の下限は懲役3年だったが、裁判所はさらに「酌量減軽」の規定*8を適用して、被告人を執行猶予にすることができた。実際の殺人事件の中には、この事件のように、家庭内暴力・虐待への反動から突発的に生じた殺人や、介護を苦にした無理心中未遂などがかなり多く、「親殺し」だから死刑になって当然だとは到底いえない状況である。

　一般国民が持っている観念と、法律の考え方とが食い違っていることが示されたもう1つの例をあげよう。2007年に司法研修所が公表した「量刑に関する国民と裁判官の意識についての研究」によれば、2005年に成年一般国民1000名と、地方裁判所・高等裁判所の刑事裁判官全員とを対象に実施された調査において、少年時に犯罪を行った者に対し、成人が同じことを行ったよりも、年齢が低いというだけで厳しい処罰を望む声が、一般人の中に25.4％あったとされている。裁判官の中でこの考え方を支持する者は0名であった*9。おそらく、回答した一般人は、少年のときから犯罪を犯す者は、高い犯罪性を示している以上、厳しく処罰されて当然だと考えたと思われる。しかし実際には、少年時に重大犯罪を行った者でも、適切な教育的処分を受ければ、再犯する率は成人より明らかに低い。だからこそ、「少年法」は未成年者について特別の扱いを定めているのである。

　このように、一般人が抽象的に持っている観念を「社会常識」として裁判に反映させようとすると、法制度の基本的な理念に反する結論や、不当な結論が導かれてしまうおそれがある。そこで、筆者はかつて次のような問題提起を行った。「裁判員法では、裁判員が関与するのは『事実の認定』『法令の適用』『刑の量定』であり（6条1項）、職業裁判官のみの合議によるとされるものは『法令の解釈に係る判断』『訴訟手続に関する判断』『その他裁判員の関与する判断以外の判断』である（6条2項）。さまざまな社会的背景をもつ裁判員が合議体に参加することは、適切な『事実の認定』の実現に資すると考えられる。注意を要するのは『法令の適用』と『刑の量定』である。『処罰されるべき者が無罪になっている』『刑が軽すぎる』との批判を無媒介に容れるとすれば、『有罪率は高いほどよい』『刑

は重いほどよい』ということにもなりかねない。問題は、このような批判が何を根拠にしているかである。事故などで大きな被害が出た場合、一般人は誰かに(重い)刑事責任を問わなければ気がすまない傾向にある。だが、このような感覚は、『結果責任主義』『必罰主義』『応報の追求』の表れであって、近代刑法の原則である『責任主義』や『罪刑法定主義』に抵触しうるものである」[*10]。

　さらに、裁判において「民主主義」が誤った形で主張される危険性にも注意が必要である。それは、多数決原理としての民主主義が、裁判で守られるべき少数者の人権と対立しうるものであることによる。裁判員制度と直接関係はないが、次の例を考えてみよう。かつて、「ハンセン病」は「らい病」と呼ばれ、神経まひや顔・手足の変形が起こることから恐ろしい病気だと思われ、その患者に対しては隔離政策がとられてきた。実際にはこの病気は非常にうつりにくい感染症であり、早く治療すれば完全に治るものである[*11]。それにもかかわらず、患者や家族は現在でも深刻な差別を受け続けている。そして、旧「優生保護法」には次のような規定があった。

> 1条(この法律の目的)　この法律は、優生上の見地から不良な子孫の出生を防止するとともに、母性の生命健康を保護することを目的とする。
> 14条(医師の認定による人工妊娠中絶)　1項　都道府県の区域を単位として設立された社団法人たる医師会の指定する医師……は、次の各号の一に該当する者に対して、本人及び配偶者の同意を得て、人工妊娠中絶を行うことができる。
> 1号　本人又は配偶者が精神病、精神薄弱、精神病質、遺伝性身体疾患又は遺伝性奇型を有しているもの
> 2号　本人又は配偶者の4親等以内の血族関係にある者が遺伝性精神病、遺伝性精神薄弱、遺伝性精神病質、遺伝性身体疾患又は遺伝性奇型を有しているもの
> 3号　本人又は配偶者がらい疾患にかかつているもの

　この法律は、そもそも優生主義による断種を合法化している点で一般的に問題であるばかりでなく、遺伝と無関係なハンセン病まで対象にするという二重

の誤りを犯すものであった。ところが、このような明白な誤りにもかかわらず、法律が改正されて「母体保護法」に変わったのはようやく1996年のことであった。これは、少数者に対する人権侵害が、民主的な国会を通じた立法のレベルではなかなか是正されない場合のあることを示している。

この問題に対処すべき地位を与えられているものこそが裁判所である。裁判所は「憲法の番人」とも呼ばれる。多数決原理に流されないようにするため、日本の裁判官は公選制ではなく、身分が保障されている。また、日本の裁判所は、少数者の基本的人権を侵害するような法律や行政処分を憲法違反だとすることもできるのである。裁判員が関与するのも、こうした役割を与えられた裁判所に対してなのであり、多数決的な民主主義を実現するためではない。

4　裁判員制度の意義

「三人寄れば文殊の知恵」という言葉がある。職業裁判官のみが裁判を行っていたときにも、比較的軽微な事件は1名の裁判官、重大な事件は3名の裁判官が判断していた。これは、1人よりも3人のほうが、多角的な視点やアイディアを得ることができ、誤りにも気付きやすいことによる。そうだとすれば、さらに6名の裁判員が加われば、「文殊の知恵」もますます高まることになろう。1人で考えるよりも大勢で考えたほうが、少数者の人権などにもよく気が付くことになるだろう。裁判員には裁判官の間違った判断を正す役割も期待されるのである。

現在ならば裁判員裁判の対象となる、強姦致傷罪について、かつて次のような事件があった。被告人を強姦致傷罪で起訴した検察官の主張によると、「被告人は昭和33年7月23日午前1時30分頃、光市大字浅江虹ヶ浜海水浴場臨時飲食店Sに於いて遊興飲食中、偶同所に居合わせたA（当37年）を見かけるや、俄に劣情を催し、同女を姦淫しようと決意し、言葉巧みに同女を附近遊園地内松林に連れ込み、咄嗟に同女をその場に押し倒し、両肩を押えつけ、馬乗りになる等の暴行を加えてその反抗を抑圧し強いて同女を姦淫し、その目的を遂げたが、その際、右暴行により、同女に全治3日間位を要する背部圧創、右上膊圧痛、肛門出血等の傷害を与えたものである」。裁判では、被告人の姦淫行為

によってAが負傷したことが、争いなく認められた。ところが裁判所は、「首に手を掛け、押し倒し、馬乗りになり、ズロースを引き脱がして姦淫するのみでは姦淫行為一般についても当てはまることで必ずしも強姦行為とはなし得ない」などと述べて、被告人を無罪とした。その理由として、次のようなことが挙げられている。「始めて会つたばかりの見知らぬ男に散歩を誘われるままに何等危険を顧みることなく、深夜暗黒の松原内を通ずる道を連れ立つて300米余も歩いたことは常識上理解に苦しむところで、被告人が、同女に於いて、たやすく散歩の誘いに応じたことにより暗黙に姦淫に応ずることを承知したものと信ずるに至つたとしても不自然ではない。」「同女は両度にわたつて証人として尋問を受けながら、被告人が同女に加えた暴行の内容として、被告人は同女を抱くようにして手を首の後へ掛け、前から仰向けに押し倒したので、同女は逃げようともがきあちらこちらへ転げたが、相手の力が強く、ズロースを脱がされ、馬乗りになつて関係されたという凡そ姦淫行為に通常伴う程度の漠然とした抽象的な態様を供述するに留まり、如何にして反抗を困難ならしめるような暴行を加えられたかという具体的な暴行の態様について何等明確な供述をなし得ない」。「単にもがいたというのみで、それ以上力を尽しての抵抗がなされた形跡を認め得ない。診断書記載の負傷は軽微なものであり、……現場の地面が各所に松の根の露出した荒い砂地であることを考えれば、必ずしも抵抗の烈しさを物語るものとはなし得ない。従って同女が真実本気で力を尽くして抵抗し、被告人が同女の反抗を困難ならしめるような暴行を加えたものか否か多分の疑いがあり、他面被告人としても、たとえ同女より一応の抵抗は受けても、それが前記の程度では、姦淫現場に到着するまでのいきさつから考へて、同女が本心から抵抗するのではなく内心は同意しているものと思い続けることも十分有り得べきことである」[*12]。

昔はこのように性犯罪の成立をなかなか認めない判決も珍しくなかった。現在ならばどうなっていただろうか。疾患を持つ人や女性など、弱者の立場にある人々の人権をよりよく保護するために、裁判員の視点を採り入れることが役立つのではないだろうか。裁判所のウェブサイトで述べられていた「裁判員と裁判官の協働」という考え方は、まさにこのような意味で理解されるべきであろう。「Q&A」でも、「さまざまな人生経験を持つ裁判員と裁判官が議論するこ

とで、これまで以上に多角的で深みのある裁判になることが期待されます」と説明されている。

5　死刑事件における問題

　特に死刑の判断について見た場合に、4で述べた「文殊の知恵」という説明がどの程度成り立ちうるかは、さらに問題となる*13。一般的に、そもそも量刑について裁判員に判断させることは適切ではないのではないかという指摘には理由がある。一般人には、本書序章で述べたような刑罰についての知識がなく、「社会常識」も考えられないためである。だが、裁判員制度の導入が検討された当時、「職業裁判官の量刑は軽すぎる」という「世論」が一部に存在していたことも事実である。2で紹介した各種の公の文書や資料においては、この「世論」を制度導入の理由に含めることは回避されている。ここでは、死刑求刑事件に裁判員が関与することに伴う種々の問題のうち、3点を指摘して結びに代えたい。

　第1に、正しい情報の欠如した状態で「社会常識」を裁判に取り入れることの危険性があげられる。世論調査の結果には、明らかに誤った知識に基づく判断が反映されている場合が少なくない。たとえば、いわゆる「体感治安」の問題がある。近年の犯罪発生状況は統計上、改善しているが、マスコミでは特定の事件の凶悪性が強調されて報道されることにより、人々は治安が悪化しているような気になってしまい、厳罰化を求めるのである。総理府が2009年に実施した「基本的法制度に関する世論調査」では、死刑に抑止力があると考えている者が全体の60％に上っているが、死刑廃止の急速な世界的潮流を見る限り、死刑廃止による犯罪増加はほとんど問題になっていないのである。しかし、現在の日本国民はそのことを知らず、情報の欠如が死刑存置派の高い比率に結び付いているといえる*14。この点は、啓発によって改善される見込みもあるだろう。もともと日本には国際協調の伝統もある。本書序章で述べた刑罰理論についての知識も、一般人に共有されることが望ましい。極めて一般化して言うならば、法文化が成熟すればするほど、刑法における「責任主義」の考え方が浸透する。知識がないほど結果責任主義、必罰主義、応報主義を追求しやすいのである。交通事故を故意の殺人と同じ刑で処罰している国では、法文化が成熟している

とはいえない。殺人の被害者の人数だけで死刑を科す場合も同じである。

　第2に、裁判員個人のパーソナリティーの問題がある(本書第4章「裁判員の心理と死刑」〔山崎優子〕も参照されたい)。裁判員の選出は都道府県内で行われているが、地方によって、自分の意見を積極的に主張できる人の多いところと、消極的で周りと異なる意見を言いたがらない人の多いところがあるのではないかということが指摘されている。これについては、裁判員裁判が運用を重ねて定着することにより、裁判員となった者が誰でも遠慮せずに意見を言えるような機運の醸成されてくることが期待されるが、現状では意見を引き出す裁判長の技術などに負っている面が大きい。すぐに周りの人に合わせようとする付和雷同型の人が一定程度いることは、アンケート調査などにも見られるところであるが、彼らは報道を信じる傾向が顕著に大きく、犯罪や刑罰の問題について普段深く考えたことがない。検察官の求刑にそのまま賛成しがちであり、量刑では、客観面すなわち被害を見て結論を出し、行為者・被害者・遺族の主観面を考えない。このような人ばかりでは裁判員裁判は成功しないので、法教育などの取組みが必要だろう。

　第3に、一般人が抽象的に思い描いている観念は、実際に裁判員裁判を担当したときの意見にそのまま結び付くわけではない点に注意を要する。冒頭で紹介したように、裁判員経験者を対象としたアンケートでも、裁判員裁判についてのイメージは、裁判員に選ばれる前の悪印象と、現実に裁判に臨んだ後の好印象とが対照的であった。故意に人の命を奪った以上、自分も命をもって償うことが当然だと考えていた人が、尊属殺人違憲判決の事案についても同様の結論を出すとは限らない。そうだとすると、一般論としては職業裁判官の判決が軽すぎるので厳罰化を求めるとする態度をとっていた人でも、具体的判断にあたって考えの変わる可能性がある。このことを示唆するのが、裁判員裁判導入後の「保護観察付き執行猶予」判決の増加である[*15]。有罪となった者に実刑を科さず、刑の執行を猶予する場合、保護監督を付することができる。これは保護観察のない場合よりも負担が大きい上、再度の執行猶予が認められなくなるため、より重い刑として位置づけられているが、2010年4月に最高裁判所が量刑分布等について発表したところによると、裁判員裁判ではその割合が顕著に上昇したというのである。これは、裁判員が被告人の更生に強い関心を寄せ

ていることの表れであろうとされている。

　関連して、裁判員裁判の死刑求刑事件において無期懲役の判決、さらには、無罪判決の出された例が報告されている。同様の事例は従来の制度でも当然ありえたことであるが、仮に、今後、類似のケースが多く出てくるようなことがあれば、それは、裁判員が死刑自体を忌避している徴候だとも考えられよう。抽象的には85％の国民が死刑を容認していても、実際の事件で判決を言い渡すにはなお慎重にならざるをえない、ということは十分にありうる。18世紀の思想家モンテスキューが著書『法の精神』の第6篇第13章に、「日本の法の無力」と題する次のような考察を置いているのは示唆的である*16。「過度の刑罰は専制主義をすら腐敗せしめる」。「日本では殆どすべての犯罪は死刑を以て罰せられる」。「法の苛酷なることは、従つて、その執行を防止する。刑罰が法外な場合は、人はしばしばそれよりはむしろ不罰を選ぶべく余儀なくされる」*17。

　※　本稿は、2009年8月7日の京都大学オープンキャンパスにおける公開講演「裁判員制度と民主主義」、および、2010年10月17日の「法と心理学会」第11回大会ワークショップ「死刑と向きあう裁判員——学生のアンケート調査から見えてくるもの」におけるコメント「刑法学の立場から」の内容に修正を加えたものである。関係諸氏にこの場を借りて御礼申し上げる。

*1　裁判員制度ウェブサイト（最高裁判所）に掲載されている（http://www.saibanin.courts.go.jp/）。

*2　日本の裁判制度の概要は、裁判所のウェブサイトで紹介されている（http://www.courts.go.jp/）。また、「裁判員の参加する刑事裁判に関する法律」や「刑事訴訟法」などの法律の条文は、総務省の「法令データ提供システム」で調べることができる（http://law.e-gov.go.jp/cgi-bin/idxsearch.cgi）。

*3　韓国で最近導入された刑事裁判への市民参加の制度は、本書第8章「韓国の国民参与裁判と死刑」（趙炳宣）で扱われるほか、今井輝幸『韓国の国民参与裁判制度——裁判員裁判に与える示唆』（成文堂、2010年）に詳しい。

*4　政府のウェブサイトに掲載されている（http://www.kantei.go.jp/jp/sihouseido/report/ikensyo/index.html）。

*5　法2条1項1号は「死刑又は無期の懲役若しくは禁錮に当たる罪に係る事件」、2号は「裁判所法第26条第2項第2号に掲げる事件であって、故意の犯罪行為により被害者を死亡させた罪に係るもの（前号に該当するものを除く。）」を対象としており、2号

の引用する裁判所法26条2項2号は「死刑又は無期若しくは短期1年以上の懲役若しくは禁錮にあたる罪(刑法第236条、第238条又は第239条の罪及びその未遂罪、暴力行為等処罰に関する法律……第1条ノ2第1項若しくは第2項又は第1条ノ3の罪並びに盗犯等の防止及び処分に関する法律……第2条又は第3条の罪を除く。)に係る事件」となっている。

*6 最高裁判所大法廷昭和48年4月4日判決(最高裁判所刑事判例集27巻3号265頁)。
*7 1995年改正前の刑法200条(尊属殺人罪)は「自己又ハ配偶者ノ直系尊属ヲ殺シタル者ハ死刑又ハ無期懲役ニ処ス」となっていた。200条はこの判決以降使われず、1995年の刑法現代語化の際に削除された。
*8 刑法66条(酌量減軽)「犯罪の情状に酌量すべきものがあるときは、その刑を減軽することができる」。
*9 司法研修所「量刑に関する国民と裁判官の意識についての研究——殺人罪の事案を素材として」司法研究報告書57輯1号(2007年)15頁。
*10 髙山佳奈子「『国民感覚』と刑事責任」棚瀬孝雄編『市民社会と責任』(有斐閣、2007年)85頁以下。
*11 厚生労働省はハンセン病に関する情報ページを設けている(http://www.mhlw.go.jp/topics/bukyoku/kenkou/hansen/index.html)。
*12 山口地裁昭和34年3月2日判決(下級審刑事判決集1巻3号611頁)。
*13 永田憲史『死刑選択基準の研究』(関西大学出版部、2010年)196頁は、裁判員制度の準備段階で500回以上実施された模擬裁判において、死刑求刑事件が扱われなかったために死刑選択が争われる事案の問題点が抽出されなかったことを批判的に指摘している。
*14 Kanako Takayama / María Verónica Yamamoto, The Death Penalty in Japan, in: Luis Arroyo / Paloma Biglino Campos / William Schabas (eds.), Towards universal abolition of the death penalty (Tirant, 2010), p.306.
*15 「裁判員制度の運用等に関する有識者懇談会」資料(http://www.courts.go.jp/saikosai/about/iinkai/saibanin_kondan/pdf/giji_10_04_16.pdf、http://www.courts.go.jp/saikosai/about/iinkai/saibanin_kondan/siryo_07/pdf/siryo_5.pdf)でこのデータが報告されている。
*16 この点は2006年10月30日に京都大学・日仏会館主催、東京日仏学院共催、駐日欧州委員会代表部協賛シンポジウム「Pas la peine! 死刑をめぐるヨーロッパの経験」(フランス死刑廃止25周年)において石井三記教授の教示を受けたものである。
*17 モンテスキュー(宮沢俊義訳)『法の精神(上)』(岩波文庫復刻版・一穂社、2004年、初版1927年)138-140頁(原著は1748年)。

(たかやま・かなこ)

第2章

裁判員裁判における死刑選択基準

永田憲史

1 はじめに

　2009（平成20年）年5月、裁判員の参加する刑事裁判に関する法律（平成16年法律第63号。以下、「裁判員法」とする）が施行され、裁判員制度が実施されることとなった[*1]。

　裁判員裁判においては、事実認定だけでなく、刑の量定についても裁判員の関与する判断とされ、裁判官と裁判員の合議によるものとされている（同法6条1項）。このことは、司法制度改革審議会の意見書の段階から提案されていた[*2]。

　また、裁判員法は、控訴審について何らの特則を設けていないため、現行法通り、裁判官のみで構成された裁判体が事後審として第一審判決の当否を審査する[*3]。控訴審の裁判体の構成及び審理方式は、司法制度改革審議会の意見書の段階では検討対象とされていたところ[*4]、裁判員制度・刑事検討会における議論において、「現行法どおりとする。（控訴審は、事後審として原判決の瑕疵の有無を審査するものとする。）」とされ[*5]、立法においてもその方針が支持された。

　裁判員法は、評議及び評決の方法について規定しているものの（同法66条、67条）、死刑選択基準について、全く規定していない。

　そして、裁判員法施行前に、模擬裁判が500回以上、模擬選任手続が240回以上行われたものの[*6]、模擬裁判に死刑求刑事件は含まれず、死刑選択が争わ

れる事例の問題点の洗い出しの機会は全く作り出されなかった。

それゆえ、裁判員裁判における死刑選択基準をどのように考えるべきであるのかを明らかにしなければならない。本章では、まず、裁判員裁判における一般的な量刑基準について検討した上で、裁判員裁判における死刑選択基準について論究することとしたい。

2 裁判員裁判における量刑基準

(1) 量刑相場の性質

量刑判断過程は、①量刑事情に関する事実認定、②量刑目的又は量刑基準の設定、③量刑基準に従った量刑事情の評価及び衡量、④具体的刑量への置換及び決定という4つの段階を経る[7]。

このうち、④具体的刑量への置換及び決定について見ると、我が国の犯罪類型は概括的である上、新派刑法学の影響を受けたこともあって、法定刑の幅が広い。そのため、裁判所は、法定刑を基礎として導かれる処断刑の枠の中でいかなる刑量を宣告するかという問題を抱えてきた。

裁判所は、刑量の宣告に当たって、行為責任主義を基本として公平性を維持するよう求められてきた[8]。ここで、公平であると言えるためには、同一の犯罪類型内における罪刑の均衡だけでなく[9]、他の犯罪類型との罪刑の均衡をも図らなければならない[10]。言い換えれば、各事件の個性を重視しつつ、各事件に対する評価が他の同種事件に対する同様な方法による評価と実質的均衡を保つように努めなければならないのである[11]。もちろん、その罪責に応じて、共犯者との均衡も図られなければならない[12]。そして、これにより、裁判官の個性と個人的見解によって大きく異なる量刑がなされることを防ぎ[13]、刑事司法に対する社会の信頼に寄与すると考えられてきたのである[14]。また、一般予防効果の観点からも、感銘力と説得力という特別予防効果の観点からも望ましいと考えることもできよう[15]。

この解決のために経験的に形成された実証的な基準が量刑相場であり[16]、古くからその存在が肯定的に評価されてきた[17]。個々の裁判官が検察官の求刑意見や同僚裁判官の意見を参考に量刑相場を体感し、プロモーションシステ

ムの下で同じような生活経験を積むことで、裁判官の量刑感覚には共通した点が多く見受けられることとなったのである[*18]。そして、長年の裁判実務の中から生まれ、育てられてきたこの尺度は、今日では、実務家、特に裁判官の間に共有されることとなった[*19]。結果として、近年では、長年の実務において形成されてきたものであって熟達した裁判官であれば一応身に付けている認識判断であると評されるまでになっている[*20]。

とは言え、量刑相場は、立法によって明文化されているものではなく、暗黙知であり、言語化されていない[*21]。そもそも、量刑相場は意図的に策定されたものではなく、量刑実務における必然的所産であるためである[*22]。言い換えれば、量刑相場は自生的秩序であって、司法府による自生的コントロールにほかならないためである[*23]。それゆえ、量刑相場が曖昧模糊とした性質を帯びることは否定できない。

このことは古くから認識されてきた。例えば、「経験の豊かな弁護士や検察官には、ある程度までこの予想ができるようである。しかし、それも、それらの人々が長年の経験によって体得した一種の勘によるものであって、いわば直感的にこの種の犯罪にはこの程度の刑罰が来るだろうという漠然とした予感に過ぎないのである。しかも、それが曰く言い難いところの直感であり勘であるために、他人にこれを分析して説明したり、伝授したりすることがむずかしいのである。それだけではない。この勘はまたたいへんな人見知りで、平素なれ親しんだ裁判所や裁判官にはよく働くが、一寸それをはなれると、とたんにその神通力を失うことも少なくないのである」とされてきたのである[*24]。

このように、量刑相場には、曖昧さや不可視性が伴っている。しかも、我が国の場合、犯罪類型が極めて包括的である上、法定刑の幅が広いにもかかわらず、量刑ガイドラインが制定されていないため、個々の犯罪類型に包摂される種々の犯罪行為について具体的な可罰性の度合の段階付けを全面的に裁判所に委ねることとなっている[*25]。

こうした状況の下、量刑相場は、同種、同性質及び同程度の行為を内容とする事件に対して同刑量の刑罰を適用するのが妥当であるとの考え方に沿って[*26]、適切な量刑を行う要請を実現するために必要不可欠なものであった。これを「相場主義」[*27]と呼んで批判することはたやすいが、量刑基準が量刑先

例の集積として類似事件に係る刑の量定においてそのケースにふさわしい刑の位置付けを見出すのに果たしてきた役割は大きい[28]。

　もっとも、量刑相場は絶対的に正当化される根拠を有しているわけではなく、相対的な合理性を基盤に存立しているにすぎない[29]。仮に、量刑基準の根底にあるのが国民一般の価値基準であるとしても[30]、その価値基準に従って被告人の罪責を計量化することは、算術的に絶対的な正確さをもってなしうる作業ではない。ある事案に対してどのような刑量が妥当であるのかを理論的に正当化することは不可能である。なぜなら、被告人の罪責と価値的に同じ刑罰を科す絶対的均衡が求められるものの[31]、その判断を単純に行うことはできない。現行法上、被害者の身体が傷害された場合、被害者が傷害された部位と同じ部位を同程度に傷害する刑罰を被告人に賦科することで絶対的均衡を達成することは予定されていない。同様に、被害者の財物が窃取された場合、被害者が窃取された財物と同一の財物を剥奪する刑罰を被告人に賦科することで絶対的均衡を達成することも予定されていない。つまり、侵害の個別の態様に対応する犯罪の報復の同等性(Gleichheit)ではなく、その侵害の有する性質、すなわち侵害の価値的な同等性が罪刑に存在することが要求されているのである[32]。

　かくして、「量刑基準としての『犯罪行為に見合う刑罰』」が理論的に正しい値として存在するわけではなく、歴史的なものとして量刑相場が出発点となる」[33]。言い換えれば、「法定刑及び量刑相場の絶対値の妥当性という難問」は解決不可能なまま存在し続けるほかない[34]。それだからこそ、同種事案に対する相対的均衡や、過去の事案に対する通時的均衡[35]を図ることで罪刑の均衡を達成するのである。それゆえ、ある事案に対してどのような刑量が妥当であるのかを示す具体的基準として量刑相場が活用され[36]、存在してきたと言える。

　これまで、一般に、量刑相場に沿った量刑であれば、責任主義の枠の中に収まると考えられてきた[37]。逆に、量刑相場に反して事案に応じた合理的な裁量の幅を逸脱すれば、量刑不当として上訴審により修正されるべきと考えられてきた[38]。すなわち、本来、同じ刑量を賦科するべき事案であったとしても、ある程度の量刑のばらつきは法の予定するところであって避け難いとされつ

つ、その相違が際立つことは法の下の平等や法的安定性の観点から好ましくないため、上訴審により是正が図られてきたのである[*39]。

とは言え、量刑相場は固定的ではない[*40]。そして、量刑基準の根底にある国民の正義感覚にも変化が生じうることなどを理由として[*41]、量刑相場の変動は予定されている。例えば、近時、被害感情重視の下に量刑相場が重罰化の方向に変動しつつあるとする指摘がなされている[*42]。

このように、量刑相場はその種の事案ではそのような水準で量刑がなされてきたという慣行に過ぎないため、法的又は規範的拘束力は認められないものの、事実的拘束力があると考えられてきたのである[*43]。これにより、量刑の「籤引き化」や「ギャンブル化」が回避され、公平に資するものとなってきたのである。

(2) 裁判員制度の趣旨

司法制度改革審議会の意見書は、裁判員制度の目的について、裁判官と裁判員とが相互のコミュニケーションを通じてそれぞれの知識や経験を共有し、その成果を裁判内容に反映させるという点にあるとしている[*44]。その上で、こうした意義が国民の関心の高い刑の量定の場面にも妥当するとし、健全な社会常識、言い換えれば、国民の率直な視点や感覚を量刑に反映させることとすべきだとされている[*45]。こうした考え方が支配的となったのは、国民が司法に参加することが望ましいという素朴な感覚のほか、そもそも個々の量刑が妥当であることを正当化することが困難である以上、国民の評価という過程を経ることによって、その正当化を図るほかないとの理解があるためであろう[*46]。

こうした考え方に基づけば、裁判員が量刑判断に加わることにより、従来とは異なる量刑傾向が見受けられることが予想され、そうした変化が肯定されることとなる[*47]。量刑相場に法的又は規範的拘束力が認められない以上、こうした変化も許容されることとなる。

もっとも、量刑は刑罰法規の解釈等とは異なり、法律(学)に関する専門的技術的知見ではなく、判断者の人間的理性により行われる裁量判断であるとの理解を前提に、「常識的感覚」さえ有していれば非法律家であっても判断者として裁判官と対等の適格があるとする理解に対して、強い批判がなされることとなった[*48]。すなわち、裁判員には裁判官が持っていない視点や感覚の提示が

期待される一方、裁判員の単なる意見や感想のぶつけ合いの雑談であってはならず、裁判官においても犯罪や刑の本質、知識と経験に根ざした証拠評価の観点などを裁判員と同じ目線で提示することによって初めて裁判官と裁判員との真の協働が実現可能であるとする考え方が提示されることとなったのである[*49]。これは、国民が司法に参加すればよいという安易な考え方に警鐘を鳴らすものであった。しかし、国民の司法参加が強調される中で、こうした警鐘が大きく取り上げられることはなかった。

そもそも、裁判員裁判において、専門的知識及び経験が軽視される一方で素人感覚が尊重されることとなれば、より適切な判断がなされなくなってしまうこととなり、被告人にとっても、国民にとっても、危険で愚かなことであると言わざるを得ない。もちろん、職業裁判官の従来の判断や思考方法が絶対的に正しいわけではない。しかし、その修正及び改善は、素人感覚ではなく、専門的知識及び経験、科学的知見に基づかなければならないはずである。言い換えれば、「井戸端会議型」や「ワイドショー型」ではなく、「科学的知見尊重型」の判断でなければならない。個人的なごく限られた経験に基づく非専門的素人的感覚に頼って無責任になされることにより退化する量刑（「素人的感覚としての量刑」）であってはならず、専門的知識及び叡智を結集して進歩する量刑（「叡智結集としての量刑」）でなければならないのである。

(3) 裁判員裁判における量刑相場

裁判員裁判における量刑基準の取扱に関しては、我が国の法定刑の幅が広いこともあって、早い段階から、従来の量刑基準にも合理性を認め、他の事案との均衡を考慮する必要があることが意識されてきた[*50]。これに対して、弁護士会から裁判官が作ってきた相場の押し付けであるとの批判がなされた[*51]。しかし、量刑基準を用いなければ具体的な刑量の決定ができないことは裁判員裁判にあってもこれまでと同様であり、意義と限界を明確に認識していれば格別躊躇する必要はないとの考え方が趨勢となったのである[*52]。

そのため、検察官の求刑や弁護人の量刑意見以外の判断材料のない状態で具体的な量刑意見を述べることは裁判員には困難であって従来の量刑の実状を容易に理解できるような資料である量刑分布グラフを提示すべきとの意見が有力

となった*53。こうした資料を準備して裁判員に説明し、当該事案でそれに沿った量刑が相当かを評議すべきとされたのである*54。模擬裁判の裁判員役から、おしなべて量刑資料に基づかずに量刑意見を述べることは困難との指摘があったこともかかる見解を後押しすることとなった*55。もちろん、このような量刑資料を参考資料とするためには、量刑資料の正確さ及び公正さが必要とされるのは言うまでもない*56。

かくして、犯情に関わる基本的な量刑因子を入力して検索することにより、同種前例の量刑傾向を視覚的に把握することができるようにすることを目的として、量刑検索システムが整備されることとなった*57。

また、模擬裁判において、刑罰目的や行刑の実情に関する質問が多く見受けられた*58。そのため、刑罰論や行刑の実情等に関するものも含め、裁判員の疑問、意見、誤解にどう適切に対応するかについて、引き続き検討し、必要な準備を整える必要があるとされた*59。

具体的な判決書の在りようとしては、「こうした事案における量刑判断は、これまで概ね、懲役5年から10年の間で分布しているところ……前記の量刑分布を参考に検討すれば……」といった形が示され*60、これに沿った運用がなされていると言えよう。

判決においては、丼勘定的であったり、総花的であったりする判示はこれまで以上に望ましくなく*61、主文の刑を導くに至った重要な考慮要素とした事情を示しつつ、主文の刑を導くに至った具体的な理由を説明する必要がある*62。特に当事者間に争いのある量刑事実については、裁判所の判断を示すべきである*63。また、刑量の決定に当たって、どの量刑事実を重視したのかを示し、当該量刑事実が刑量を決定するために相当程度影響を与える場合には、量刑事実に関する裁判所の評価を明らかにすべきである*64。量刑判断の透明化が要求されよう*65。

問題となるのは、従来の量刑相場の事実的拘束力が裁判員裁判において変容するかということである。このことは量刑検索システムの活用方法にも影響を与えうるため、検討することとしたい。

そもそも、職業裁判官が形成してきた量刑相場は、裁判員裁判を考えた場合、その幅が狭いこととそれを尊重する傾向が強いという点で問題であるとする理

解が広い支持を得ている*66。最も極端な見解として、相場主義や前例踏襲主義を克服すべきとして、公平性に配慮することに消極的ともとれる見解も存在する*67。もっとも、公平性の観点を無視することは妥当でないとの考えが主流であり、特に同種事案での量刑のばらつきや*68、裁判員裁判相互間、例えば共犯者間で量刑の不均衡が生じれば*69、被告人に著しい不公平感を与えるとともに、国民の司法に対する信頼も揺るがすとの問題意識が広く共有されていると言ってよい。

そして、量刑相場は、せいぜい個々の事例についての妥当な刑量に関する平均的な考え方を多少なりとも反映した手がかりに過ぎないのであるから、裁判員裁判の量刑において量刑相場に反した場合にも直ちに量刑不当となるわけではなく、責任刑の枠内であれば許容されると説明されるようになった*70。しかも、従来意識されることはなかったこととして、そもそも量刑相場の事実上の拘束力の名宛人は裁判官であって一般人たる裁判員には妥当せず拘束力の妥当する範囲が限定されるため、従来の実務慣行と実務感覚に従うことを裁判員に求めることはできないと考えられることとなった*71。

こうした理解からは、裁判員裁判において従来の量刑相場が維持されることなく、変動することが許容されることとなる*72。その際、量刑のばらつきが広がることも許容されることとなる。例えば、「裁判員裁判における緩やかな量刑相場」の形成*73や裁判員裁判における量刑傾向の形成が予定されているのである*74。この変動においては、公平性や等質性の要請が後退し*75、量刑の幅が広がることが予想される*76。

このような考え方を基礎として、一度しか量刑判断を行わない裁判員に量刑相場を前提とした議論は困難であるとして一度しか量刑判断を行わない裁判員の感覚を尊重しつつ量刑の公平性をも保とうと考えると、従来の量刑相場よりも幅の広い弾力的な扱いが可能な量刑判断の目安のようなものが参考になると考え*77、量刑検索システムを活用しようとする見解が有力となったのである*78。この観点からは、裁判員裁判における量刑が量刑相場からはみ出すことは当然予定されており、仮に裁判員裁判における量刑が量刑相場からはみ出したとしても、量刑相場が責任刑の内側で機能してきたという事情が存在するため、直ちに責任主義に反しないとされる*79。そして、「最も近い先例はどれ

か」ではなく、「同種先例の量刑レンジから大きく外れていないか」という観点から同種先例の量刑資料を利用すべきとするのである[*80]。程度の差こそあれ、一般市民の量刑感覚を裁判官も尊重する姿勢をとるべきであるとの観点から、量刑検索システムの裁判員への開示が押し付けにならないよう配意すべき[*81]との理解が広く受け入れられたのである。

　もっとも、このような考え方には、量刑判断過程の分析から、量刑判断のための事項は専門的技術的な法的知見を駆使した統一的判断をなすべき必要性が強いことから裁判官の判断を優先すべき要請が強く働く事項(専門的判断事項)と、必ずしもそうではなく、あるいは一定の条件の下で、非法律家を含めた一般国民の常識的感覚を取り入れつつ判断すべきであるから、そのために裁判官と裁判員が対等な立場で評議すべき事項(協働的判断事項)に分かれることを無視すべきでないとの指摘を甘受すべきこととなろう[*82]。

　すなわち、量刑判断のうち、②量刑目的又は量刑基準の設定は、刑法理論又は刑法解釈学における基本問題であるか、少なくともその延長線上にある問題であるため、「法令の解釈」と同質的であるとし、刑法及び周辺法分野並びに刑法解釈学に関する専門的知見に基づいて統一的な解決を与えられるべき必要性が極めて強い専門的判断事項である[*83]。

　また、④具体的刑量への置換及び決定は、基本的に協働的判断事項であるものの、量刑相場の拘束を受ける意味では間接的に専門的判断事項と考えるべきである[*84]。

　量刑相場の事実的拘束力は、判例の拘束力に準じて考えるべきである。なぜなら、同種事案に対する量刑に関する定着した実務の趨勢であるため、一般的に言って国の裁判所のあるべき判断として尊重し、その幅から逸脱しない判断をすべきことは、国の裁判所の一員としての裁判官の職務上の義務であるから、裁判官は同種事案に関する量刑相場が自己の価値感覚に照らして納得し難いとしても自己の考えるレベルの量刑水準を国の機関である裁判所が全体として従うべき統一的な水準として定着させられる見込みがなければ、なお量刑相場に従うべきであり、それが裁判官の職責なのである[*85]。そして、この量刑相場に従うべき職務上の義務は判断者の法的地位に基づくもので法的性格を有するため、量刑資料などを提示して裁判員に量刑相場を理解させ、逸脱しないよう

第2章　裁判員裁判における死刑選択基準　　45

に働きかけるのは裁判官の役割である*86。

　また、裁判員法8条、9条1項、66条4項が「良心」に従うことを挙げておらず（憲法76条3項参照）、裁判員個人の主観的良心に従った判断が認められていないことからすれば、量刑相場の事実的拘束力は裁判官だけでなく裁判員にも及ぶと考えるべきである*87。そもそも、裁判員裁判の裁判所は、従来の裁判所との組織的連続性まで失うものでない以上、量刑相場の傾向を全く知らずにおよそ無視して量刑を行うことは許されないはずである*88。

　確かに、量刑基準に関する判例がない領域においては、裁判員制度の導入により裁判官の判断の積み重ねにより形成されてきた量刑相場は拘束力が弱められた状態になっている。そのため、裁判員裁判において、当分の間、裁判所は、ある程度自由な量刑判断が許容されよう*89。

　しかし、量刑基準に関する判例がない領域においても、従来の量刑相場とは劇的に異なる従来よりも相当重い又は相当軽い量刑を行うことは、連続性を損ねるものであって許されない。量刑相場の変動は緩やかでなければならないのである。

　しかも、裁判員裁判における量刑のばらつきはいつまでも許容されるわけではない。裁判所は、相当の期間経過後、新たな量刑相場の確立及び定着を目指すべきである*90。量刑相場の変動は認められても、公平性の観点から、「裁判員裁判における緩やかな量刑相場」の存在が長期間認められてはならないのである。

　このように、量刑の「籤引き化」や「ギャンブル化」を回避し、公平性を維持すべき要請は裁判員裁判にあっても変わるところはない。

　一方、量刑基準に関する判例が存在する領域においては、裁判員裁判であっても当該基準に従わなければならないことは言うまでもない。後述するように、死刑選択基準がこれに当たる。

(4) 裁判員裁判の控訴審の量刑審査

　それでは、裁判員裁判の控訴審の量刑審査はどのように行われるべきか*91。

　周知の通り、控訴審においては、原判決を破棄する場面としていわゆる1項破棄（刑訴法397条1項）と2項破棄（同法397条2項）の2種類がある。まず、1項

破棄に関わる議論状況から見ることとしたい。
　もともと、控訴審には、我が国の広い法定刑を踏まえて、量刑の著しい不均衡の是正の役割が担わされてきた[92]。このような役割を裁判員裁判の控訴審も担うと考えるべきだろうか。
　これまでのところ、裁判員裁判の量刑がよほど不合理であることが明らかな場合を除き、裁判員裁判たる第一審の判断を尊重すべきであるとの見解が支配的である[93]。すなわち、国民の目線からすればそのような判断もありうるだろうとの謙虚な姿勢が必要であり、裁判員裁判の裁量の幅はこれまでよりも大きいと捉えるのである。そして、裁判員裁判の量刑がよほど不合理であることが明らかな場合として、極めて重要な量刑事実の見落とし、重要な事実に対する評価の大きな誤り、犯情を重視せずに一般情状を過度に強調して悪性格を理由に重い刑を科していることなどが挙げられている。こうした見解は、控訴審の判断の前提として従来の量刑基準を判断材料とすることを認めていると言える[94]。その上で、裁判員裁判の控訴審における公平性の要請が後退することを認めつつ、公平性の観点からあまりに不合理である場合に限って是正すべきとするものである[95]。このような考え方に立つ論者も、裁判員裁判非対象事件では従来通りの運用を是認するため、裁判員裁判対象事件と裁判員裁判非対象事件で基準が異なり、そのことを理論的に正当化することは困難であると指摘する[96]。
　そして、裁判員裁判たる第一審の判断を尊重すべきとの観点から、共犯者間で量刑の均衡を欠く場合であったとしても、控訴審が他方の共犯者の量刑を参考に調整することは適当ではないとの考え方も提示されている[97]。そこまでいかなくとも、共犯者間の量刑の均衡が従前よりも重視されなくなる可能性が高いとする予想は少なくない[98]。せいぜい、主従の関係にある共犯者間で量刑が逆転していれば控訴審が是正することを認める程度である[99]。また、控訴審が重く変更することは民主的正統性を欠き、許されないとする見解もある[100]。
　既に検討したように、量刑基準に関する判例がない領域において、裁判員裁判によりなされた従来の量刑相場とは劇的に異なるような連続性を損ねる量刑は許されないから、控訴審で破棄されなければならない。裁判員裁判における

量刑のばらつきは収斂されなければならず、控訴審の審査枠は徐々に狭まることとなる。また、量刑基準に関する判例が存在する領域においては、裁判員裁判であっても当該基準に従わなければならず、これを逸脱する量刑は控訴審で破棄されなければならない。

では、2項破棄に関わる議論状況はどうか。

そもそも、刑訴法は現在の1項破棄しか認めていなかった。しかし、原判決後に被害弁償、示談、被害者の宥恕などがなされた場合、裁判の具体的妥当性や被告人の救済の観点から原判決の量刑を改めるべきという実務上の要請が強かったものの、控訴審の性格として厳格事後審であるとの考え方が一般的であったため[101]、刑事訴訟法の一部を改正する法律(昭和28年法律第172号)により、立法上の解決が図られ、刑訴法393条2項及び397条2項が創設されたという経緯がある[102]。そして、具体的妥当性の観点から2項破棄の判断においては厳格な制限を加えず、2項破棄の対象となる「原判決後に生じた情状」(刑訴法393条2項)には、原判決後に、示談が成立し又は追加されたこと、被害者の宥恕が得られたこと、被告人の就職先・住居・監督者が確保されたこと、被害者の傷害等の結果が変化したこと、被告人の反省の情が深まったことなどが含まれるとされてきた[103]。

2項破棄については、裁判員裁判が基礎としていた量刑事情に加えて、新たな量刑事情が加わっており、1項破棄の問題状況とは異なっている。そのため、1項破棄について消極的な論者の中にも、2項破棄については、事後審であるという本来の趣旨を損なわせてしまわないような運用が必要であると留保しつつも[104]、2項破棄よりも第一審の判断を尊重すべきとの要請は後退し[105]、従来と同様の運用でよいとしたり[106]、量刑不当による破棄が少ない現状を考えると緩やかな運用が望ましいとする者が少なくない[107]。もっとも、2項破棄を認めるとしても、裁判員裁判の判断を尊重する観点を強調すれば、原判決の量刑を基礎として減軽すべきこととなろう[108]。

これに対し、2項破棄においても裁判員裁判の判断を尊重する考え方と整合しないため、わずかの刑期の短縮は反映すべきでないとする見解も存在する[109]。

このような考え方を支持する別の事情として、検察官が控訴を申し立てず、

48

検察官以外の者が控訴を申し立て、控訴審において原判決が破棄されれば、控訴申立後の未決勾留日数の全部を法定通算しなければならなくなること(刑訴法495条2項)が挙げられよう*110。公判前整理手続において量刑事情についても主張と証拠の整理がなされるとともに、量刑についても裁判員の意見を反映することが裁判員制度の趣旨である以上、従来は第一審判決後に行われることも少なくなかった被害弁償や示談についても第一審段階で行っておくべきとの考え方を背景に*111、わずかの刑期の短縮や刑の執行猶予とすることに抵抗感があることは想像に難くない。

しかし、原判決後に被害弁償や示談がなされた場合に控訴審がこれを斟酌せず、控訴棄却とするならば、原判決後に被害弁償や示談などを行う動機付けが失われることとなる。このことは、被告人だけでなく、被害者にとっても不利益となりかねない。刑の執行猶予や控訴審による刑期の短縮は、被害弁償をはじめとする被告人の情状を好転させるあらゆる取組みを促進する効果というそれらの存在意義を没却することとなってしまう*112。近時、裁判員裁判の控訴審が証拠調べを行うことなく結審し、判決を言渡す例が見受けられるようになっているが、こうしたことは被害者等の保護の観点からも大いに問題がある。

そもそも、控訴審における2項破棄の適否と未決勾留日数の全部の法定通算の適否は別個の問題であり、区別すべきである。刑訴法495条2項を改正して未決勾留日数の全部又は一部の通算を裁量的とすることで対処すべきであり、2項破棄を行わないことで対処すべきでない。刑訴法495条2項が改正されない以上、その不利益を被告人、ひいては被害者等に及ぼすべきではない。

3　裁判員裁判における死刑選択基準

(1) 概説

まず、死刑選択を判断する前提として、無期懲役の内容及び運用実態並びに死刑執行の運用実態などを裁判員に理解してもらうことが必要である。かかる点についての説明及び主張を弁護人が行うべきとする見解もある*113。弁護人が説明及び主張することは妨げられないものの、適切な量刑選択のための前提であることから、本来的には裁判官の義務と考えるべきである。

それでは、裁判員裁判における死刑選択基準はいかにあるべきか。

従来の死刑相当事案が無期刑となれば、遺族感情や社会に与える影響は大きく、逆に従来の無期刑相当事案が死刑となれば、被告人の人権に重大な影響が生じる[*114]。死刑選択基準を定式化することは不可能であるとする見解もあるが[*115]、合理的な死刑適用基準を確立することが喫緊の課題であり[*116]、可能な範囲で明らかにすることが必要である。

こうした考え方に対しては、定式化が可能であるとしてもあるべき死刑選択基準を措定して点の審査を行うものであり、国民の量刑感覚を没却させかねないとの批判がここでもまたなされよう[*117]。

しかし、既に見たように、そもそもある被告人のある行為に対してどのような量刑が望ましいのかを一義的に定める理論的根拠は存在しない。例えば、ある被告人のある強盗殺人に対して死刑が絶対的に相当であるとする理論的根拠は存在しない。職業裁判官であろうが、裁判員であろうが、これまでの量刑の相場という前例を参考にしつつ、処断刑の枠内で最適な量刑の点を探るほかないのである。

そして、甲斐中裁判官が刑訴法411条2項による破棄を相当とする反対意見において述べたように、「もとより死刑は窮極の刑罰であり、その適用には慎重でなければならず、被害者の遺族の厳罰を求める声には耳を傾けるべきではあるが、刑の量定は罪刑の均衡と客観性、合理性を重視しなければならない」[*118]のであり、他の事案と比較して均衡を失する量刑は、特に死刑の場合、問題が大きい。

さらに、既に述べたように、量刑基準に関する判例が存在する場合、裁判員裁判であっても当該基準に従わなければならない[*119]。後述のように、永山事件第一次上告審判決が示した死刑選択基準は判例であり、裁判員裁判においてもなお妥当する。

それゆえ、裁判員裁判における死刑選択は永山事件第一次上告審判決が示した死刑選択基準に則って行われなければならない。

(2) 裁判員裁判の控訴審における死刑選択基準

裁判員裁判の控訴審における死刑選択基準については、おおよそ3つの見解

が考えられる[*120]。

　第一は、裁判員裁判の量刑判断を尊重する見解である[*121]。この見解は、裁判員法の趣旨を貫徹すべきとの立場から、従来であれば控訴審が量刑不当として破棄するような事案においても極めて不当でない限り、裁判員裁判の量刑判断を維持すべきとする。

　第二は、控訴審の考える審査枠を遵守する見解である[*122]。この見解は、控訴審の役割を量刑の統一性の維持にあると考え、従来の第一審の判断に対するのと同様、裁判員裁判の量刑判断が不当であると考えれば、破棄すべきとする。

　第三は、被告人に有利な方向では裁判員裁判の判断を原則として維持すべき見解である[*123]。この見解は、裁判員裁判において死刑が言渡された場合には第二の見解と同様にその判断が不当であって無期懲役が相当であると考えれば破棄すべきとする一方、裁判員裁判において無期懲役が言渡された場合にはその判断が不当であって死刑が相当であると考えたとしても破棄すべきでないとする見解である。

　第三の見解は、第一の見解を基礎に修正を図るものであり、第一の見解と第二の見解の対立が根本的なものと言える。第一の見解が裁判員裁判の判断を尊重することにより控訴審の役割を縮小するものであるのに対して、第二の見解は控訴審の役割を従来通りのものと考え、縮小するものではない。

　この対立に関して、裁判員裁判のあり方を検討した裁判所の考え方は明確ではなく、むしろ結論を提示することを避けている[*124]。

　永山事件第一次上告審判決が示した死刑選択基準が判例である以上、裁判員裁判の控訴審においても永山事件第一次上告審判決が示した死刑選択基準に則って審査が行われなければならない。それゆえ、控訴審の考える審査枠を遵守する第二の見解を採るべきである。

4　死刑選択基準

(1) 永山事件第一次上告審判決

　最高裁は、永山事件第一次上告審判決において死刑選択基準について初めて判示した。すなわち、「死刑制度を存置する現行法制の下では、犯行の罪質、

動機、態様ことに殺害の手段方法の執拗性・残虐性、結果の重大性ことに殺害された被害者の数、遺族の被害感情、社会的影響、犯人の年齢、前科、犯行後の情状等各般の情状を併せ考察したとき、その罪責が誠に重大であつて、罪刑の均衡の見地からも一般予防の見地からも極刑がやむをえないと認められる場合には、死刑の選択も許されるものといわなければならない」と判示したのである[125]。

(2) 永山事件第一次上告審判決の判例性及び具体性

ここでまず問題となるのは、永山事件第一次上告審判決の判例性及びその具体性である。永山事件第一次上告審判決が定立した死刑選択基準は、考慮すべき因子や一般的な基準を羅列したにとどまるものであって、本質的には事例判例にすぎず、どのような場合に死刑選択を行い、どのような場合に死刑選択を回避すべきかという具体的実質的な基準を定立した判例と考えることはできないとする考え方がある[126]。この理解からは、大法廷判決によらずとも、小法廷判決によって、具体的実質的な死刑選択基準を変更することができることになる(裁判所法10条3号参照)。

確かに、その後、本件のように検察官が永山事件第一次上告審判決の判例に違反するとして上告した際、最高裁は実質は量刑不当の主張であって刑訴法405条の上告理由に当たらないとしている[127]。この点からは、最高裁が永山事件第一次上告審判決の基準を具体的実質的な基準を定立した「判例」と捉えておらず、具体的実質的な基準を定立したものと考えていないかのようにも思われる。

そもそも、「判例」(刑訴法405条)とは、裁判の理由中で示された法律的判断を言い、単なる量刑判断は「判例」ではない[128]。しかし、永山事件第一次上告審判決の示した基準は死刑選択基準に関する法律的判断であるため、裁判の理由中で示された法律的判断にあたり、「判例」と考えるべきである[129]。それゆえ、最高裁が実質は量刑不当の主張であって刑訴法405条の上告理由に当たらないとしてきたのは、永山事件第一次上告審判決の判例性を否定したためではない[130]。

もっとも、最高裁が実質は量刑不当の主張であって刑訴法405条の上告理由

に当たらないとしてきたのは、永山事件第一次上告審判決の示した基準を一般的かつ抽象的な「判例」であるととらえた上で、いずれの原判決もこの基準に従って判断を行っており、判例違反ではないと考えたためであると解する見解がある[*131]。

しかし、このような理解は妥当ではない。そもそも、永山事件第一次上告審判決の基準は、第一次控訴審が、「ある被告事件につき死刑を選択する場合があるとすれば、その事件についてはいかなる裁判所がその衝にあつても死刑を選択したであろう程度の情状がある場合に限定せらるべきものと考える」と判示し[*132]、無期懲役としたのを受けて、「裁判所が死刑を選択できる場合として原判決が判示した前記見解の趣旨は、死刑を選択するにつきほとんど異論の余地がない程度に極めて情状が悪い場合をいうものとして理解することができないものではない」と述べた上で示されたものである。永山事件第一次上告審判決の基準は、一見すると、考慮すべき因子や一般的な基準を羅列したにとどまるものではあるが、その内実は第一次控訴審の基準を否定して破棄差戻とするためのものである。それゆえ、永山事件第一次上告審判決は単なる事例判例ではなく、具体的実質的な基準を示した「判例」であると考えるべきである[*133]。

もちろん、永山事件第一次上告審判決の基準は、当初から、あらゆる事例を想定して組み立てられたものとは言い難い面がある。例えば、永山事件が単独事件であったため、共犯事件の場合の共犯の主導性などの因子は判決の中で触れられていない。永山事件第一次上告審判決の基準は摘示していない因子を取り込みながら、具体的実質的な死刑選択基準の判例として成長してきたと言えよう。

従って、永山事件第一次上告審判決は考慮すべき因子や一般的な基準を示しただけでなく、その後の死刑事件の判断に肉付けされることにより、あるいはその後の死刑事件の判断と一体化することにより具体的実質的な死刑選択基準の判例となったと考えるべきである。

そして、かかる基準は、光市事件第一次上告審判決を除けば[*134]、現在まで最高裁によって維持され、適用されている[*135]。

(3) 具体的実質的な死刑選択基準としての内容

それでは、どのような場合に死刑選択を行い、どのような場合に死刑選択を回避すべきかという具体的実質的な基準として、永山事件第一次上告審判決が判示した基準はいかなるものであったのか[*136]。

まず、近時、検察官による死刑の求刑がない事案で死刑判決が下された例がないことから、死刑の求刑は死刑選択の大前提であると考えられる。また、同様に、近時、殺害の故意を伴う犯罪による被害者の死亡が存在しない事例で死刑判決が下されたこともないから、殺害の故意を伴う犯罪による被害者の死亡も死刑選択の大前提と言えよう。

次に、被殺者数は戦後一貫して極めて重要な因子であり、複数、特に3名以上になると格段に死刑となりやすい傾向にあると言える。しかし、3名以上殺害の事例でも審級間で結論が割れた事案がある一方、被殺者が1名の事例でも永山事件第一次上告審判決以降2010年末までに最高裁は20件で死刑を是認しており、被殺者数が絶対的基準とはなっていない。従って、被殺者数で一定のふるい分けをした後、以下の因子の存否及び程度を考慮する必要がある。

第一に、影響度が重大な因子として以下のものが考えられる。

まず、重要と考えられるのは、犯行の罪質及び目的である。特に身代金目的であると、被殺者が1名であっても死刑の傾向が極めて強い。また、保険金目的の場合も同様である。その他の利欲目的などその他の目的の場合には、被殺者が2名以上の場合であって以下に検討するような他の加重因子がある場合に、死刑とする傾向が窺われる。

また、殺害を伴う前科があり、今犯でも殺害した場合、極めて死刑になりやすい。1名の故意の殺害を伴う犯罪で無期懲役に処されて服役し、仮出獄後又は仮釈放後に再び1名の故意の殺害を伴う犯罪を行った場合(被殺者通算2名事例)、今犯の被殺者が1名でも近時の判例は死刑とする慣行をほぼ確立したと言ってよい。これは、被殺者通算2名事例の場合、犯罪傾向の深化が窺われやすいためであろう。

同様に、犯罪傾向が窺われるという観点から複数の被害者を異なる機会に殺害した事例は、複数の被害者を同一の機会に殺害した事例に比べて死刑になりやすい。これは、服役こそしていないものの、規範の壁を再度乗り越える点で

犯罪傾向が強く看取されるためであると考えられる。これに対し、被殺者2名の事例のうち同一の機会に2名を殺害した事例には、罪責を相当高める何らかの事情が見受けられることが極めて多い。逆に言えば、同一の機会に2名を殺害した事例で、罪責を相当高めるような事情がない場合、死刑は回避されやすい。

　さらに、永山事件第一次上告審判決が摘示しなかった因子であるものの、共犯事例において、主導性がある場合には、極めて死刑になりやすい傾向にある。また、そこまでいかなくとも、共犯者と対等の場合や重要な役割を担っていると評価される場合も死刑となりやすい。逆に、共犯者に対して従属的立場にある場合、死刑はほぼ回避されると言ってよい。

　同じく永山事件第一次上告審判決が摘示しなかった因子であるが、計画性も重要な因子である。特に身代金目的の事案で殺害してから身代金名目で金銭を要求することを計画していた場合、死刑の可能性が極めて強い。また、それ以外の目的であっても、殺害の計画性が高い場合や用意が周到に準備されている場合は死刑となりやすい。もっとも、被殺者通算2名の事案では、殺害の計画性がなくとも死刑に十分なりうる。同種犯罪や同種態様ならば、犯罪傾向の深化が窺われやすいため、なおさらである。逆に、被殺者が2名または1名の事案で重大な前科がなく計画性がない場合には、死刑が回避されることも多い。

　また、近時、性的目的以外の犯行の場合、特に利欲目的の場合に性的な被害が随伴したとき、死刑になりやすい傾向が窺われる。

　第二に、影響度がこれまで挙げた因子ほど大きくないものの、一定程度の影響を与える因子として、動機の形成原因、殺害方法の執拗性又は残虐性、遺族の被害感情、社会的影響、少年であることなどがある。

　反省悔悟、生育歴、従前の社会生活の状況及びそれらから推測される改善可能性などを含むいわゆる主観的事情についても影響度はそれほど大きくない。実際には、殺害の計画性がないなどの罪体関係が死刑回避に決定的な影響をもたらしていることが圧倒的に多い。

　結局、検察官の死刑の求刑と行為者による故意の殺害を大前提に、被殺者数により一定の振るい分けがなされた後、犯行の罪質及び目的、殺害を伴う前科、殺害の一回性、共犯における主導性、殺害の計画性及び性被害といった影響度

第2章　裁判員裁判における死刑選択基準　　55

が重大な因子の存否及び程度により、ほぼ死刑選択の当否が判断され、その他の一定程度影響を与える因子の存否及び程度により若干の修正又は補完がなされていると言える。裁判所は、おおむね被殺者数及び影響度が重大な因子の大部分を占める罪体に関係する事情を中心に判断していると言え、主観的事情が死刑選択に大きな影響を与えることは少ない。

そして、最高裁が、「著しく正義に反する」(著反正義)として刑訴法411条2号により破棄した事案は、刑の質的な差に対応する情状の質的な差があり、いずれも死刑選択基準から極めて明白に逸脱したもので、類似の事案とのバランスを著しく欠くものであると言える。

以上のような死刑選択基準に従って、裁判員裁判においても、その控訴審及び上告審においても、判断がなされなければならない。

※　本稿脱稿後、裁判員裁判において初めて死刑が言渡された(横浜地判平22・11・16公刊物未登載)。また、その後、裁判員裁判において犯行当時少年の被告人に対して初めて死刑が言渡された(仙台地判平22・11・25公刊物未登載)。

*1　裁判員制度については、すでに多くの論稿が公表されているが、逐条解説として、池田修『解説裁判員法——立法の経緯と課題』[第2版](弘文堂、2009年)、辻裕教『『裁判員の参加する刑事裁判に関する法律』の解説(1)」法曹時報59巻11号(2007年)33頁以下、同「同・(2)」59巻12号(2007年)39頁以下、同「同・(3)」60巻3号(2008年)27頁以下、上冨敏伸「同・(4)」61巻1号(2009年)71頁以下、辻裕教「同・(5・完)」61巻2号(2009年)133頁以下。立法担当者による鳥瞰として、辻裕教『司法制度改革概説〈6〉裁判員法／刑事訴訟法』(商事法務、2005年)68頁以下。

*2　司法制度改革審議会「司法制度改革審議会意見書——21世紀の日本を支える司法制度」(2001年)Ⅳ第1　1.(1)。

*3　辻『概説』・前掲注1書82頁、池田・前掲注1書135頁。

*4　司法制度改革審議会・前掲注2意見書Ⅳ第1　1.(4)ウ。

*5　裁判員制度・刑事検討会座長井上正仁「考えられる裁判員制度の概要について」(2003年)5、同「『考えられる裁判員制度の概要について』の説明」(2003年)第3、5。

*6　最高裁判所事務総局刑事局「模擬裁判の成果と課題——裁判員裁判における公判前整理手続、審理、評議及び判決並びに裁判員等選任手続の在り方」判例タイムズ1287号(2009年)8頁。

*7　小池信太郎「裁判員裁判における量刑評議について──法律専門家としての裁判官の役割」法学研究82巻1号(2009年)609頁。
*8　池田・前掲注1書37頁、最高裁判所事務総局刑事局「裁判員裁判の審理、評議及び判決について(試案)〔新版〕」判例タイムズ1287号(2009年)58頁、神山啓史ほか「裁判員裁判における量刑判断と弁護(上)」自由と正義59巻3号(2008年)69頁、同「(下)」59巻4号(2008年)121-122頁。
*9　松本時夫「刑事裁判官らの量刑感覚と量刑基準の形成」刑法雑誌46巻1号(2006年)8-9頁。
*10　原田國男「量刑基準と量刑事情」司法研修所論集99号(1997年)148頁〔『量刑判断の実際〔第3版〕』(立花書房、2008年)所収、3頁〕、遠藤邦彦「量刑判断過程の総論的検討」判例タイムズ1185号(2005年)46頁、谷岡一郎「犯罪・非行の質と量を測定する基準づくりに向けて──裁判員制度化でのSentencing Guidelineの必要性」犯罪社会学研究32号(2007年)81頁、池田・前掲注1書37頁、最高裁判所事務総局刑事局・前掲注8論文58頁、神山ほか「(上)」・前掲注8論文69頁、同「(下)」・前掲注8論文121-122頁。
*11　横川敏雄『刑事控訴審の実際』(日本評論社、1978年)183頁。
*12　遠藤・前掲注10論文46頁。
*13　森下忠『刑事政策大綱〔新版第二版〕』(成文堂、1996年)157頁。
*14　松本時夫「刑の量定・求刑・情状立証」石原一彦ほか編『現代刑罰法体系　第6巻　刑事手続Ⅱ』(日本評論社、1982年)148頁。
*15　池田・前掲注1書37頁。
*16　松本・前掲注14論文147頁。
*17　例えば、佐伯千仭「刑の量定の基準」日本刑法学会編『刑法講座　第1巻』(有斐閣、1963年)117頁、松本・前掲注14論文147-148頁、森下・前掲注13書157頁。
*18　横川・前掲注11書182-183頁。
*19　森下・前掲注13書157頁。
*20　原田・前掲注10論文148頁〔前掲注10所収、3頁〕。
*21　瀧川裕英「量刑権力の説明責任」法律時報78巻3号(2006年)19頁。
*22　遠藤・前掲注10論文37頁。
*23　瀧川・前掲注21論文19頁。
*24　佐伯・前掲注17論文116頁。
*25　松本・前掲注9論文8-9頁。
*26　原田・前掲注10論文148頁〔前掲注10書所収、3頁〕。
*27　井上薫『裁判官が見た光市母子殺害事件──天網恢恢疎にして逃さず』(文藝春秋、2009年)239-240頁。
*28　大澤裕ほか『裁判員裁判における第一審の判決書及び控訴審の在り方』司法研究報告書61輯2号(2009年)70-71頁、東京高等裁判所刑事部陪席裁判官研究会〔つばさ会〕「裁判員制度の下における控訴審の在り方について」判例タイムズ1288号(2009年)

14-15頁、東京高等裁判所刑事部部総括裁判官研究会「控訴審における裁判員裁判の審査の在り方」判例タイムズ1296号(2009年)12頁。
*29 原田・前掲注10論文151頁〔前掲注10書所収、5頁〕、同「裁判員制度の導入と量刑」現代刑事法4巻11号(2002年)67頁〔前掲注10書所収、337-338頁〕、同「量刑理論と量刑実務」小林充先生佐藤文哉先生古稀祝賀刑事裁判論集上巻(判例タイムズ社、2006年)297頁、松本・前掲注9論文9-10頁、遠藤・前掲注10論文46頁、前田雅英ほか『量刑に関する国民と裁判官の意識についての研究──殺人罪の事案を素材として』司法研究報告書57輯1号(2007年)181-182頁、大澤ほか・前掲注28書71-73頁、本庄武「裁判員制度開始を目前に控えた量刑研究の動向」犯罪社会学研究33号(2008年)203頁、小池・前掲注7論文629頁。
*30 松本・前掲注9論文9-10、14頁。
*31 瀧川・前掲注21論文20-21頁。
*32 *Georg Wilhelm Friedrich Hegel*, Grundlinien der Philosophie des Rechts (Nicolaische Buchhandlung, 1821), S. 99 §101.
*33 吉岡一男「量刑と積極的一般予防論──『量刑の基準と理念』第6報告」現代刑事法3巻1号(2001年)49頁〔『因果関係と刑事責任』(成文堂、2006年)所収、158頁〕。
*34 宮澤節生「法定刑の原理と動態──企画の趣旨・内容と残された課題」法律時報78巻4号(2006年)81-82頁。
*35 瀧川・前掲注21論文20-21頁。
*36 松本・前掲注9論文14頁。
*37 原田・前掲注10論文149-150頁〔前掲注10書所収、4頁〕。
*38 池田・前掲注1書37頁、松本・前掲注9論文9、12-13頁、原田・前掲注10論文147頁〔前掲注10書所収、2頁〕。
*39 横川・前掲注11書183頁。
*40 松本・前掲注9論文9-10頁、原田・前掲注10論文151頁〔前掲注10書所収、5頁〕、同「導入と量刑」・前掲注29論文67頁〔前掲注10書所収、337-338頁〕、同「量刑理論」・前掲注29論文297頁、前田ほか・前掲注29書181-182頁、大澤ほか・前掲注28書71-73頁、小池・前掲注7論文629頁。
*41 松本・前掲注9論文9-10頁。
*42 原田・前掲注29論文297-298頁。
*43 原田・前掲注10論文149頁〔前掲注10書所収、3-4頁〕、同「裁判制度における量刑判断」現代刑事法6巻5号(2004年)53-54頁〔前掲注10書所収、360頁〕、井田良「量刑をめぐる最近の諸問題」研修702号(2006年)11-12頁〔『変革の時代における理論刑法学』(慶應義塾大学出版会、2007年)所収、225頁〕、神山ほか「(下)」・前掲注8論文120、122頁、小池・前掲注7論文629-630頁。
*44 司法制度改革審議会・前掲注2論文Ⅳ 第1 1.(1)ア。
*45 司法制度改革審議会・前掲注2論文Ⅳ 第1 1.(1)ア、池田・前掲注1書37頁、最高

裁判所事務総局刑事局・前掲注6論文35頁。
*46 大澤ほか・前掲注28書73頁。
*47 池田・前掲注1書37-38頁。
*48 小池・前掲注7論文601-602頁。
*49 最高裁判所事務総局刑事局・前掲注8論文36頁。
*50 立法担当者によるものとして、池田・前掲注1書38頁。
*51 神山ほか「(下)」・前掲注8論文121頁。
*52 大澤ほか・前掲注28書71頁。
*53 酒巻匡ほか「裁判員裁判における審理等の在り方——公判前整理手続、冒頭陳述、弁論、評議　第5回」ジュリ1338号(2007年)186頁[小島吉晴発言]、186頁[河本雅也発言]、最高裁判所事務総局刑事局・前掲注6論文35頁、大澤ほか・前掲注28書75-77、112頁、東京高等裁判所刑事部陪席裁判官研究会・前掲注28論文15頁、東京高等裁判所刑事部部総括裁判官研究会・前掲注28論文12頁、上冨敏伸ほか〈座談会〉本格始動した裁判員裁判と見えてきた課題——法曹三者が語り合う」法律のひろば63巻1号(2010年)21頁[河本雅也発言]、中川博之「裁判員裁判と量刑」刑事法ジャーナル21号(2010年)10頁。
*54 池田・前掲注1書38頁、最高裁判所事務総局刑事局・前掲注8論文58頁、原田・前掲注43論文52頁〔前掲注10書所収、358-359頁〕、同・前掲注29論文297頁。
*55 最高裁判所事務総局刑事局・前掲注8論文58頁。公平性への配慮の必要性も指摘する。
*56 神山ほか「(下)」・前掲注8論文123-124頁。この観点から、同123-124頁は、検察庁のデータベースは検証不能であって利用されるべきでないとする。
*57 最高裁判所事務総局刑事局・前掲注8論文58頁。
*58 神山ほか「(上)」・前掲注8論文64頁。
*59 酒巻匡ほか・前掲注53論文184頁[河本雅也発言]、186頁[小島吉晴発言]、最高裁判所事務総局刑事局・前掲注6論文37頁。
*60 最高裁判所事務総局刑事局・前掲注6論文55頁、大澤ほか・前掲注28書74-75頁。
*61 原田・前掲注43論文55頁〔前掲注10書所収、363頁〕。
*62 原田・前掲注43論文55頁〔前掲注10書所収、362-363頁〕、大澤ほか・前掲注28書69頁、東京高等裁判所刑事部陪席裁判官研究会・前掲注28論文19頁、東京高等裁判所刑事部部総括裁判官研究会・前掲注28論文15頁。
*63 中桐圭一「裁判員制度のもとにおける控訴審のあり方5　量刑の審査」判例タイムズ1275号(2008年)67頁、中川・前掲注53論文11頁。
*64 原田・前掲注43論文55頁〔前掲注10書所収、362-363頁〕、大澤ほか・前掲注28書69頁、東京高等裁判所刑事部陪席裁判官研究会・前掲注28論文19頁、東京高等裁判所刑事部部総括裁判官研究会・前掲注28論文15頁、中桐・前掲注63論文67頁、中川・前掲注53論文11頁。

*65 原田・前掲注43論文49頁〔前掲注10書所収、353-354頁〕、同・前掲注29論文291、296-297頁。
*66 酒巻ほか・前掲注53論文185頁［遠藤邦彦発言］。
*67 井上・前掲注27書249-251頁。
*68 酒巻ほか・前掲注53論文184-185頁［河本雅也発言］、中桐・前掲注63論文69頁。
*69 本庄・前掲注29論文203頁。
*70 井田・前掲注43論文11-13頁〔前掲注43書所収、225-226頁〕、小池・前掲注7論文629-630頁。
*71 井田・前掲注43論文13頁〔前掲注43書所収、226頁〕。同旨、大澤ほか・前掲注28書77頁、東京高等裁判所刑事部陪席裁判官研究会・前掲注28論文15頁、東京高等裁判所刑事部総括裁判官研究会・前掲注28論文12頁、神山ほか「（下）」・前掲注８論文120、122頁。
*72 大澤ほか・前掲注28書73頁
*73 酒巻ほか・前掲注53論文185頁［遠藤邦彦発言］。
*74 神山ほか「（下）」・前掲注8論文122頁。
*75 中桐・前掲注63論文69頁。
*76 東京高等裁判所刑事部部総括裁判官研究会・前掲注28論文11頁、東京高等裁判所刑事部陪席裁判官研究会・前掲注28論文６、15頁。
*77 酒巻ほか・前掲注53論文185頁［遠藤邦彦発言］。裁判官は他の事案との相対的均衡を目指してきたが、裁判員には相対的均衡は図りようがないとする見解も同様であろう。瀧川・前掲注21論文22頁。
*78 量刑相場に一応の合理性があることからすれば、裁判官と裁判員の合議を円滑に行うために、量刑相場を裁判員に伝達する必要があるとし、量刑ガイドラインの有効性を説く見解もある。瀧川・前掲注21論文22頁。
*79 酒巻ほか・前掲注53論文184-185頁［河本雅也発言］、中桐・前掲注63論文69頁。
*80 酒巻ほか・前掲注53論文185頁［河本雅也発言］。同旨、井田・前掲注43論文13-14頁〔前掲注43書所収、227頁〕。
*81 土本武司「・裁判員制度に実施にあたって　・収支報告書の『虚偽』とは」捜査研究58巻６号（2009年）126頁。同旨、原田・前掲注29論文297頁。
*82 小池・前掲注7論文602-603頁。また、③量刑基準に従った量刑事情の評価及び衡量は、解釈学的判断により導かれた基準を具体的事情に当てはめることが問題になるという意味で「法令の適用」と同質的である。そして、量刑評価の前提となるのは、多くの実質的考慮が組み合わさった複雑な判断枠組であり、その大枠だけを形式的に提示したり、考慮すべき要素を単に並列的に列挙して具体的評価を各自の判断に完全に委ねてしまったりすれば、量刑基準が実質的に画餅に帰してしまう可能性は少なくないことを指摘しつつ、裁判員裁判においては、合議体内で相互的コミュニケーションを図りながら、問題となる具体的文脈に応じて同時並行的に裁判員に説明すること

が可能である。このことにより、裁判員も十分に職責を果たすことができるため、量刑目的・量刑基準の実質的趣旨を合議体の構成員全員に浸透させることを前提条件とした上で評議に臨み、裁判員に量刑基準の実質的趣旨を理解させ、それに沿った判断を一緒に行うことができる協働的判断事項と考えるべきである。小池・前掲注7論文623-624頁。

*83 小池・前掲注7論文618頁。職業裁判官の間で、刑罰理論を踏まえた量刑の基本原則と、個々の事情をいかなる一般的原理によって衡量し、宣告刑へと導いていくべきかの基準を決定し、共通認識としておかねばならないとする考え方もほぼ同旨であろう。城下裕二「裁判員制度における量刑」法律時報81巻1号(2009年)22頁〔『量刑理論の現代的課題〔増補版〕』(成文堂、2009年)所収、279-280頁〕。

*84 小池・前掲注7論文635頁。

*85 小池・前掲注7論文630-634頁。

*86 小池・前掲注7論文635、638頁。

*87 小池・前掲注7論文634-635、662頁。

*88 小池・前掲注7論文635頁。

*89 小池・前掲注7論文636-637頁。

*90 小池・前掲注7論文637-638頁。

*91 裁判員裁判下における控訴審の運用の在り方などについて概観したものとして、小川育央「裁判員制度のもとにおける控訴審のあり方1　総論」判例タイムズ1271号(2008年)77頁以下。

*92 横川・前掲注11書179-180頁、石井一正『刑事控訴審の理論と実務』(判例タイムズ社、2010年)360頁。

*93 大澤ほか・前掲注28書113-115頁、東京高等裁判所刑事部部総括裁判官研究会・前掲注28論文11-13頁、東京高等裁判所刑事部陪席裁判官研究会・前掲注28論文7、15-17頁。同旨、原田・前掲注43論文56頁〔前掲注10書所収、364頁〕、池田・前掲注1書137頁、高橋省吾「裁判員裁判と判決書、控訴審のあり方——司法研究報告書を素材として」刑事法ジャーナル19号(2009年)36頁、中川・前掲注53論文12頁。詳細な検討を行ったものとして、石井・前掲注92書422-429頁。

*94 大澤ほか・前掲注28書112頁。

*95 中桐・前掲注63論文69頁、中川・前掲注53論文12頁。大澤ほか・前掲注28書115頁参照。

*96 東京高等裁判所刑事部陪席裁判官研究会・前掲注28論文18頁。

*97 高橋・前掲注93論文36-37頁。大澤ほか・前掲注28書114-115頁参照。

*98 大澤ほか・前掲注28書114頁、東京高等裁判所刑事部部総括裁判官研究会・前掲注28論文13頁。これに対して、石井・前掲注92書442頁は、共犯者間の刑の均衡は、量刑における平等志向が現実味を持って強く現れ、無視し得ないのではないかとする。量刑の公平性が最も端的に問われる場面であり、刑の均衡は無視すべきでない。

*99 中桐・前掲注63論文70頁。
*100 後藤昭「裁判員裁判と判決書、控訴審のあり方——司法研究報告書を素材として」刑事法ジャーナル19号(2009年)31頁。
*101 藤永幸治ほか編『大コンメンタール刑事訴訟法　第6巻〔第351条〜第434条〕』(青林書院、1996年)359頁［原田國男］、伊藤栄樹ほか編集代表『新版注釈刑事訴訟法〔第6巻〕』(立花書房、1998年)262、272頁［香城敏麿］。
*102 刑訴法393条2項創設の経緯について詳しいものとして、平良木登規男『刑事控訴審』(成文堂、1990年)83-85頁。
*103 藤永ほか編・前掲注101書376頁［原田國男］、伊藤ほか編集代表・前掲注101書304-305頁［香城敏麿］。
*104 大澤ほか・前掲注28書115-116頁。
*105 大澤ほか・前掲注28書115頁、東京高等裁判所刑事部陪席裁判官研究会・前掲注28論文17頁、中川・前掲注53論文12頁。
*106 池田・前掲注1書137頁、城下・前掲注83論文25頁〔前掲注83書所収、287頁〕。
*107 石井一正「『裁判員制度のもとにおける控訴審の在り方』の連載終了に当たって」判例タイムズ1278号(2008年)30-31頁、同・前掲注92書443頁。
*108 東京高等裁判所刑事部陪席裁判官研究会・前掲注28論文18頁。
*109 中桐・前掲注63論文72頁、中川・前掲注53論文12頁。同旨、高橋・前掲注93論文37頁。
*110 弁護人も被告人の利益と捉えているようである。坂本正幸ほか編著『情状弁護ハンドブック』(現代人文社、2008年)104頁参照。
*111 池田・前掲注1書137頁。
*112 刑の執行猶予の存在意義として、被害弁償をはじめとする被告人の情状を好転させるあらゆる取組みを促進する効果を指摘するものとして、詳しくは、拙稿「刑の一部執行猶予制度導入による量刑の細分化——刑の執行猶予の存在意義の観点からの考察」刑事法ジャーナル23号(2010年)47-49頁。
*113 村上満宏「死刑事件における最終弁論」季刊刑事弁護55号(2008年)82-83頁。なお、裁判員裁判における死刑求刑事件及びその弁護体制については、指宿信「裁判員裁判と死刑事件の弁護体制をめぐって」季刊刑事弁護59号(2009年)9頁以下参照。
*114 石井・前掲注107論文30頁、同・前掲注92書442頁参照。
*115 菊田幸一「裁判員制度と死刑」NCCD Japan全国犯罪・非行協議会機関誌38号(2009年)48頁。
*116 原田國男「裁判員裁判と死刑適用基準」刑事法ジャーナル18号(2009年)63頁。
*117 石井・前掲注107論文30頁参照。
*118 最決平20・2・20判例時報1999号157頁。
*119 弁護人が永山事件第一次上告審判決の精神に帰依して判断されるべきことを指摘する必要があるとする指摘も同趣旨であろう。村上・前掲注113論文83頁。

*120　大澤ほか・前掲注28書117頁参照。
*121　高橋・前掲注93論文36頁。
*122　池田・前掲注1書137頁は、点の審査を行うべきとしており、この見解を採るものと考えられる。なお、同137頁は、従来と基本的に変わることはないと思われるが、検証を必要とする。
*123　後藤・前掲注100論文31頁。
*124　大澤ほか・前掲注28書118頁、東京高等裁判所刑事部陪席裁判官研究会・前掲注28論文15頁、東京高等裁判所刑事部部総括裁判官研究会・前掲注28論文13頁は、慎重な検討を要するとして、裁判所内で意見の対立があることを示している。
*125　最判昭58・7・8刑集37巻6号609頁。
*126　本庄武「死刑求刑検察官上告5事件以降の死刑判決の分析」季刊刑事弁護37号(2004年)50頁、原田・前掲注116論文63頁。
*127　永山事件第一次上告審判決以降、検察官から上告されたものとして、最判平11・11・29判例時報1693号154頁、最判平11・12・10刑集53巻9号1160頁、最決平11・12・16判例時報1698号148頁、最決平11・12・16判例時報1699号158頁、最決平11・12・21判例時報1696号160頁、最決平17・7・15裁判集刑287・571、最判平18・6・20判例時報1941号38頁、最決平20・9・29判例タイムズ1281号175頁、最決平21・1・14判例タイムズ1295号188頁、最決平21・12・17裁判集刑299・1275。
*128　藤永ほか編・前掲注101書501-502頁［原田國男］、原田國男「上告審の量刑審査と量刑破棄事例の研究(下)」判例時報1766号13頁〔前掲注10書所収、308頁〕。
*129　原田・前掲注128論文13頁〔前掲注10書所収、308頁〕。
*130　原田・前掲注128論文13頁〔前掲注10書所収、308頁〕。
*131　原田・前掲注128論文13頁〔前掲注10書所収、308頁〕。この立場から、本件第一次上告審判決が永山事件第一次上告審判決の示した基準を確認的に判示したと理解する。同・前掲注10書322頁。
*132　東京高判昭56・8・21判例時報1019号20頁。
*133　最高裁が上告棄却する場合だけでなく、原判決を破棄する場合であっても、職権調査を行い、判断を示すのが通例であり、刑訴法405条2号の「最高裁判所の判例と相反する判断をしたこと」にあてはまるか否かが重要な意味を持っていないことも理由に挙げられる。そして、このことは、405条の上告理由に該当するか否かの判断を示すことなく、職権破棄を行うことも許されるとする判例からも窺える。例えば、最判昭28・11・27刑集7巻11号303頁。同判決に賛成するものとして、藤永ほか編・前掲注101書541-542頁［原田國男］、伊藤ほか編集代表・前掲注101書451頁［柴田孝夫］。
*134　最判平18・6・20判例時報1941号38頁。
*135　詳しくは、拙著『死刑選択基準の研究』(関西大学出版部、2010年)138頁。2009年にも、第一審で死刑が言渡されたものの、控訴審で破棄されて無期懲役が言渡された事件に対し、検察官が死刑選択基準に関する判例違反を主張して上告した事例(最

決平21・1・14判例タイムズ1295号188頁)、第一審で無期懲役が言渡され、控訴審で無期懲役が維持された事件に対し、検察官が死刑選択基準に関する判例違反を主張して上告した事例(最決平21・12・17裁判集刑299・1275)において、最高裁は相次いで上告を棄却しており、従来の基準を維持することを明確にしている。

*136 詳しくは、拙著・前掲注135書21-36頁並びに脚注の判例及び文献参照。

(ながた・けんじ／関西大学法学部准教授)

第3章

死刑をめぐる「世論」と「輿論」
審議型意識調査の結果から

佐藤舞・木村正人・本庄武

1 序論

　周知のように、日本では死刑を支持する世論が多数を占めているとされる。日本政府はそのことを、対外的に死刑を廃止することが適当でない理由として援用している[*1]。それに対しては、世論調査のやり方が誘導的で正しい世論を示し得ていないのではないか、そもそも死刑の存廃を世論により決するべきではないのではないかとの批判が投げかけられてきた[*2]。このうち後者の批判は人権と民主主義という政治哲学上の価値の衝突に関わっており、それ自体慎重な検討を要する。しかし仮に、日本政府の立場を受け入れて世論を決定的に重視する場合であっても、生命という究極の価値に絡む問題であるだけに、可能な限り正確にまた多面的に世論を把握しなければならないことに、異論はないであろう。日英審議型意識調査プロジェクト[*3]ではその作業に寄与すべく、審議型世論調査という新たな世論把握の手法を用いて調査を行った。本論文は調査概要、調査結果の分析を示したうえで、その政策的含意を探るものである。

2 審議型意識調査――理論と方法

　審議型意識調査は、市民が1つの場所に集まり、バランスのとれた情報を提供され、かつ専門家と議論し、市民が相互に意見を述べ合い、時間をかけて1つのテーマについて審議した結果による意見を把握することを目的とす

る調査である。通常の世論調査とは異なるこの調査方法は、スタンフォード大学のジェイムズ・フィシュキン教授をリーダーとしてCenter for Deliberative Democracy*4が行ってきたデリベラティブ・ポール*5をモデルとしている。

デリベラティブ・ポールおよび我々が行った審議型意識調査*6は、対話を組み込んだ方法によって「世論」ではなく、いわゆる「輿論」を引き出すことを目的としている*7。言い換えれば、「思いつき」や「漠然とした」意見ではなく、「熟慮した」結果による意見を把握するための調査方法である。

日英審議型意識調査プロジェクトは、審議型意識調査を通して、死刑制度に対する一般市民の知識および態度の把握について実験を行った*8。特に、死刑制度に対する調査参加者の態度とその変化、死刑に関する知識レベルとその変化、さらに死刑制度に関する支持あるいは反対の理由を明らかにすることに焦点を当てた。

調査は、2009年4月に首都圏に住む50名を対象に実施した。調査参加者として、調査会社の登録モニターを利用して、首都圏(東京都、神奈川県、千葉県、埼玉県の1都3県)に居住する20歳から58歳の日本人男女50名(男性25名、女性25名)を、死刑制度に対する態度に基づいて選定した*9。

調査は以下の手順によって実施された。調査参加者50名の死刑に対する態度を把握するために、事前にネット上でのアンケート調査を実施し、その後に「情報提供資料」を配布した。この「情報提供資料」は、死刑制度および司法全般に関する情報を簡単に説明したものである*10。アンケート調査実施から約2週間後に対象者50名は、都内の会場となった早稲田大学の教室に集まり、丸1日かけて死刑制度について審議した。審議は、死刑制度に関する情報提供セッション、参加者を4グループに分けてのグループ・ディスカッション(前半)、専門家であるゲスト・スピーカー(死刑制度に賛成・反対のそれぞれの立場から各1名)による講演と質疑応答、グループ・ディスカッション(後半)で構成された。審議終了後に会場で、ネット上のアンケート調査と比較可能な設問を用いた死刑制度に関する自記式の質問紙調査を実施した。さらに、審議型意識調査を実施した約1カ月後に、参加者のうちの10名に電話でフォローアップ・インタビューを行った。この10名は、死刑制度に関する態度の変化類型ごとに選定した。

3 死刑に関する知識──知識不足と誤った認識

　前述の通り、審議型世論調査では、参加者に死刑に関する情報提供資料を審議参加前に配布した。審議参加後に行ったアンケート調査では、約7割の参加者が、審議参加前の自らの死刑に関する知識を振り返ると、知識が「なかった」と回答した。他方、審議参加前の時点では、死刑に対する知識に関して参加者の半数は知識が「ない」と答えていた。このことは、死刑制度とその運用実態に関する知識の不足および偏った情報を入手している、ということを認識していない層がかなりの比重で存在していることを意味しよう。

　死刑制度とその運用実態に関して全く知らなかった情報や驚いた情報として審議参加者が特に注目したのは、「死刑囚の日々の生活の様子」であった。その他にも、「絞首刑によって死刑が行われていること」、「死刑執行までの期間」、「死刑執行にかかわる者の役目」などが挙げられた。同様の感想は、審議参加後に行ったフォローアップ・インタビューでも表明された。

　日本の死刑制度に関する基本的な情報を掲載した提供資料に、参加者が知らない内容が多数含まれていたことは、特に驚くべきことではない。なぜなら、日本政府が死刑制度とその運用に関して国民に公開している情報は極めて少ないからである。執行された者の名前、犯罪事実の概要、執行場所のみが、2007年12月から死刑執行後に公表されるようになったにすぎない[*11]。よって、死刑確定者の生活、また執行がどのような基準で選ばれ、どのように執行されるのかなどの実情は、国民に一切公開されていないのである。

　国民に対して、死刑制度に関する情報を現状以上に公開するべきであるという意見は、審議の中でしばしば指摘された。これは、死刑制度に関する日本政府の情報公開がほとんど行われていないことへの批判と、裁判員制度が日本に導入されることから(審議時点では裁判員制度は開始されていなかった)、国民一人ひとりが死刑制度に関して理解を深めることの重要性の両者によるものである。死刑制度に関する情報の公開が限定されていることを問題視する意見は、「存置派」、「廃止派」、「どちらとも言えない」と死刑制度に関する立場を問わず共通して表明された。

死刑制度に関して情報公開が必要とされた事項は、大きく分けて「死刑にかかわる費用」*12と、「死刑囚の処遇」に関するものであった。死刑囚の処遇に関して情報公開を求める意見が出された背景には、死刑制度による犯罪抑止力への期待が存在していると考えられる。例えば「殺人などの凶悪な犯罪を抑止するために、死刑制度に関する情報、特に死刑囚の日々の生活等について、学校などで教育することが重要である」との意見が、グループ・ディスカッションおよびフォローアップ・インタビューで繰り返し指摘された。これは、死刑制度に関する情報提供を凶悪犯罪に対する抑止力として活用しようとする意見と言えよう。しかし、死刑制度に犯罪抑止力があるという仮説は、海外の研究を含めてこれまでに実証されていない(というより、証明するのは不可能であるということが研究者の間でのほぼ合意となっている)*13。死刑制度に犯罪抑止力があるという仮説は実証されていないことを、情報提供資料にも記載していたが、グループ・ディスカッションやフォローアップ・インタビューにおける参加者の発言を見ると、そうした情報に関する理解や受け入れの度合いは低かったと考えられる。情報提供資料に記載されていた情報の理解や受け入れに関しては、死刑の抑止力のみでなく、以下で紹介するその他の事項に関しても同じ傾向が見られた。こうした点を考慮すると、参加者は自分にとって新しい考えや意見に対しては柔軟に対応するものの、逆にすでに事実と思い込んでいる情報に対してはそれを否定する情報を提供しても考えを変えにくい傾向が浮かび上がる。

　「死刑制度が犯罪抑止力となる」とする意見が国民の間に存在していることは、今回の審議型世論調査だけでなく、2009年に実施された内閣府の世論調査において、国民の62%*14が死刑制度の廃止によって犯罪が増加すると考えていることからも読み取ることができる*15。さらに、こうした死刑制度の抑止力に対する不正確な理解は、国民だけでなく、日本政府の見解にも見られる。例えば、2007年の国連人権委員会への報告書において、日本政府は死刑廃止が望ましくない理由の1つとして凶悪犯罪が起きていることをあげている*16。

　情報提供資料に記載されていた内容が調査参加者に受容されなかったという現象は、死刑判決と冤罪に関する態度にも見られる。事前に参加者に配布した情報提供資料では、死刑判決が出た後に、再審で無罪になった4件の事件を紹

介した(免田事件、財田川事件、松山事件、島田事件)。参加者は、「冤罪はあってはならない」という考えを持っていたが、日本の最近の司法制度に関して、「死刑判決に関する冤罪はない」という認識も同時に持っていたのである[17]。グループ・ディスカッションでは、参加者の中で冤罪の可能性を指摘する者がいると、上記事実に関しては、「最近の事件ではないため、現在の裁判には当てはまらない」、「死刑になるような事件は特別慎重に裁判が行われているから冤罪はないであろう」、「現在はDNA鑑定などの技術が進んでいるため冤罪はおきない」という意見が出された。さらに、フォローアップ・インタビューで、自らが被告人として出廷することになった場合を想定した質問を提示すると、「公平な裁判が行われると思う」と答える者がほとんどであった。参加者が現在の日本の司法制度に関して高い信頼を置いていることが[18]、冤罪の可能性に対する認識を弱めているようである[19]。

　今回の審議型世論調査における冤罪に関する上記のような認識は、アメリカの状況とは異なるといえよう。例えば、アメリカのイリノイ州では、死刑執行後に冤罪であることが判明した事件が1977年から12件発生し、それを受けて州知事は死刑執行を停止した[20]。死刑執行後に冤罪が明らかになったことが、アメリカ国民の死刑に対する不信感を深め、それが世論の死刑支持の低下につながっていると論じられている[21]。他方、今回の審議型意識調査を実施した時点までには、日本において、死刑執行後に冤罪が判明したケースはなかった。しかし、日本における裁判に対する強い信頼感と、死刑事件の冤罪はないという理解が死刑に関する現在の態度に影響を及ぼしていると仮定すると、例えば既に死刑が執行されている飯塚事件の再審請求の結果によっては、当該事件が死刑執行後における日本で最初の冤罪のケースとなり、そのことが死刑賛否の「輿論」に与える影響が大きいかもしれない。

　死刑制度以外の事項として殺人等の凶悪犯罪の動向や無期刑に関しても、審議参加者の知識不足および認識不足が目立った。殺人事件の動向に関して参加者に問うたところ、過去２年間において殺人等の凶悪犯罪が増えたと思っていた者が、約７割にのぼった[22]。凶悪犯罪が増えていると回答した者が死刑存置派に偏っているという傾向は見られなかったが、認知件数に関する正しい情報を提供した後にもなお、殺人等の凶悪犯罪件数が増えたと回答した者には死

刑存置派が目立った*23。

　無期刑に関しては、審議前の時点で参加者の約6割が、日本で無期刑の判決を受けた者の全員またはほとんどが、将来仮釈放になると認識していた。近年の実態を見ると、無期刑から仮釈放を受けるケースはあまりなく、事実上、無期刑は終身刑化しているにもかかわらず、そのことを理解していないのである*24。参加者には、「殺人を犯した者が死刑にならない場合は、いずれ刑務所の外にでてしまう」という間違った認識から死刑制度を肯定したり、「無期刑が事実上終身刑化している」という現状を正しく認識していても、「仮釈放という可能性がゼロではない」という点に重点を置いて、死刑存置または終身刑の導入を求めたりする意見が見られた。

4　死刑に対する態度の変化──量的分析と質的分析

　審議型意識調査では死刑に対する態度を、審議前に実施したネット上のアンケート調査と審議後の質問紙によるアンケート調査で尋ねた。両アンケート調査では、死刑に対する態度を「絶対にあった方が良い」、「あった方が良い」、「どちらとも言えない」、「廃止した方が良い」、「絶対に廃止した方が良い」の5択の選択肢によって測定した。

　審議の前と後での態度(選択肢)の変化に注目すると、参加者50名のうち30名が、審議参加前と同じ態度を保持し続けている*25。審議の前と後で態度を変えた者20名のうち存置方向に変化した者と廃止方向に変化した者は、それぞれ約10名程度となった。審議前のネット上のアンケート調査において「存置派」であった者の中には、「死刑存置」の考えを強める者もいれば、「死刑廃止」に変わった者もいた。同じく審議前に「廃止派」であった者の中にも、「死刑廃止」の考えを強める者もいれば、「死刑存置」に変わった者もいた。例えば、審議前に死刑制度に対して「絶対にあった方が良い」を選択した参加者13名のうち5名は「あった方が良い」に変化している。

　全体的に存置または廃止のどちらに動きが見られたかというと、「絶対にあった方が良い」(13名→10名)と「どちらとも言えない」(16名→10名)を選択した者が減り、「あった方が良い」(13名→20名)を選択した者が増えている(表1参照)。

一見、存置派が審議後に増えているように見えるが、審議前後の変化が統計的に有意であるか調べたところ、これらの態度変化は統計的に有意ではなく、母代表値に差があるとはいえないことがわかった(ウィルコクソンの符号順位検定、Z = -.338, p>.5, 審議前M=2.4, 審議後M=2.44)。

表1　審議前と後の態度変化と無変化

		審議前					
		絶対にあった方が良い	あった方が良い	どちらとも言えない	廃止した方が良い	絶対に廃止した方が良い	合計
審議後	絶対にあった方が良い	8	2	0	0	0	10
	あった方が良い	5	8	5	2	0	20
	どちらとも言えない	0	1	9	0	0	10
	廃止した方が良い	0	2	2	4	0	8
	絶対に廃止した方が良い	0	0	0	1	1	2
	合計	13	13	16	7	1	50

　しかしこの結果には、本調査のサンプルサイズが比較的小さいことが影響している可能性がある。とはいえ、参加者の半数以上(30名)に審議前後において態度変化が見られなかったことは、注目すべき点である。

　以下では、調査参加者のフォローアップ・インタビューとグループ・ディスカッションでの発言をもとに、参加者の態度の変化と不変化の背景要因を質的に分析する。この質的分析からは、主に2つの新しい発見があった。1つは、審議前後のアンケート調査の5択の選択肢による回答結果において死刑に対する態度を変えていない参加者についても、発言に注目した質的分析によると、情報提供と他の参加者との議論によって、審議前にはなかったと考えられる死刑制度に対する葛藤と矛盾が見られた。また、死刑に関して賛成と反対を同時に主張するという一見矛盾する態度は、自分の意見や考えとは異なる他者の意見や考えに対して、理解または納得を示す「他者への許容度」の表われとして解

釈することができる。
　例えば、死刑審議前のネット上でのアンケート調査において「絶対に廃止した方が良い」を選択し、審議後も態度が変わらなかった参加者に対してフォローアップ・インタビューを行ったところ、参加者は「国家が死刑によって犯人を殺したら、殺人の繰り返しになってしまう」[*26]と語り、死刑廃止に対する強い意志を示した。しかし、同参加者は、審議後に実施されたアンケート調査の「裁判員として死刑の決断を出せるか」との設問に対して「分からない」と回答していた。死刑制度に強く反対している者としては、意外な回答のように思えるが、これは「裁判員に選ばれ、非常に凶悪な事件であったら、感情に流されて死刑になるべきだと思ってしまうかもしれない」という気持ちの表れであったとの説明がフォローアップ・インタビューでなされた。また、「被害者の遺族の気持ちには心が動くものがあるが、死刑制度の存廃は感情論で決めることはできない」と述べ、「国家であっても人を殺すことは絶対にあってならない」という参加者自身の信念は変わらないものの、被害者感情への理解を示すものへと態度が変わった。
　また、死刑は「絶対にあった方が良い」という意見を、審議の前と後を通じて選択していた参加者の1人は、フォローアップ・インタビューで、審議前から死刑には賛成であったが、審議後はよりその考え方が強まったと述べ、その理由は、「日本にはまだ終身刑がないことを知り、死刑をこの状態で廃止してはならない」と感じたことによると語った。この発言だけでは死刑存置に対する態度は揺るぎないもののように思えるが、同じインタビューの中で、同参加者は終身刑が導入されれば、将来は死刑を廃止しても良いと語り、重要なのは死刑そのものではなく、「一生をかけて刑務所・拘置所の中で犯した罪の重大さをかみしめる」ことであると語った。
　審議の前と後のアンケート調査を通じて「どちらとも言えない」を選択した参加者は、態度を変化させなかったものの、死刑廃止と存置の両意見に揺れ動く心境がフォローアップ・インタビューから読み取れた。参加者の1人は、死刑存置の側に立つ場合の理由として「被害者の遺族感情」をあげたが、一方で「被害者の遺族の気持ちを考えた時、死刑で裁かれることに意味があるというよりは、刑事制度の一番厳しい刑で犯人が裁かれるということに意味があるのかも

しれない」とも述べた。他の参加者は、「死刑を執行する刑務官の苦悩」を審議型調査への参加を通じて初めて知り、死刑制度の廃止の方向に気持ちが動いたと加えた。また「殺人事件をさらに死刑という新たな死で解決するのではなく、犯人が生きて償うことが重要である」と主張した一方で、「人の命を奪った罪は、自分が死ぬこと以外で償えるのか分からない」とも語った。

審議の前後で死刑に対する態度が「どちらとも言えない」から「あった方が良い」に変わった参加者へのフォローアップ・インタビューでは、参加者の1人は、「実はまだ迷っているが、被害者の遺族の気持ちを考えると、死刑制度は必要と思った」という意見が述べられた。また、死刑は「あった方が良い」と答えた背景として、「死刑は極刑のシンボルとして制度としては残すが、執行は行わずに終身刑を導入するのがいいと思う」と述べ、死刑の執行自体には反対であるものの、死刑制度が法律上存在していることによる抑止力への期待が、審議後のアンケート調査での死刑存置という選択に結びついていたことがわかる。

グループ・ディスカッションとフォローアップ・インタビューで繰り返し出された主張は、「被害者のために死刑が必要である」という主張である。この主張は、死刑存置派の多数意見（表2参照）であったと同時に、廃止派からも「反対だが理解できる」主張としてその意見が受け入れられていた。参加者の発言を分析すると、参加者の多くが、被害者を重視した考え方をしていることがわかる。また刑事裁判とは「被害者」対「被告人」で戦うものであり、「被害者が正義を勝ち取る場」であるという認識が強いこと、しかも「正義」は被告人が有罪（死刑）になるかならないかにかかっており、被告人が「罪を犯したかを裁く場」という認識は薄いことも明らかになった。「被告人には弁護士がつくのに、被害者には弁護士がつかないのはおかしい」といった発言が見られたのも、こうした認識によるものだろう。被害者に注目しているため、「被告人」がかならずしも「犯罪者」ではないという意識が薄いのである。

今回の審議型意識調査では、被害者と刑事裁判に関する情報提供は行っておらず、にもかかわらず上記のように参加者が被害者に注目したのは、審議に先だって参加者たちが抱いていた意識の表れであると言える。こうした意識は、被害者の姿がマスコミで大きく取り上げられている背景を考慮すると理解できよう。また、死刑存置派のゲスト・スピーカーが被害者にとっての死刑存置の

重要性を強調していたのに対し、死刑廃止派のゲスト・スピーカーは、刑事裁判における被害者の位置づけに関しては特に言及しなかったことも、調査結果に影響したと考えられる。もし被害者に関する情報提供が行われていたら、調査結果が変わっていた可能性があることを指摘しておきたい。

5　死刑存廃の支持理由

(1) 存置の理由

次に、死刑存廃を支持する理由について、それぞれ見ていくことにしよう。

アンケート調査で、死刑制度は「絶対にあった方が良い」または「あった方が良い」と回答した者は、審議前には26名、審議後には30名いたが、彼らを対象に、死刑制度存置を支持する理由を3つまで選択させたところ、審議の前後とももっとも多く選ばれたのは、「被害者遺族の感情を考慮して」という理由であった(審議前21名→後19名)。審議前には、これに続いて、「自らの命をもって償うべき」(15名)、「死刑制度によって、犯罪を抑止するため」(12名)という選択肢が、また審議後には、「死刑は一番厳しい刑罰だから」(18名)、「仮釈放のない終身刑が日本にはないから」(15名)という選択肢が、多く選ばれている。

表2　死刑存置を支持する理由[27]

死刑存置の支持理由	審議前	審議後
被害者遺族の感情を考慮して	21	19
殺人を犯した者は自らの命をもって償うべきだから	15	9
死刑制度によって、犯罪を抑止するため	12	6
死刑執行によって、死刑囚本人が再び罪を犯せなくするため	9	6
国が殺人者に死刑を執行することが生活の安心につながるから	8	5
仮釈放のない終身刑が日本にはないから	6	15
死刑は日本の刑法で定められている一番厳しい刑罰だから	4	18
その他	2	1
選択者数(のべ)	78	81

先に言及した内閣府の調査では、死刑制度の存廃に関する設問において「場

合によっては死刑もやむを得ない」と答えた1,665名を対象に、回答数に制限のない複数回答形式でその理由を尋ねている。そこでは、「死刑を廃止すれば、被害を受けた人やその家族の気持ちがおさまらない」(54％)、「凶悪な犯罪は命をもって償うべきだ」(53％)、「死刑を廃止すれば、凶悪な犯罪が増える」(52％)、「凶悪な犯罪を犯す人は生かしておくと、また同じような犯罪を犯す危険がある」(42％)という結果になっている[*28]。今回の審議型調査とは質問文や選択肢の設定、回答方法などが異なるため、単純な比較はできないが、「被害者(家族)感情の考慮」と「命による償い」に関する選択肢が上位に来ている点で、審議前に行ったアンケート調査の結果との間に類似が見られる。

　今回の調査結果をさらに審議前後で比較すると、審議前に多かった「命をもって償うべきだから」(15名→9名)、「死刑制度によって、犯罪を抑止するため」(12名→6名)を選んだ者の数はいずれも審議後に減少している。他方で「一番厳しい刑罰だから」(4名→18名)、「終身刑がないから」(6名→15名)という理由への支持が、審議後に際立って増加している。これらの理由は、死刑存置を支持する積極的な支持理由ではなく、いわば状況的な判断であることに注意を向けるべきであろう。審議後にもっとも多く選ばれた上位3つの理由(遺族感情、一番厳しい刑罰、終身刑がない)は、例えば、『もし極刑が終身刑であったら、犯人が終身刑にされたら、遺族はそれで、今の状態で死刑にされたのと同じような慰めというか、そういうものを得るんじゃないか』(グループ1後半の討議)というように、相互に連関した問題としても把握されている。

　犯罪抑止の効果や終身刑の有無、また「一番厳しい刑罰」であるかどうかは、いずれも知識依存的なことがらであり、審議を通じた情報取得が影響しやすい項目である。審議前後でこれらの選択に著しい差が見られたのはそれゆえであろうと思われる。また「命をもって償うべき」であるという考え方は、しばしば日本人特有の倫理であるかのように語られるが(『日本人的風潮だと思うんですよね。結局日本には切腹とか、そういうプライドを侵されるようなことがあったら、自害するというのが昔からあるじゃないですか』グループ2前半の討議)、そのような信念への固執が数時間の審議を経て見られなくなっているということは興味深いことである。

第3章　死刑をめぐる「世論」と「輿論」　75

(2) 廃止の理由

他方、死刑制度を「廃止すべきだ」または「絶対に廃止すべきだ」と回答した者（審議前8名、審議後10名）に、その理由（3つまで選択可）を尋ねたところ、審議前にはほぼ全員が「生かして罪の償いをさせた方がよい」（7名）という理由を選び、これに「基本的人権である生きる権利を奪うから」（5名）という選択肢が続いていた。

表3　死刑廃止を支持する理由

死刑廃止の支持理由	審議前	審議後
生かしておいて罪の償いをさせた方がよいから	7	3
死刑は基本的人権である生きる権利を奪うから	5	2
国家であっても人を殺すことは許されないから	4	7
裁判に誤りがあったとき、死刑執行してしまうと取り返しがつかないから	4	6
死刑執行に関わっている刑務官・医師等の負担が大きいから	2	4
死刑は私のモラル・信条に反するから	1	3
死刑を廃止しても、凶悪な犯罪は増加しないから	1	2
その他	0	2
凶悪な犯罪を犯した者でも、更生の可能性があるから	0	1
選択者数（のべ）	24	30

内閣府による先の調査において、「どんな場合でも死刑は廃止すべきである」とした回答者が選んだ理由は、選択の比率が多い順に、「生かしておいて罪の償いをさせた方がよい」（56％）、「裁判に誤りがあったとき、死刑にしてしまうと取り返しがつかない」（43％）、「国家であっても人を殺すことは許されない」（42％）、「人を殺すことは刑罰であっても人道に反し、野蛮である」（31％）となっている[*29]。やはり単純な比較は難しいが、「生かして償わせる」という選択肢がもっとも多く選ばれている点は、今回の審議前時点でのアンケート結果と共通している。

死刑廃止の立場を選択した人数が少ないため、量的な動向を一般化して述べることは控えるが、審議前にもっとも多く選ばれた2つの理由は、審議後にそ

の選択者数を減らしている。「生かして償わせる」という論点については終身刑についての論議との関連で後述するが、「人権に反するから」死刑を廃止するという主張は、(実際、すべてのグループの前半の討議に見られるのだが)『じゃ、逆に被害者の人権は』(グループ3前半の討議)という反論を呼び込みやすく、存置論者との対話を経てなお死刑廃止の理由として維持するのは難しかったのかもしれない。

　反対に、審議後に多少とも選択者数が増えたのは、「国家であっても人を殺すことは許されない」(4名→7名)や「裁判に誤りがあったとき、取り返しがつかない」(4名→6名)などの理由である。「死刑を廃止しても、凶悪な犯罪は増加しない」という犯罪抑止効果に対する疑問は、死刑を廃止する理由としては、審議前後ともあまり重んじられていない(1名→2名)。また「モラル・信条に反するから」(1名→3名)という理由を審議後に選択した者は、いずれも審議前から死刑廃止を支持していた者であり、これは「モラル・信条」が短期的な態度変更に馴染まないことを考えれば、もっともな結果であると言える。

(3) 終身刑は死刑より「重い」のか

　審議後に顕著に選択者数が減少した「生かして償いをさせたほうがよい」という理由は、死刑存置派と廃止派の立場に立つゲスト・スピーカーによる討議の中で際立たされていた論点であった。「生きて償う」姿勢をみせたある被告人について、被害者遺族が減刑を望む嘆願書を書いたという事例を廃止派の論者が紹介したところ、存置派の論者が反論して、確かに『生きて償うことができればそんないいことはない』が、『謝り続けるとか謝罪を続けるということは苦しいこと』であり、『サポートする〔公的〕システムも民間の機関もほとんど』ない状況で、そのようなことを『人間ができるかというと圧倒的にできない』と応じた。

　このやりとりは参加者からなされた「一番重い刑とはなにか」という質問に対するゲスト・スピーカーからの応答であったのだが、この後に行われた後半のグループ・ディスカッションでの参加者たちの発言を見る限り、とりわけ存置派の発言が参加者に強い印象を与えたようである。ただし、「生きて償う」可能性に対するこうした否定的な意見が、「生かして償わせるべきだ」という死刑廃

止の理由といわば対の関係にある存置の理由、すなわち「命で償うべきだ」という意見への同調にストレートにつながったかというとそうではなかった。あくまでも理想的なのは生きて償うことであるが、それが現実的には困難であるという容易には割り切れない議論の所在が、やりとりのうちに読み取れた。

　生きて償うことの重さという主題は、終身刑導入についての議論にも直結している。そもそも死刑と「生きて償う」終身刑とはどちらが『重い刑』であるのか、どちらが加害者にとって『もっと嫌なこと』であり、被害者遺族にとって『慰め』になるのか、どちらが加害者の人権に配慮していることになるのかなど、終身刑の導入については、いずれのグループにおいても議論になっていた。そこでは概して、終身刑の導入は肯定的に捉えられており、とくに後半のグループ・ディスカッションに至っては、死刑存廃の立場を超えてとりあえず共有できる討議の着地点のようになっていた。

　まず、死刑存置を支持する者による終身刑導入論は、審議後に多く見られた死刑制度に対する消極的な支持と基本的には結びついていた。すなわち、終身刑がない現状において消極的にではあれ死刑を支持せざるをえないという見解や、死刑は即座に廃止すべきではないが、終身刑をまず導入したうえで議論を継続すべきだという意見、終身刑を導入すれば死刑を廃止せずとも、その執行数を減らせるだろうという期待などがそれである。

　「終身刑がないから」死刑制度の存置を支持するという態度は、終身刑がもし導入された場合には死刑を必ずしも支持しないという見解を含意しているように思われる。しかし、今回の参加者によっては、必ずしもそのようには考えられていなかったことには留意が必要である。アンケート調査で、存置支持者を対象に、「仮釈放のない終身刑が導入された場合も、あなたは死刑を支持しますか」と尋ねたところ、審議前後とも「はい」と答えた者が多く、「いいえ」と答えた者はほとんどいなかった（表4）。

　グループ・ディスカッションにおいても、まずは終身刑を導入した上で議論の継続を望む声が目に付いた（『やっぱり終身刑を一度導入してみるとかいう話もさっきあったので、もう少し、いきなり結論に至るんじゃなくて、やることとか、試してみることはいろいろあるんじゃないのかなという気はします』グループ3後半の討議）。死刑は決して望ましいことではないが制度としては必要であるというジ

レンマに加え、現状の制度運用に対して芽生えた問題意識(情報公開が十分でないなど)の受け皿として、終身刑導入論が機能していたことが議論から見て取れた。

表4　終身刑導入と死刑

日本の無期刑には仮釈放の可能性があります。もし、仮釈放のない終身刑が導入された場合も、あなたは死刑を支持しますか。(回答は1つ)

	審議前	審議後
はい	18	21
いいえ	0	1
分からない	8	8
選択者数(のべ)	26	30

　次に、死刑廃止を支持する者について言えば、彼らの中に、人道的理由から終身刑の導入を望む者がいることは予想できたが、むしろ死刑より終身刑の方が重い刑罰であるという考えから、終身刑の導入を支持し、死刑廃止論に立つ者がいたことは、興味深い発見であった。

　死刑制度について「あった方が良い」という態度から、「廃止した方が良い」という態度に変わったある参加者は、フォローアップ・インタビューの中で、『自分で自殺ができないから人を殺めて「死刑にしてもらいたい」っていう事件もあるので、そんな甘い考えよりは、終身刑で、独房に近い辛い思いをしてもらったほうが厳しいんではないのか』と述べている。また審議前後とも「廃止した方が良い」を選択した別の参加者は、『その終身刑になるのが嫌だと思うような終身刑があるといいですよね』と述べ、『要するに、死刑より重い刑』としての終身刑導入を望んでいる[*30]。

　終身刑が死刑より重い刑であるというのは、常識的にはやや意外な見解である。しかしそのような価値判断によれば、終身刑導入を伴う死刑の廃止が、決して犯罪者に甘い処置であるわけではないと論じることが可能になるのであり、廃止論者がそのように考えるのはむしろ合理的であるとも言える。

　審議後に存置を支持した参加者の中にも、終身刑の方が処遇の如何によっては死刑より重い刑になりうると考える者が複数名いたが、彼らはやはり死刑を

望んで罪を犯す者への対応策として、死刑を存置したまま、終身刑を1つの選択肢として用意すべきだと考えている。終身刑の方が死刑より重いものでありうるという価値判断は、実際にはさらに、それゆえにこそ終身刑を導入せずに死刑を存置すべきであるという主張を帰結することもある。現に、2008年当時の保岡興治法務大臣とその前任者である鳩山邦夫氏は、終身刑は死刑よりも残酷であると考えるがゆえに、その導入と死刑廃止論に否定的な立場をとっていた。

終身刑の方が死刑より重いものでありうるという価値判断は、こうして見ると、(1)ゆえに死刑を廃止すべきである、(2)ゆえに死刑と終身刑を併用すべきであるという主張のほか、(3)ゆえに終身刑を導入せずに死刑を存置すべきであるという主張に対しても論拠を与えていることになる。このことは、終身刑の方が実は死刑よりも重罰でありうるのだという、熟慮の末に得られたある種の合意が、必ずしも存置か廃止かの一方の結論へと参加者たちの態度を結びつけるのではなく、対立する判断に対して同じく理由を与えうるものであることを示している。

6　結論

以上の分析を踏まえて、最後に今回の審議型意識調査から得られた知見が有する政策上の含意について若干言及する。

第1に、市民は死刑に対する態度決定に必要な知識が不足しているにもかかわらず、そのことに無自覚であることが多い。「世論」が「輿論」へと成熟するためには大前提として、情報の公開が必要となる。法務省では2010年8月から始まった「死刑の在り方についての勉強会」で「執行に関する情報提供の在り方」を論点とすることとし、また2010年8月27日には初めて報道機関向けに東京拘置所の刑場の公開を行った。しかし既に指摘されているように、執行に関する情報のみを公開することの意味は乏しい。今回の調査参加者が関心を寄せた問題の1つは「償い」はどうすれば可能なのかという点であった。この点を明らかにするためには死刑囚、さらに無期囚の処遇の状況を広く公開するとともに、これらの者達からの情報の発信を広く認めていく必要がある。

第2に、市民の死刑に対する評価は、決して固定化されたものではなく、議論を重ねることで存置・廃止のいずれの方向にも変化しうる流動的なものである。しかもそれは抑止力や終身刑の有無といった知識依存的項目だけでなく、信念に関わる項目についても妥当している。とすれば、日本政府が世論調査の結果を絶対視する姿勢をとっていることが妥当かどうかについて疑問が生じることになる。そして、評価の流動化の過程で、自らの中に矛盾・葛藤が生じ、他者の意見に寛容になるという傾向を加味するならば、仮に政治的リーダーシップにより死刑が廃止されたとしても、必要な議論を重ねていれば、世論(輿論)の反発はそれ程強くならない可能性がある。

　第3に、死刑賛成の根拠として、審議を経た後もなお、被害者遺族の感情が重視されており、反対論者からも遺族感情に理解が示されるに至っている。このことは法律家にとっては深刻な事態である。というのも、刑罰はあくまでも国家や社会一般にとっての必要性の見地から科されるものであり、被害者が求めるから科すのではないというのが法の建前であり[31]、法律家の圧倒的多数もまた、被害の程度に比して不釣り合いに大きなことがあり得る被害者遺族の感情を決め手として量刑を決めるべきではないという見解を有しているからである[32]。裁判員には被害者遺族の感情の適切な扱いについて意識的な説明が必要である。また被害者への同情心が裁判員の判断に無意識の影響を及ぼす可能性が否定できないことからは、死刑事件では被害者遺族の感情を意識的に裁判から排除しなければならない、という結論に至ることも考えられる。

　第4に、今回、審議を通して、死刑存置の理由としての「命をもって償うべき」は、「死刑は一番厳しい刑罰だから」に取って代わられたかのような観を呈している。これは刑罰論的に見れば、死刑の根拠が、生の復讐感情から理性的な応報感情に変わったことを意味しているように思われる。このことは、情報を提供され議論を交わすことで、死刑の議論はより理性的で生産的なものとなり得ることを示唆している。教育現場などで死刑の問題を積極的に取り扱っていく必要がある。また裁判員となった市民に対しても、可能な限り今回のような情報の提供と審議の機会が保障されなければならない[33]。

　第5に、死刑への賛否を問わず仮釈放無しの終身刑導入が一定の支持を集めるに至っている。このことは、終身刑が死刑を代替するという期待と、無期刑

はおろか死刑すら市民が刑罰に抱く贖罪への期待に応えられていないという不満が複合的に作用したものと見ることができる。しかし、前者に関しては、死刑支持の「世論」を尊重しつつ、死刑を終身刑に代替することは理論的にできないし、死刑を存置したまま終身刑を導入しても死刑が漸減していく保証はない。他方で、後者に関しては、現行の刑罰への不満は第一義的には死刑や無期刑の現状が公開されていないことに由来すると思われるため、まずは情報公開の徹底を図ることが先決であろう。終身刑の導入については慎重な検討が必要である。

最後に、もとより、今回の調査から言えることには限界があり、今後もこの種の「輿論」把握の試みが続けられなければならないことを指摘して本章の結びとする。

※　本章の序論と結論は本庄が、死刑存廃の支持理由の節は木村が、それ以外の箇所は佐藤が執筆した。佐藤執筆箇所は、佐藤舞「裁判員は死刑判決を適切に行えるか：死刑に対する態度と知識」季刊刑事弁護62号(2010年)121頁の一部を利用している。

*1　UN Human Rights Committee (2007) Fifth periodic reports of States parties due in 2002: Japan. 25/04/2007. CCPR/C/JPN/5 (State Party Report), paragraph 130.
*2　平川宗信「死刑の存続は世論で決まる問題か」佐伯千仭・団藤重光・平場安治編『死刑廃止を求める』(日本評論社、1994年)57頁など。
*3　「日英審議型意識調査プロジェクト」は、日本とイギリスの研究者の共同研究として企画され、日本人の刑事制度に対する知識レベルや、日本人の刑事制度に対する態度の現状と規定要因を明らかにし、それに基づき政策提言を行うことを目的としている。プロジェクト・メンバーは、マイク・ハフ(イギリス・ロンドン大学バークベックカレッジ刑事政策研究所・所長)、本庄武(一橋大学大学院法学研究科・准教授)、木村正人(高千穂大学・准教授)、佐藤舞(イギリス・オックスフォード大学Centre for Criminology・オックスフォード・ハワードリーグ・フェロー)である。また、調査実施に際しては、法務省保護局・前島知子氏から有益なアドバイスを得た。
*4　Center for Deliberative Democracy のサイト(http://cdd.stanford.edu)を参照されたい。
*5　Fishkin, J.S. (1997) *The Voice of the People,* Yale University Press.
*6　我々の行った審議型意識調査とデリベラティブ・ポールを区別している理由は、①

審議型意識調査では対象者の規模が小さく、また対象者の選定方法が異なる、②審議型意識調査は、デリベラティブ・ポールでは通常、行われないフォローアップ・インタビューを行っていることなどのためである。

*7 「輿論」と「世論」の区別は、佐藤卓己『輿論と世論――日本的民意の系譜学』(新潮社、2008年)を参照。

*8 本調査は、サントリー文化財団、大和日英基金、グレイトブリテン・ササカワ財団、ロンドン大学セントラル・リサーチファンドの研究助成を受けて実施された。

*9 死刑制度に対する態度に基づいた対象の選定に際しては、本調査前に佐藤が独自に行った死刑制度への態度に関する調査結果(約2万人の回答)を基準として選定した。

*10 「情報提供資料」は、次の項目を含んでいた。死刑判決数、死刑確定者数、執行数、死刑によって罰せられる可能性のある犯罪、死刑囚の日々の生活の様子、死刑判決から死刑執行までの期間、死刑執行の様子、海外における死刑存廃の動向、死刑と冤罪の可能性、死刑と情報公開、死刑と犯罪率の関係、被害者・加害者の声、主な死刑存置派・廃止派の意見、殺人事件数の動向、無期刑から仮釈放になる可能性、再犯率。

*11 それ以前は1998年11月から執行の事実とその人数のみが公表されていたにすぎない。

*12 「死刑囚の維持費と執行にかかる費用」と「無期刑の受刑者にかかる費用」について専門家への質疑がなされた。

*13 Hood, R. and Hoyle, C. (2008) *The Death Penalty: A Worldwide Perspective,* Oxford: Oxford University Press; Fagan, J. (2006) "Death and Deterrence Redux: Science, Law and Causal Reasoning on Capital Punishment", *The Ohio State Journal of Criminal Law,* Vol. 4, pp.255-321; Dezhbakhsh, H. & Shepherd, M. (2006) "The Deterrent Effect of Capital Punishment: Evidence from a Judicial Experiment", *Economic Inquiry,* Vol. 44 pp. 512-525.

*14 以下、パーセント表示は少数第1位を四捨五入している。

*15 内閣府『基本的法制度に関する世論調査』(2009年実施)2010年。

*16 前掲注1。

*17 審議前のアンケート調査では、「無実の者を有罪にすること」と「本当は罪を犯している者を無罪にすること」を比較した場合、どちらの誤りがより問題だと思うかという設問に対して、多数(約8割)が「無実の者が有罪にすること」の方が問題だと回答した。

*18 審議前に実施したアンケート調査で機関等に対する信頼度を尋ねた結果、裁判所への信頼が一番高かった。裁判所を「とても信頼している」と「少しは信頼している」と答えた者が、調査対象者50人中の42人、中央官庁が28人、国会議員が18人、警察が34人、新聞が34人、テレビが21人、大企業が24人、非営利団体が20人という結果であった。

*19 調査実施当時は、無期刑が言い渡されていた足利事件に関する再審開始決定(2009年6月)は下されていなかったことに留意する必要がある。

*20 Amnesty International USA (2007) "30th Anniversary of Gregg vs. Georgia: The beginning of the modern era of America's Death Penalty".
*21 Steiker, C. S. (2009) "Marshall Hypothesis Revisited", *Howard Law Journal*, Vol. 52, No. 3, pp. 525-555.
*22 犯罪統計によれば、治安がひどく悪化しているわけではない。例えば、殺人の認知件数に関しては、戦後以降減少傾向にあり、2007年には戦後最低を記録した。2008年にわずかに増加したが、1990年代以降はほぼ横ばいで推移している。法務省法務総合研究所『平成21年度犯罪白書』(2009年)。
*23 審議前後のアンケート調査では、殺人等の凶悪犯罪の「発生率」に関して聞いているが、情報提供では殺人事件の認知件数に関して情報提供していることを断っておく。
*24 例えば、2007年に新しく89名が無期刑を言い渡されたのに対し、同年に仮釈放を許可された人数は0人であった。法務省保護局「無期刑の執行状況及び無期刑受刑者に係る仮釈放の運用状況について」(2008年)。
*25 したがって、例えば「あった方が良い」から「廃止した方が良い」に変化した者だけでなく「あった方が良い」から「絶対にあった方が良い」に変化した者も、「態度が変わった」者に含まれる。
*26 以下、調査参加者の発言を示す「　」は間接引用、『　』は直接引用を指す。
*27 非該当の者、および審議後に死刑制度存置を支持しながらこの設問に無回答であった3名を除くと、審議前には26名、審議後には27名が、それぞれ3つの理由を挙げている。
*28 選択肢はこのほか「その他」「わからない」を含めた6つ。
*29 回答者数は1,665人、回答数に制限のない複数回答。選択肢は、このほか死刑を廃止しても、そのために凶悪な犯罪が増加するとは思わない」(30%)、「凶悪な犯罪を犯した者でも、更生の可能性がある」(19%)、「その他」(1%)、「わからない」(0%)の8つ。
*30 「刑の重み」について、存置派のゲストスピーカーは、なにが「重い刑」であるのかはケースによって異なると断りつつ、死刑が廃止されたイタリアで、終身刑囚が嘆願書を出して自らを死刑にするよう求めた事例を紹介していた。廃止派の立場に立つゲストスピーカーも、『私は生きて償うということ、その可能性を残すべきだということ、それが一番重い刑だというふうに思っているんです』と述べ、終身刑の重さを強調していた。
*31 このことは刑事裁判が国家・社会の代理人である検察官と被告人の対立構造を採っていることからも明らかである。現在は被害者参加人の関与も可能となっているが、被害者参加人は刑事裁判の当事者とは位置づけられていない。
*32 原田國男「被害感情と量刑」『量刑判断の実際〔第3版〕』(立花書房、2009年)134頁は、被害感情そのものではなく、それが徴表する客観的な被害の程度が重要なのだと主張し、広く支持を集めている。

*33 一般に、裁判員裁判の評議の場で死刑自体の是非について議論すべきではないと考えられており(石塚伸一ほか「座談会・裁判員裁判の下で死刑の縮減、廃止を展望できるか」法律時報82巻7号〔2010年〕27頁参照)、従って、目の前の事件と直接関わりのない死刑に関する一般的情報を裁判員に提供することは想定されていないと思われる。しかしながら、死刑の存在を前提とする場合でも、その合理的根拠を検討するなかで理性的な態度が醸成されるのであるから、目の前の事件で死刑を科すべきかを検討する一環として、そもそも死刑はなぜ必要かを考えることには意味があり、かつそのための情報提供が必要であろう。例えば、死刑が求刑された場合は、死刑に関する一般的情報が提供される機会を設けることが検討に値する。また、死刑という一番厳しい制裁に相応しい事件であるかを吟味するためには、実際上・仮定上の他事件との比較という視点が重要になってくるため、これに関する情報提供も欠かすことはできないことになろう。

(さとう・まい〔イギリス・オックスフォード大学Centre for Criminology・オックスフォード・ハワードリーグ・フェロー〕／きむら・まさと〔高千穂大学准教授〕／ほんじょう・たけし〔一橋大学大学院法学研究科准教授〕)

第4章

裁判員の心理と死刑

山崎優子

1 はじめに

　裁判員制度が実施されておよそ2年が経過した。裁判員裁判では、重大事件が対象となることから、今後、死刑が求刑される事案も少なくないだろう。死刑に関わる問題は、将来裁判員になる可能性のある市民にとっても、重大な問題である。

　日本において、市民は死刑制度を高く支持している(2009年の内閣府調査による)。それは、どのような理由に基づくのだろうか。この問題を明らかにすることは、死刑の賛否に至る心的プロセスの解明という学術的な意義にとどまらず、死刑制度をめぐる議論において基盤的な知見を提供することにも寄与できると思われる。

　本章では、心理学的観点にもとづいて研究調査を行った結果から、死刑に対する市民の認識を明らかにし、そうした認識に影響を及ぼす要因について検討を行う。

2 内閣府による死刑に対する意識調査

　2009年に内閣府が行った「基本的法制度に関する世論調査」の「死刑制度に対する意識」[*1]をみると、「場合によっては死刑もやむを得ない」と考える市民は、85.6％にのぼる。1994年(平成6年)からの調査結果の推移(図1)をみると、「場合によっては死刑もやむを得ない」と考える市民は、年々増していることがわ

かる。

死刑制度の賛成、反対は、どのような理由によるのだろうか。「どんな場合でも死刑は廃止すべきである」と回答した人に対して、その理由を尋ねた結果（図2）をみると、「生かしておいて罪の償いをさせた方がよい」(55.9%)、「裁判に誤りがあったとき、死刑にしてしまうと取り返しがつかない」(43.2%)、「国

図1 「Q1. 死刑制度に関して、このような意見がありますが、あなたはどちらの意見に賛成ですか」に対する回答（内閣府調査より）

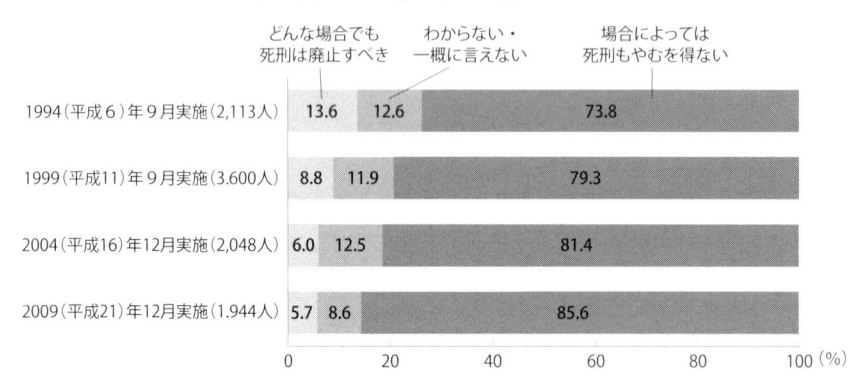

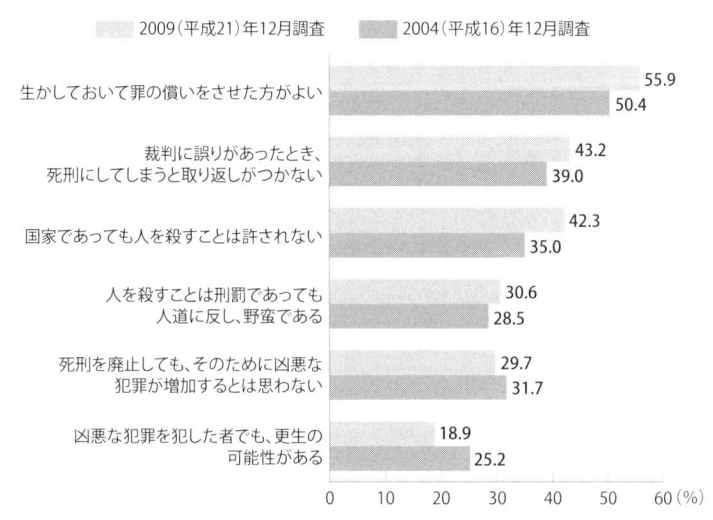

実施時期	どんな場合でも死刑は廃止すべき	わからない・一概に言えない	場合によっては死刑もやむを得ない
1994（平成6）年9月実施（2,113人）	13.6	12.6	73.8
1999（平成11）年9月実施（3,600人）	8.8	11.9	79.3
2004（平成16）年12月実施（2,048人）	6.0	12.5	81.4
2009（平成21）年12月実施（1,944人）	5.7	8.6	85.6

図2 Q1で「どんな場合でも死刑は廃止すべきである」と回答した人の死刑制度を廃止する理由（複数回答可）（内閣府調査より）

理由	2009（平成21）年12月調査	2004（平成16）年12月調査
生かしておいて罪の償いをさせた方がよい	55.9	50.4
裁判に誤りがあったとき、死刑にしてしまうと取り返しがつかない	43.2	39.0
国家であっても人を殺すことは許されない	42.3	35.0
人を殺すことは刑罰であっても人道に反し、野蛮である	30.6	28.5
死刑を廃止しても、そのために凶悪な犯罪が増加するとは思わない	29.7	31.7
凶悪な犯罪を犯した者でも、更生の可能性がある	18.9	25.2

図3 Q1で「場合によっては死刑もやむを得ない」と回答した人の
死刑制度を存置する理由（複数回答可）（内閣府調査より）

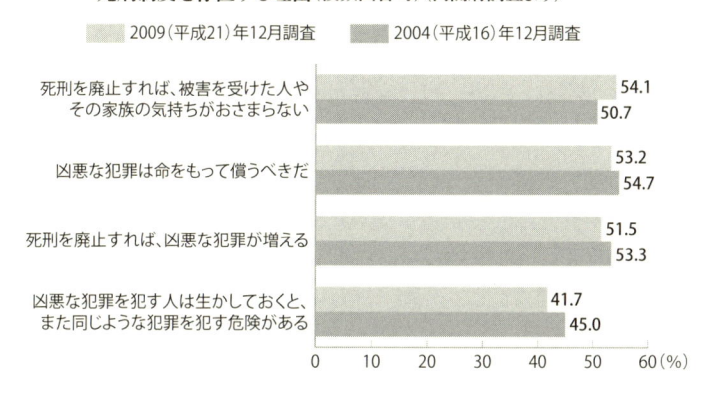

| | 2009（平成21）年12月調査 | 2004（平成16）年12月調査 |

- 死刑を廃止すれば、被害を受けた人やその家族の気持ちがおさまらない: 54.1 / 50.7
- 凶悪な犯罪は命をもって償うべきだ: 53.2 / 54.7
- 死刑を廃止すれば、凶悪な犯罪が増える: 51.5 / 53.3
- 凶悪な犯罪を犯す人は生かしておくと、また同じような犯罪を犯す危険がある: 41.7 / 45.0

家であっても人を殺すことは許されない」(42.3％)の順となっている。死刑廃止を求める人は、刑罰の目的を応報とはとらえず、また、冤罪の可能性を危惧する傾向にあることがわかる。他方、「場合によっては死刑もやむを得ない」と回答した人に対して、その理由を尋ねた結果（図3）をみると、「死刑を廃止すれば、被害を受けた人やその家族の気持ちがおさまらない」(54.1％)、「凶悪な犯罪は命をもって償うべきだ」(53.2％)、「死刑を廃止すれば、凶悪な犯罪が増える」(51.5％)の順となっている。死刑もやむを得ないと考える人は、刑罰の目的を応報ととらえ、死刑の犯罪抑止効果を肯定する傾向にあることがわかる。

3 死刑に対する認識に影響を及ぼす要因

本研究では、市民の死刑支持に影響を及ぼす要因として、次の3点について検討した。第1は、犯罪報道の影響である。連日繰り返される犯罪報道は、体感治安を悪化させ、その結果、市民は治安悪化の抑止力を死刑に期待する可能性が考えられる。また、ここ数年増してきた被害者よりの犯罪報道は、犯罪の発生原因を被告人に帰する傾向を強めるだろう。

第2は、死刑についての知識不足である。法の分野においては、死刑支持は死刑に関する知識の欠如と関連があるとする仮説があり、その提唱者である判事の名前にちなんで、マーシャル仮説と呼ばれている。マーシャル仮説によれ

ば、死刑について深く知るほど、①死刑を支持しなくなり、②死刑に反対する感情が生じる。しかし、③応報的な理由から死刑に賛成する場合には、こうした傾向はみられない。佐藤(2010)*2や森久(2010)*3は、刑罰や死刑についての正確な知識を与えることで、市民は死刑存置に慎重になると報告している。これは、マーシャル仮説とも対応するものである。

そして第3に、市民のパーソナリティ(個人特性)が、死刑に対する認識と関連する可能性である。その一例として、他者に対する攻撃性傾向が考えられる。他者に対する攻撃性傾向の強い人(たとえば、場合によっては暴力も止むを得ないと考える傾向にある人)は、そうでない人に比べ、凶悪な犯罪者に対しては、応報的刑罰を求める傾向、つまり、死刑を支持する傾向にあるかもしれない。

以上をふまえ、筆者らは、死刑に対する市民の認識(賛成か反対か)に影響を及ぼす要因の検討を行った。調査内容および結果について、次に述べる。

4 調査[*4]

(1) 目的

本調査の目的は、死刑に対する市民の認識を明らかにし、そうした認識に影響を及ぼす要因について検討することである。

死刑に対する市民の認識については、「死刑の賛否」、「死刑賛否の理由」、「具体的な犯罪事例に対する死刑の賛否」の3つの観点から明らかにした。さらに、「死刑賛否の理由」についての回答結果から、死刑に対する認識に影響を及ぼす潜在的な要因の存在を探った。もしも、こうした潜在的な要因が明らかになれば、死刑制度に対する市民の認識をより本質的に捉えることができるかもしれない。

「具体的な犯罪事例に対する死刑の賛否」[*5]に関しては、被告人の責任能力の有無が争点となるケースについても尋ねた。これは、被告人の責任能力が問われる裁判で、裁判員が量刑判断を求められる可能性があるからである。2010年3月には、自宅に放火した被告人の責任能力の有無をめぐる初の裁判員裁判が、東京地裁で行われている[*6]。

死刑に対する認識に影響を及ぼす可能性のある要因としては、体感治安、犯

罪報道の信頼性、死刑に関する知識、パーソナリティー(他者に対する攻撃性)を取り上げ、これら複数の要因が、死刑に対する認識に影響を及ぼすかについて検討した。

　ところで、こうした死刑に対する認識は、市民の価値判断などを強く反映していることが考えられる。そこで、模擬裁判実験を行い、死刑に賛成する市民と反対する市民が、有罪無罪や量刑の判断に対しても特徴的な判断傾向を持つのかについても合わせて検討を行った。

(2) 方法
① 参加者
　参加者は、都内私立大学の法学部に所属し、「法学入門」の授業を受講した大学1年生548人であった。このうち、後述する2回の調査に参加し、死刑制度について問う質問項目に回答を行った参加者(外国人をのぞく)の回答結果のみを有効データとした。有効データは376人。平均年齢は18.4歳であった。
② 手続
　前出の内閣府調査に準じた質問項目に加え、体感治安、犯罪報道の信頼性、死刑に関する知識、パーソナリティ(他者に対する攻撃性)[7]を測る質問項目などからなる質問紙を作成し、上記の参加者から回答を得た。質問項目が多いため、調査は2回に分けて実施した。なお、2009年の内閣府調査に準じた質問項目については、本調査では、内閣府調査とは異なる尺度を用いた。内閣府調査では、「死刑の賛否」を尋ねる際、「ア．どんな場合でも死刑は廃止すべき」、「イ．場合によっては死刑もやむを得ない」、「ウ．わからない・一概には言えない」から3肢択一で回答するよう求めていた。しかし、こうした質問項目の非対称性は、被調査者の回答に偏りを生じさせる可能性がある。"どんな場合でも"と尋ねられると選択するのが難しい問いであっても、"場合によっては"と幅を広げて尋ねられると選択しやすくなるだろう。そこで、本調査では、一般的な社会調査で採られるように、廃止と存置を対比させて尋ねる5件法を採用した。

　また、2度の質問紙調査の際、それぞれ次の模擬裁判実験も合わせて行った。1回目の模擬裁判では、被告人が犯行を否認している裁判DVD 1 (約30分)[8]を提示し、参加者に有罪無罪の判断を求めた。2回目の模擬裁判では、被告人が

犯行を認めている裁判DVD2（約30分）※9を提示し、被告人に対する量刑判断を求めた。

なお、本調査の実施は、2010年5月であり、調査の時点では、裁判員裁判で死刑判決は下されていなかった。同年3月2日に鳥取地裁で行われた裁判員裁判では、2人を殺害した被告人に対し、求刑どおりの無期懲役の判決が下された。

(3) 結果

以下に調査結果を示す。調査結果は、質問項目の提示順とは異なる。本調査の目的に沿い、最初に、死刑に対する参加者の認識を明らかにする。次に、体感治安、犯罪報道の信頼性、死刑に関する知識、パーソナリティ（他者に対する攻撃性）、司法判断傾向が、死刑に対する認識のちがいによって異なるかについて検討する。

① 死刑に対する認識

ⅰ） 死刑に賛成か反対か

表1は、問「あなたは、死刑制度に賛成ですか？　反対ですか？」に対する回答結果を示したものである。表1をみると、「大いに賛成」は13％、「賛成」は47％であった。また、「絶対に反対」は4％、「反対」は14％であった。つまり、60％の参加者が死刑制度に賛成、18％の参加者が死刑制度に反対という結果であった。2009（平成21）年実施の内閣府調査の数値と比較して、死刑制度を支持する割合は低かった。

表1　問「あなたは、死刑制度に賛成ですか？　反対ですか？」に対する回答結果

絶対に反対	反対	どちらともいえない	賛成	大いに賛成
4％(14人)	14％(53人)	22％(83人)	47％(176人)	13％(50人)

以下の分析では、死刑に「賛成」、「大いに賛成」とした者をあわせて死刑賛成群、死刑に「反対」、「絶対に反対」とした者をあわせて死刑反対群、「どちらともいえない」とした者を判断保留群とし、これら3群間の比較を行い、死刑に対する認識、およびそうした認識に影響を及ぼす要因について検討を行う。

ⅱ） 死刑の賛成理由と反対理由

表2は、問「(内閣府の調査で示された死刑賛成、反対の主要な理由に対して)どの程度納得できますか？」に対する回答結果を示したものである。表2をみると、項目①〜⑧は、項目③をのぞき、死刑反対群が死刑賛成群よりも「納得できる」とする程度が有意に高い。③「裁判に誤りがあったとき、死刑にしてしまうと

表2　問「1〜13のそれぞれの意見に、どの程度納得できますか？(1：全く納得できない、2：納得できない、3：どちらともいえない、4：納得できる、5：非常に納得できる)」に対する回答結果

(数値は平均値。( )内の数値は、「4：納得できる」「5：非常に納得できる」と回答した者の割合)

	死刑反対群	判断保留群	死刑賛成群	
①人を殺すことは刑罰であっても人道に反し、野蛮である	3.8(71%)▲	3.4(41%)	2.4(19%)▽	※1
②国家であっても人を殺すことは許されない	4.0(75%)▲	3.6(52%)▲	2.5(20%)▽	※1
③裁判に誤りがあったとき、死刑にしてしまうと取り返しがつかない	4.6(97%)	4.5(93%)	4.4(89%)	
④凶悪な犯罪を犯した者に対しては、生かして罪の償いをさせた方がよい	4.2(85%)▲	3.5(52%)▲	2.5(20%)▽	※1
⑤漠然と、死刑に嫌悪感を感じる	3.5(51%)▲	3.0(26%)	2.1(7%)▽	※1
⑥加害者にも家族がいる	3.9(75%)▲	3.8(77%)▲	3.3(55%)▽	※2
⑦世界の多くの国は死刑を廃止している	3.9(77%)▲	3.7(56%)▲	2.8(26%)▽	※2
⑧終身刑で充分である	3.9(69%)▲	3.3(37%)▲	2.4(10%)▽	※1
⑨凶悪な犯罪は命をもって償うべきだ	2.3(11%)▽	3.1(23%)▽	3.9(73%)▲	※3
⑩死刑を廃止すれば、被害を受けた人やその家族の気持ちがおさまらない	3.0(31%)▽	3.5(57%)	3.9(74%)▲	※3
⑪死刑を廃止すれば、凶悪な犯罪が増える	2.5(14%)▽	3.1(31%)▽	3.5(55%)▲	※3
⑫凶悪な犯罪を犯す人は生かしておくとまた同じような犯罪を犯す危険がある	3.3(45%)▽	3.7(67%)	3.9(74%)▲	※4
⑬終身刑では施設が足りなくなるコストもかかる	3.4(57%)▽	3.6(68%)	3.9(75%)▲	※5

▲：「4：納得できる」「5：非常に納得できる」と回答した者の割合が有意に多い
▽：「4：納得できる」「5：非常に納得できる」と回答した者の割合が有意に少ない
※1　平均値が「死刑反対群」>「判断保留群」>「死刑賛成群」
※2　平均値が「死刑反対群」≒「判断保留群」>「死刑賛成群」
※3　平均値が「死刑賛成群」>「判断保留群」>「死刑反対群」
※4　平均値が「死刑賛成群」>「死刑反対群」
※5　平均値が「死刑賛成群」>「判断保留群」≒「死刑反対群」

取り返しがつかない」については、どの群においても「納得できる」程度が非常に高く、⑥「加害者にも家族がいる」については、死刑賛成群および判断保留群で「納得できる」程度が高かった。一方、項目⑨〜⑬は、死刑賛成群が死刑反対群よりも「納得できる」程度が有意に高い。ただし、⑬「終身刑では施設が足りなくなる」については、死刑反対群であっても、「納得できる」と回答した割合が過半数を超えている。13項目中8項目において、判断保留群は死刑反対群と同様の回答傾向がみられた。

本調査の結果は、内閣府の調査結果と概ね一致するものであった。ただし、内閣府調査における死刑の反対理由「冤罪の可能性」、賛成理由「収容施設の問題」は、どの群においても「納得できる」とする程度が高かった。

iii) 死刑に対する認識に影響を及ぼす潜在的な要因

表2に示した質問項目①〜⑬に対する納得の程度に、潜在的な要因(潜在因子)[10]が影響していると仮定して、因子分析を行った。

分析の結果、3つの潜在因子によって、市民が死刑制度を捉える傾向が示された。3つの因子に対して、それぞれ、「殺人への抵抗感」、「社会秩序としての死刑」、「死刑をとりまく諸状況への配慮」と命名した。図4は、3つの因子とそれぞれの因子から影響を受ける死刑制度に対する賛否理由を示したものである。因子1「殺人への抵抗感」は、刑罰としての殺人に対する嫌悪感情であり、因子2「社会秩序としての死刑」は、遺族感情に配慮し、刑罰を応報ととらえ、刑罰に犯罪抑止力があるとする見解にたつものである。また、因子3「死刑をとりまく諸状況への配慮」は、冤罪の可能性を含む死刑の負の影響力を認める立場である。

矢印に示した数値は、各因子が、死刑制度に対する賛否理由に及ぼす影響の大きさを示す。この数値が高いほど、潜在因子の影響が強いことを意味する。ただし、負の数値は、逆方向への影響を示している(因子2「社会秩序としての死刑」は、④「凶悪な犯罪を犯した者に対しては、生かして罪の償いをさせた方がよい」に反対する方向に影響している)。

iv) 死刑に対する認識(具体的な犯罪を示した場合)

過失犯、責任無能力者および限定責任者に該当しない場合(A)、被告人が責任無能力者、限定責任無能力者である場合(B)[11]、それぞれについて、問「(提

図4 死刑制度に対する考え（賛成か反対か）に潜在的な影響を及ぼす3つの因子

（数字は因子負荷量。この数字が大きいほど因子の影響を強く受ける。また、マイナスの符合は、逆方向への影響を受けることを表す）

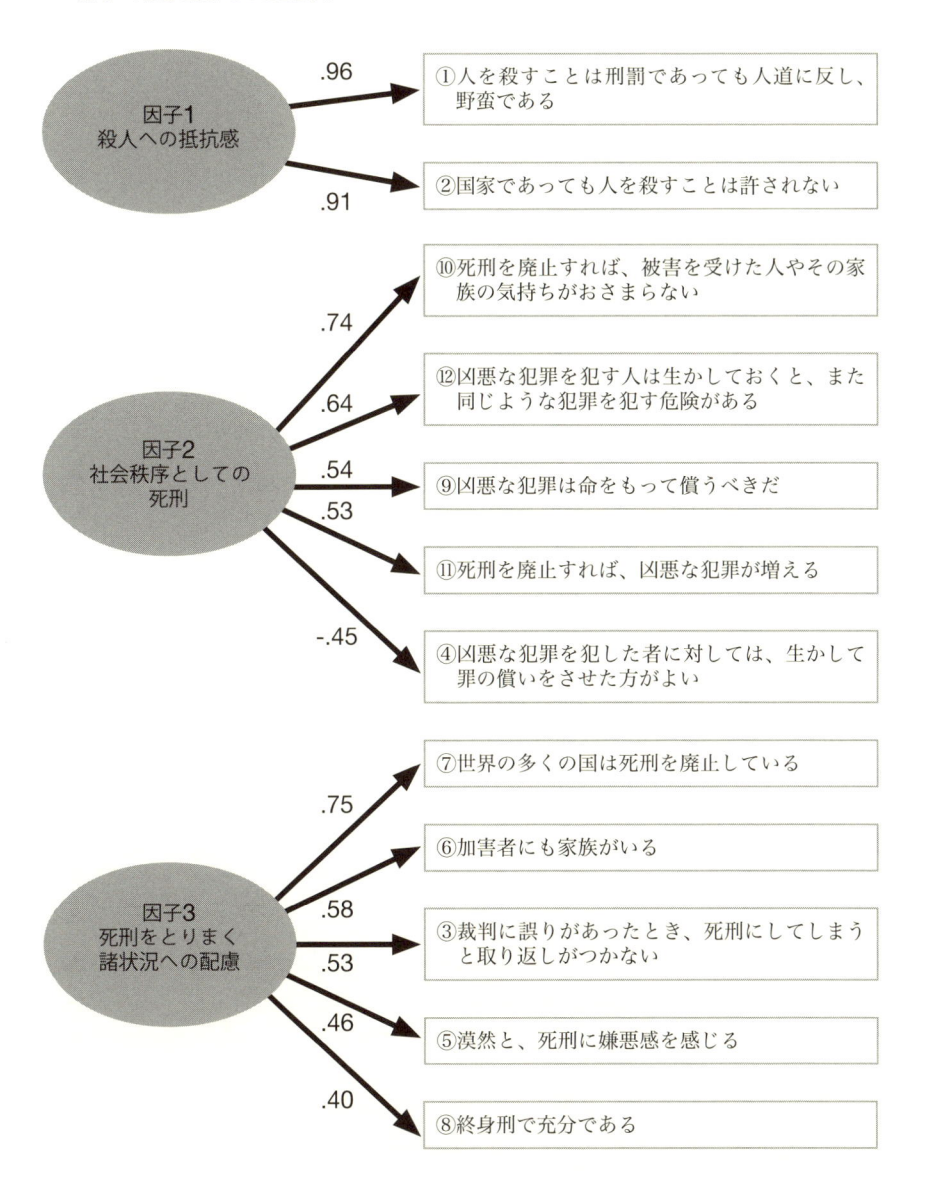

因子1 殺人への抵抗感
- .96 → ①人を殺すことは刑罰であっても人道に反し、野蛮である
- .91 → ②国家であっても人を殺すことは許されない

因子2 社会秩序としての死刑
- .74 → ⑩死刑を廃止すれば、被害を受けた人やその家族の気持ちがおさまらない
- .64 → ⑫凶悪な犯罪を犯す人は生かしておくと、また同じような犯罪を犯す危険がある
- .54 → ⑨凶悪な犯罪は命をもって償うべきだ
- .53 → ⑪死刑を廃止すれば、凶悪な犯罪が増える
- -.45 → ④凶悪な犯罪を犯した者に対しては、生かして罪の償いをさせた方がよい

因子3 死刑をとりまく諸状況への配慮
- .75 → ⑦世界の多くの国は死刑を廃止している
- .58 → ⑥加害者にも家族がいる
- .53 → ③裁判に誤りがあったとき、死刑にしてしまうと取り返しがつかない
- .46 → ⑤漠然と、死刑に嫌悪感を感じる
- .40 → ⑧終身刑で充分である

第4章 裁判員の心理と死刑 95

示した各犯罪について)死刑にすることができるようにしておいた方がよいと思いますか？」を尋ねた。表3に回答結果を示した。

iv-A)　被告人が過失犯、責任無能力者および限定責任無能力者に該当しない場合

表3のAをみると、①～⑧のすべてのケースにおいて、死刑賛成群の50%以上が、「死刑にすることができるようにしておいた方がよい」と回答している。しかし、100%ではない。死刑賛成群の中には、ごく一部の犯罪にのみ死刑の可能性を認めている者がいるのかもしれない。

表3　問「1～8の犯罪について、死刑にすることができるようにしておいた方がよいと思いますか？（1：死刑にすることができるようにしておいた方がよい、2：死刑にできないようにした方がよい、3：わからない）」に対する回答結果

(数値は、「1：死刑にすることができるようにしておいた方がよい」と回答した者の割合)

		死刑反対群	判断保留群	死刑賛成群
①強盗にはいって人を殺した場合	A	38%▽	54%▽	79%▲
	B	20%▽	28%▽	52%▲
②身代金を要求する目的で誘拐した子どもを殺した場合	A	43%▽	59%▽	82%▲
	B	21%▽	37%	58%▲
③親を殺した場合	A	28%▽	49%	57%▲
	B	7%▽	20%	30%▲
④けんかをして興奮し、相手を殺した場合	A	20%▽	35%	50%▲
	B	10%▽	17%	29%▲
⑤強姦した後に、相手を殺した場合	A	51%▽	70%	84%▲
	B	31%▽	46%	63%▲
⑥政治的な目的で大臣や国会議員を殺した場合	A	30%▽	58%	67%▲
	B	20%▽	27%▽	47%▲
⑦勤務中の警察官を殺した場合	A	25%▽	46%	66%▲
	B	11%▽	24%	38%▲
⑧汽車や電車を転覆させて乗客を殺した場合	A	41%▽	59%	76%▲
	B	20%▽	46%	52%▲

A：過失犯、責任無能力者および限定責任能力者に該当しない者
B：責任無能力者および限定責任能力者の場合
▲：「1：死刑にすることができるようにしておいた方がよい」と回答した者の割合が有意に多い
▽：「1：死刑にすることができるようにしておいた方がよい」と回答した者の割合が有意に少ない

一方、死刑反対群であっても、⑤「強姦した後に、相手を殺した場合」については、「死刑にすることができるようにしておいた方がよい」と回答した者が過半数にのぼる。つまり、犯罪によっては、死刑反対群の過半数が、死刑の可能性を認めていることになる。

iv-B)　被告人が責任無能力者および限定責任無能力者の場合

　表3のBをみると、死刑賛成群の過半数が「死刑にすることができるようにしておいた方がよい」と回答したのは、半数の犯罪におよぶ。死刑を容認する者の割合は、犯罪内容によって異なるが、多くの犯罪で、責任無能力者、限定責任無能力者に対しても、死刑を容認する傾向がみられた。一方、死刑反対群においても、「死刑にすることができるようにしておいた方がよい」と回答した者が、①〜⑧のすべてのケースに少なからず存在した。つまり、死刑反対群の全てが、責任無能力者、限定責任無能力者の犯罪に対する死刑の可能性を否定しているわけではない。

　以上の結果は、被告人の責任能力の有無にかかわらず、「死刑に反対」であっても、必ずしも死刑の可能性を否定するものではないこと、死刑の可能性を容認するかどうかは犯罪内容に依存することを示している。

② 死刑に対する認識に影響を及ぼす要因の検討

　以下、死刑に対する認識が、体感治安、犯罪報道の信頼性、死刑に関する知識、パーソナリティー(他者に対する攻撃性)と関連するかについてみていく。

ⅰ)　体感治安[12]

　問「人殺しなどの凶悪な犯罪は、4、5年前とくらべて、増えていると思いますか？」に対する回答結果を表4に示した。「減っている」と正しく回答した者の割合は、どの群も10%前後と低い。逆に、「増えている」と回答した者は、

表4　問「人殺しなどの凶悪な犯罪は、4、5年前とくらべて増えていると思いますか？」に対する回答結果

	死刑反対群	判断保留群	死刑賛成群
増えている	38%	49%	44%
減っている	8%	10%	13%
同じ様なもの	43%	31%	38%
一概に言えない・わからない	11%	11%	5%

死刑反対群が38%、判断保留群が49%、死刑賛成群が44%にのぼる。この結果は、9割近くの者が、凶悪犯罪の発生について正しく認識していないことを示している。なお、群間で有意な差異はみられなかった。つまり、体感治安の悪化が、死刑に対する認識に影響を及ぼす要因となるという結果は得られなかった。

それでは、身近な者の犯罪被害についての認識はどうだろうか。問「あなたの身近で、犯罪の被害に遭う人は、4、5年前とくらべて増えていると思いますか？減っていると思いますか？」に対する回答結果を表5に示した。表5をみると、「減っている」と回答した者は、どの群も5%前後とかなり低い。逆に、「増えている」と回答した者は、死刑反対群が28%、判断保留群が33%、死刑賛成群が25%であった。なお、群間で有意な差異はみられなかった。

表5　問「あなたの身近で、犯罪の被害に遭う人は、4、5年前とくらべて増えていると思いますか？減っていると思いますか？」に対する回答結果

	死刑反対群	判断保留群	死刑賛成群
増えている	28%	33%	25%
減っている	6%	4%	6%
同じ様なもの	37%	31%	32%
一概に言えない・わからない	29%	32%	37%

社会一般に対する体感治安の場合と同様、身近に感じる体感治安の悪化が、死刑に対する認識に影響を及ぼす要因となるという結果は得られなかった。

ⅱ）　犯罪報道を見る頻度、犯罪報道の信頼性

問「テレビ(新聞、インターネット)の犯罪報道の内容をどの程度目にしますか？」に対する回答結果を表6に示した。テレビについては、どの群においても「毎日見る」と回答した者が約64%ともっとも多い。一方、「ほとんど目にしない」と回答した者は、0%である。新聞、インターネットについては、「毎日」と回答した者は、どの群においても35%前後であった。

問「犯罪報道の内容をどの程度信用しますか？」に対する回答結果を表7に示した。テレビおよび新聞の犯罪報道については、どの群においても、総じて信用する傾向がみられた。インターネットの犯罪報道について「信用する」と回答した者は、判断保留群が55%で有意に多かった。また、テレビの犯罪報道に

表6 問「ふだん、テレビ、新聞、インターネットでの犯罪報道をどの程度目にしますか？」に対する回答結果

		死刑反対群	判断保留群	死刑賛成群
テレビ	毎日	65%	64%	63%
	1週間に2、3度	28%	29%	26%
	1週間に1度くらい	5%	7%	7%
	ほとんど目にしない	0%	0%	0%
新聞	毎日	35%	35%	36%
	1週間に2、3度	23%	22%	24%
	1週間に1度くらい	14%	14%	12%
	ほとんど目にしない	23%	26%	23%
インターネット	毎日	35%	32%	39%
	1週間に2、3度	26%	33%	23%
	1週間に1度くらい	15%	22%	19%
	ほとんど目にしない	20%	8%	16%

表7 問「テレビ、新聞、インターネットでの犯罪報道の内容をどの程度信用しますか？（1：全面的に信用する、2：ほぼ信用する、3：一概にいえない、4：あまり信用しない、5：全く信用しない）」に対する回答結果
（数値は平均値。（　）内の数値は「1：全面的に信用する」「2：ほぼ信用する」と回答した者の割合）

	死刑反対群	判断保留群	死刑賛成群
テレビ	2.7(53%)▽	2.4(72%)	2.5(64%)
新聞	2.5(59%)	2.3(75%)	2.5(66%)
インターネット	3.0(37%)	2.7(55%)▲	2.9(43%)

▲：「1：全面的に信用する」「2：ほぼ信用する」と回答した者の割合が有意に多い
▽：「1：全面的に信用する」「3：ほぼ信用する」と回答した者の割合が有意に少ない
※　平均値は「死刑反対群」＞「判断保留群」、「インターネット」＞「テレビ」＞「新聞」

ついては「信用する」と回答した者は、死刑反対群が53％と有意に少なかった。

　どのような媒体から犯罪報道を見聞きするかについては、群間で有意な差異はみられなかった。しかし、テレビやインターネットから得られる犯罪報道の信頼性については、群によって異なる傾向がみられた。

ⅲ）凶悪な犯罪の発生原因

　問「凶悪な犯罪が起こる原因は、主として社会にあると思いますか？それと

第4章　裁判員の心理と死刑　　99

も犯人自身にあると思いますか？」に対する回答結果を表8に示した。表8をみると、「社会にある」と回答した者は、死刑反対群で63％と有意に多く、死刑賛成群で38％と有意に少ない。逆に、「犯人にある」と回答した者は、死刑反対群で8％と有意に少なかった。

表8　問「凶悪な犯罪が起こる原因は、主として社会にあると思いますか？それとも犯人自身にあると思いますか？」に対する回答結果

	死刑反対群	判断保留群	死刑賛成群
社会にある	63%▲	36%	38%▽
犯人にある	8%▽	19%	21%
一概にいえない・わからない	29%	44%	40%

▲：有意に多い　▽：有意に少ない

　凶悪な犯罪が起こる原因の捉え方が、死刑反対群と死刑賛成群で異なることが示された。

ⅳ）　死刑に関する知識
ⅳ-A）　死刑に関する知識の正確性[*13]

　問「裁判で死刑判決を受ける人は、4、5年前とくらべて増えていると思いますか？減っていると思いますか？」に対する回答結果を表9に示した。「増えている」と正しく回答した者は、死刑反対群が14％、判断保留群が19％、死刑賛成群が17％と比較的少なく、群間で有意な差異はみられなかった。

表9　問「裁判で死刑判決を受ける人は、4、5年前とくらべて増えていると思いますか？減っていると思いますか？」に対する回答結果

	死刑反対群	判断保留群	死刑賛成群
増えている	14%	19%	17%
減っている	26%	31%	24%
同じようなもの	40%	24%	42%
一概に言えない・わからない	20%	26%	16%

　問「無期刑囚は、出所できますか？」に対する回答結果を表10に示した。「ほとんど出所できない」と正しく回答しているのは死刑反対群が6％と非常に少なかった。判断保留群は26％、死刑賛成群は27％で、死刑賛成群の正答する割合が、有意に高かった。

表10　問「無期刑囚は、出所できますか？」に対する回答結果

	死刑反対群▽	判断保留群	死刑賛成群▲
全員出所できる	13%	3%	6%
半数近くは出所できる	55%	30%	49%
ほとんど出所できない	6%	26%	27%
出所できない	16%	19%	11%
わからない	11%	23%	7%

▲:「ほとんど出所できない」と回答した者の割合が有意に多い
▽:「ほとんど出所できない」と回答した者の割合が有意に少ない

iv-B)　死刑制度について議論するにあたり必要と考える知識

　問「死刑制度について議論するにあたり、どのような知識が必要だと思いますか？」に対する回答(自由記述)をKJ法に準拠してまとめあげ、15個のカテゴリーを生成した*14。全体もしくは各群で10%以上の回答が得られたカテゴリーについて示したのが表11である。表11をみると、「刑法、刑罰などの法的知識」、「世界の刑罰制度」、「死刑の基準、判例」など刑罰に関する知識、「死刑の犯罪抑止力」の回答がみられる。また、「被害者側の感情」のみならず「加害側の感情、犯罪者の心理」、さらには「倫理」や「一般常識、正しい判断能力」についての回答もみられる。

表11　問「死刑制度について議論するにあたり、どのような知識が必要だと思いますか？」に対する回答結果

	死刑反対群	判断保留群	死刑賛成群
刑法、刑罰などの法的知識	27%	35%	32%
倫理、命の大切さ、人権	24%	23%	17%
世界の刑罰制度	22%	13%	13%
死刑の基準、判例	3%▽	8%	17%▲
被害者側の感情	15%	9%	11%
加害者側の感情、犯罪者の心理	17%	13%	10%
死刑の犯罪抑止力	19%▲	7%	6%
一般常識、正しい判断能力	3%	9%	9%

▲:有意に多い　▽:有意に少ない

「死刑の基準、判例」と回答した者は、死刑賛成群が17％と有意に多く、死刑反対群が3％と有意に少ない。また、「死刑の犯罪抑止力」と回答した者は、死刑反対群が19％と有意に多い。

以上から、死刑制度について議論するにあたり、一般市民が必要と考える知識が多岐にわたること、死刑賛成群と死刑反対群で、一部の知識の必要性についての認識は異なることが示された。

ⅴ）　パーソナリティ（他者に対する攻撃性）

パーソナリティ（他者に対する攻撃性）を測る質問に対する回答結果から、短気得点、敵意得点、身体的攻撃得点、言語的攻撃得点を算出し、これら4つを合計した得点を攻撃性尺度得点とした。表12に、各得点を示した。表12は、「敵意」、「身体的攻撃」の各得点、「攻撃性尺度得点」において、死刑賛成群が死刑反対群よりも有意に高いことを示している。

表12　攻撃性尺度得点

	死刑反対群	判断保留群	死刑賛成群	
短気	12.6	13.0	13.2	
敵意	17.4	17.9	18.6	※1
身体的攻撃	14.1	14.8	16.4	※2
言語的攻撃	15.7	15.2	15.5	
攻撃性尺度得点	15.0	15.2	15.9	※2

※1　平均値は、「死刑賛成群」＞「死刑反対群」
※2　平均値は、「死刑賛成群」＞「判断保留群」≒「死刑反対群」

死刑賛成群は、死刑反対群よりも、他者に対する不信感（敵意）をもつ傾向、また、場合によっては暴力行為（身体的攻撃）を正当化する傾向にあり、他者に対する攻撃性傾向が相対的に強いという結果が示された。

③　死刑に対する認識と司法判断傾向

2つの異なる裁判DVDを提示し、有罪無罪判断、量刑判断を参加者に問うた結果を以下に示す。

ⅰ）　裁判DVD1（覚せい剤所持事件）に対する有罪無罪判断

裁判DVD1の被告人に対して、有罪とした者、無罪とした者の割合を表13に示した。表13をみると、死刑賛成群は、死刑反対群よりも、有罪判断を下

した割合が多い(それぞれ58%、45%)。しかし、有意な差異はみられなかった。

表13　覚せい剤所持事件(DVD 1)に対する有罪無罪判断

	死刑反対群	判断保留群	死刑賛成群
無罪	55%	46%	42%
有罪	45%	54%	58%

　参加者は、死刑に対する認識のちがいにかかわらず、有罪判断を下すのに慎重であったと思われる。

ⅱ)　裁判DVD 2 (殺人被告事件)に対する量刑判断

　裁判DVD 2 の被告人に対する量刑判断を表14に示した。表14をみると、どの群においても「(検察側の求刑)12年よりも軽い懲役」と判断した者が最も多い。「12年よりも重い懲役」、「無期懲役」と判断した者は、死刑反対群、判断保留群、死刑賛成群のいずれも少ない(それぞれ 8 %、 5 %、12%)。死刑の判決を下した参加者は、死刑賛成群のみで、 1 %であった。

表14　殺人被告事件(DVD 2)に対する量刑判断

	死刑反対群	判断保留群	死刑賛成群
執行猶予つき	2 %	1 %	1 %
12年より軽い懲役	70%	65%	67%
12年(求刑どおり)	21%	28%	20%
12年より重い懲役	6 %	5 %	9 %
無期懲役	2 %	0 %	3 %
死刑	0 %	0 %	1 %

　殺人被告事件に対する量刑判断が、死刑に対する認識のちがいによって異なるという結果は得られなかった。

　それでは、量刑判断の基準とされる個々の事象について、参加者はどのように認識していたのだろうか。表15-Aは、問「①〜⑪の各事象がどの程度存在しましたか？」に対する回答結果、表15-Bは、問「①〜⑪の各事象が判断に影響しましたか？」に対する回答結果を示したものである。表15-Aをみると、①「被害の大きさ」、⑩「犯行の反省態度、損害賠償、捜査への協力など」は、群によらず、

第 4 章　裁判員の心理と死刑　*103*

表15-A　問「以下の各事象は、どの程度存在しましたか？（1：全く存在しない、2：存在しない、3：どちらともいえない、4：存在する、5：大いに存在する）」に対する回答結果

(数値は平均値。( )内の数値は「4：存在する」「5：大いに存在する」と回答した者の割合)

	死刑反対群	判断保留群	死刑賛成群
①被害の大きさ	4.5(92%)	4.4(96%)	4.5(92%)
②被告人が再犯する可能性	2.7(16%)	2.8(18%)	2.8(24%)
③犯行の計画性	2.0(10%)	1.9(9%)	2.1(11%)
④被告人の悪意	3.7(68%)	3.6(65%)	3.7(67%)
⑤犯行の社会的影響	3.5(52%)	3.2(41%)	3.3(52%)
⑥被告人の前科・前歴	2.1(24%)	1.9(14%)	1.8(17%)
⑦被害者の落ち度	3.3(54%)	3.1(46%)	3.2(47%)
⑧被告人自身の被害、社会的制裁、違法捜査を受けたなど	2.5(19%)	2.5(21%)	2.5(18%)
⑩被告人の反省態度、損害賠償、捜査への協力	4.0(84%)	3.8(78%)	3.9(83%)
⑪被害者遺族の処罰感情	3.5(54%)	3.5(56%)	3.6(61%)

表15-B　問「以下の各事象は、量刑刑判断に影響しましたか？（1：全く影響しなかった、2：影響しなかった、3：どちらともいえない、4：影響した、5：非常に影響した）」に対する回答結果

(数値は平均値。( )内の数値は「4：影響した」「5：非常に影響した」と回答した者の割合)

	死刑反対群	判断保留群	死刑賛成群	
①被害の大きさ	4.3(92%)	4.2(91%)	4.2(86%)	
②被告人が再犯する可能性	3.4(54%)▲	3.3(25%)▽	3.3(33%)	
③犯行の計画性	3.4(56%)	3.0(44%)	3.2(51%)	※1
④被告人の悪意	3.9(75%)	3.8(72%)	3.8(73%)	
⑤犯行の社会的影響	3.0(35%)	2.9(32%)	3.0(36%)	
⑥被告人の前科・前歴	3.9(78%)▲	3.3(56%)	3.4(60%)	※2
⑦被害者の落ち度	3.3(54%)	3.2(42%)	3.4(53%)	
⑧被告人自身の被害、社会的制裁、違法捜査を受けたなど	2.5(19%)	2.6(15%)	2.4(14%)	
⑨被告人の属性(性別、成人・少年の別、社会的地位など)	2.9(29%)	2.9(29%)	2.9(36%)	
⑩被告人の反省態度、損害賠償、捜査への協力	4.0(84%)	3.8(76%)	3.9(77%)	
⑪被害者遺族の処罰感情	3.2(44%)	3.3(46%)	3.3(49%)	

▲：「4：影響した」「5：非常に影響した」と回答した者の割合が有意に多い
▽：「4：影響した」「5：非常に影響した」と回答した者の割合が有意に少ない
※1　平均値は、「死刑反対群」>「判断保留群」
※2　平均値は、「死刑反対群」>「判断保留群」≒「死刑賛成群」

「存在する」と回答した者が多い。なお、いずれの事象においても、3群間で有意な差異はみられなかった。

一方、表15-Bの「各事象が量刑判断に影響した程度」をみると、①「被害の大きさ」は、群によらず、「影響した」と回答した者が多い。また、死刑反対群は、②「被告人が再犯する可能性」、⑥「被告人の前科・前歴」において、「影響した」と回答した者が有意に多く、判断保留群は、②「被告人が再犯する可能性」において、「影響した」と回答した者が有意に少なかった。さらに、③「犯行の計画性」、⑥「被告人の前科・前歴」に対する回答の平均値は、死刑反対群が判断保留群よりも有意に高かった。

「被告人が再犯する可能性」、「犯行の計画性」、「被告人の前科・前歴」は、死刑反対群で「存在する」と回答した割合が少なかった(それぞれ16％、10％、24％)事象である。再犯する可能性の低さ、犯行の計画性のないこと、初犯であることを量刑に考慮する程度は、死刑に対する認識によって異なることが示された。

なお、①〜⑪の事象間で、量刑判断に及ぼす影響の大きさが異なるかについて検討したが、有意な差異は得られなかった。

(4) まとめ

本調査で得られた結果の考察、および、今後の課題について述べる。

① 結果の考察

内閣府の調査(85.6％が「場合によっては死刑もやむを得ない」)ほど高くはないものの、本調査においても死刑に対する支持が過半数を越える(60％が「死刑に賛成」)ことが見出された。本調査と内閣府調査とで死刑を支持する割合が異なったのは、質問に用いた尺度が異なったことの他に、調査対象が異なったことに因る可能性も考えられる。年代や社会的な背景において、内閣府調査の対象者は均質ではなかったのに対し、本調査の対象は比較的均質であった(法学部に所属する大学1年生)。

死刑存置、廃止の判断理由についても、内閣府の調査結果と概ね一致する結果が得られた。ただし、「裁判に誤りがあったとき、死刑にしてしまうと取り返しがつかない」という理由については、死刑に対する認識のちがいにかか

わらず、納得できるとする回答の割合が高かった。これは、調査実施直前の2010年3月26日に出された足利事件*15の被告人に対する再審無罪判決が影響していたのかもしれない。

参加者は、死刑制度を「殺人への抵抗感」、「社会秩序としての死刑」、「死刑を取り巻く諸状況への配慮」の3つの側面から捉えている可能性が示唆された。しかしながら、これらの結果は、あくまでも内閣府の調査結果から得られた死刑賛成理由、反対理由を念頭においたものである。このため、市民の死刑に対する認識を十分捉えきれていなかった可能性も考えられる。今後は、市民がどのような観点から死刑の賛否を判断するのかについて、さらに知見を精緻化していく必要があるだろう。

具体的な殺人事件の例をあげ、それらに対して死刑という刑罰を容認すべきかを尋ねた結果からは、「死刑に賛成」の立場であっても、すべての犯罪に対して死刑を容認するわけではないことが示された。また、「死刑に反対」の立場であっても、責任能力の有無にかかわらず、犯罪によっては、死刑を否定しないことが示された。今後の調査では、死刑が求刑された事案を複数用いて、死刑に対する市民の認識を明らかにする必要があるだろう。

② 今後の課題

本研究の結果、死刑に対する認識に影響を及ぼす複数の要因が示された。しかし、本研究を含めこれまでの研究では、こうした要因は個別に検討されており、要因間の関係性を考慮するなど、包括的な観点から体系付けて検討することはほとんど行われていない。各要因は、複雑に相互作用している可能性があるため、必ずしも単独で、あるいは直接的に、死刑の賛否に影響力をもつとは限らないだろう。例えば、パーソナリティなど個人の特性に由来する内的要因が、社会的要因の選好に影響を及ぼすといった可能性も考えられる。他者に対する攻撃性が強い傾向にある人は、死刑を支持する社会的な情報（たとえば、再犯率が高いという情報）を選択的に受け入れやすく、その結果、死刑を支持する傾向が強まるのかもしれない。死刑に対する認識に影響を及ぼす可能性のある要因を内的要因と社会的要因とに分類し、要因間の関連性を考慮することで、死刑賛否にいたる心的過程を、より体系的に捉え直すことができると考えられる。さらにまた、年代や社会的背景が均質な人々から構成される複数の集団を

対象にし、継続的調査を行う必要もあるだろう。時間の経過に伴い、社会的要因が変化し、内的要因と社会的要因との関連性も変化する可能性が考えられる。

※　本稿は、2010年10月17日に開催された法と心理学会第11回大会ワークショップ「死刑と向き合う裁判員－学生のアンケート調査から見えてくるもの－」で報告した内容をもとに、加筆、修正したものである。

*1　この調査は、2009年（平成21年）11月26日～12月6日に実施された。調査対象は、全国20歳以上の3,000人。調査方法は、調査員による個別面接聴取法、層化2段無作為抽出法（まず、調査地域別に調査する人数を決める。さらに、性別と年齢層別に調査する人数を決める。該当する対象から、無作為に選ぶ）であった。調査内容および結果は以下で確認できる（http://www8.cao.go.jp/survey/h21/h21-houseido/index.html）。

*2　佐藤舞「裁判員は死刑判決を適切に行えるか──死刑に対する態度と知識」季刊刑事弁護62号(2010)121-125頁。

*3　森久智江「死刑問題教育と議論──ある授業実践から見えるもの」季刊刑事弁護64号(2010年)76-81頁。

*4　本調査は、本書の編者で第6章担当の福井厚教授と筆者との共同で実施した。調査の実施にあたっては、序章、第1章担当の髙山佳奈子教授、仲真紀子教授（北海道大学）、サトウタツヤ教授（立命館大学）から示唆を得た。ただし、本稿における誤りはすべて著者に帰するものである。

*5　1967年（昭和42年）6月22日～6月26日に実施された内閣府調査の質問項目にもとづいた。内閣府調査については以下で確認できる（http://www8.cao.go.jp/survey/s42/S42-06-42-04.html）。

*6　弁護側は、「犯行当時、被告人は心神喪失か心神こう弱だった」と主張したが、判決では完全責任能力が認められた。うつ状態だったことは認められ、懲役5年の求刑に対し、懲役3年、執行猶予4年の判決が下された。

*7　日本版Buss-Perry攻撃性質問紙(安藤・曽我・山崎・島井・嶋田・宇津木・大芦・坂井、1999)を使用した。「攻撃性」は、情報的側面である「短気」、認知的側面である「敵意」、行動的側面である「身体的攻撃」および「言語的攻撃」の4つの特性をそれぞれ測定する下位尺度によって構成されている(サイエンス社　心理測定尺度集Ⅱ、202-207頁を参照)。

*8　裁判ウォッチング市民の会制作「裁判ウォッチング刑事偏」の裁判場面の映像を使用した。DVD 1は、ヤクザから覚せい剤を譲り受けたとして起訴された被告人が、覚せい剤とは知らなかったと容疑を否認するという内容で、争点は「所持していた薬が覚せい剤であるという未必的な認識が被告人にあったと認められるか否か」にあった。

*9 石崎千景・荒川歩・若林宏輔「模擬裁判実験での使用を想定した公判映像刺激作成の試み」法と心理学会第11回(2010年)大会発表予稿集20頁。借金トラブルから知人を殺害したとして起訴され、容疑を認めた被告人に対し、検察が懲役12年を求刑するという内容であった。

*10 ある小学校のクラスで、国語の得点が高い人が英語の得点も高い場合、国語の得点と英語の得点に共通に影響を及ぼす潜在因子が存在すると仮定できる。

*11 責任無能力者については、「物事の善悪を判断したり、それにしたがって行動する能力のない人。14歳に達しない者や、心神喪失者のように精神障害などで判断力が極めて弱い人」、限定責任能力者については、「物事の善悪を判断でき、それにしたがって行動する能力のある人より、著しく判断力が減退しているが、心神喪失者ほどではない人。心神こう弱者が該当する」との説明文を示した。

*12 法務省発行の平成22年度版犯罪白書によると、刑法犯の認知件数は、2003年(平成15年)から毎年減少し続けている。殺人の認知件数は、2004年(平成16年)から2007年(平成19年)までわずかずつ減少し続け、2008年(平成20年)はやや増加したものの、2009年(平成21年)は減少した。

*13 法務省発行の平成22年度版犯罪白書によると、年間の死刑確定数は、1979年(昭和54)年から2004年(平成16年)にかけて1桁台(平均4人)であったが、2004年(平成16)年以降2009年(平成21年)まで2桁台(平均16人)となっている。また、無期刑受刑者の仮釈放許可人員は、2009年(平成21年)は6人。刑の執行期間が20年以内で仮釈放が許可された者は、2003年(平成15年)以降いない。

*14 KJ法については、川喜田二郎『発想法——創造性開発のために』(中公新書、1967年)を参照。

*15 2003年に、幼女を誘拐、殺害したとして、無期懲役が下された。後に、取り調べ時に自白の強要があったこと、有罪判断の根拠とされたDNA鑑定そのものが間違っていたことが明らかになった。

(やまさき・ゆうこ／立命館大学)

第5章

裁判員裁判における死刑事件の弁護

後藤貞人

1 はじめに

「死刑」は特別である。他の刑に比してもっとも重いというだけでない。他の刑と質的に異なる。すべての人権は生命の尊厳をその根本にもつ。生命をはなれては、いかなる人権も意味をもたない。死刑は、そのような生命を絶つ刑であるから特別なのである。執行後に誤判であったことが判明した場合に取り返しがつかないという意味でも特別である。

いかなる事件でも、弁護人には被告人のために最善の努力をする責務がある。けれども、死刑事件の弁護人となった弁護士は、いっそう重い責務を負う。弁護人は、裁判員と裁判官に向かって、被告人を死刑に処すべきではないことをあらゆる論拠を展開して説得しなければならない。弁護人には文字どおり最善の努力をすることが求められる。その責務は、弁護人となった弁護士が負う。それだけでなく、それらの弁護士が所属する弁護士会にも、死刑事件の弁護人としてふさわしい国選弁護人を推薦し、サポートする責務がある。死刑事件の弁護人及び弁護人となりうる弁護士に対して必要な研修をする責務もある。

ABA（アメリカ法曹協会）は2003年2月、「死刑事件弁護弁護人の選任及び任務のためのガイドライン」改訂版を出した。わが国でも、日弁連の死刑停止法制定等決議・実現委員会や刑事弁護センターによって死刑事件に関する研究、経験交流会、あるいはシンポジウムなどが行われてきた[*1]。しかし、まだABA

と同種のガイドラインを制定するに至っていない[*2]。

　本稿執筆時現在、裁判員裁判で死刑が求刑された事件が6件、判決が死刑となった事件が4件ある[*3]。これからも死刑求刑がされる裁判員裁判事件がつづくだろう。

　これまでも、死刑事件の弁護はどうあるべきかが論じられてきた。裁判員裁判における死刑事件弁護のありかたについての論考も出はじめている。本稿もその一つである。ここでは、個々の問題点について深く論じることはせず、死刑事件の弁護活動全体を概観する。

　本書は死刑と向きあう「裁判員のための」書である。にもかかわらず、本章は死刑事件の弁護にあたる弁護人がいかに活動すべきかをテーマにしている。それは、法廷で裁判員の前に姿を現す前に、弁護人が、何を目指してどのような活動をしてきたかを知ることによって、裁判員となりうる人々は死刑事件の弁護活動をよりよく理解されるであろうからである。

　なお、本稿で「死刑事件」とは「検察官が死刑を求刑する可能性のある事件」という意味である。

2　捜査弁護

(1) 基本的な視点

　被疑者にとって23日間の身体拘束は長い。しかし、弁護人が積極的な証拠集めをするための期間としては短い。また、その間に、事件と被疑者の全体像を把握することは困難である。捜査機関側が収集している証拠の内容や証拠構造を把握することもできない。しかも、死刑事件では、勾留期間内に被害者と示談をして起訴猶予や略式命令を獲得するようなことも考えがたい。したがって、死刑事件における捜査弁護では、通常の事件にも増して、防御が主になる。

　ここでいう「防御」とは、捜査機関に被疑者に不利益な情報あるいは証拠を与えないことである。もちろん、証拠を隠滅する意味ではない。ただし、ほとんどの場合、捜査機関側による被告人にとって不利益な証拠の収集を弁護人が阻止することはできない。できるのは、不利益な証拠となることが多い被告人自身の捜査段階における供述調書を作成させないことである。より効果的なのは

「不利な証拠」以前に、「不利な情報」を与えないことである。つまり、被告人が黙秘することである。

　死刑事件では、捜査弁護の初期段階から死刑と無期の分かれ目を意識することも必要である。捜査段階での対応が死刑と無期を分かつこともありうると考えるくらいの慎重さが必要である。例えば、その事件で「反省」の深さが死刑と無期を分かつのではないかと考えれば、接見時の被疑者の言動を記録することも必要になる。その分かれ目は時代ともに移り変わる[*4]。常に死刑判決の動向に注意する必要がある[*5]。ただし、判決の動向に従うだけでなく、判決が示す死刑適用基準そのものを超えて、これまでの基準であれば死刑判決がやむを得ない事案であっても、死刑の評決をしないように裁判員を説得することを目指すべきであろう。

(2) 複数の弁護人

　被疑事実が死刑事件であることが分かれば、すみやかに弁護人を複数選任することが必要である。私選弁護人の場合、被疑者やその親族に複数の弁護人による弁護の必要性を説き、複数の弁護人を選任するようにすすめる。国選弁護人の場合、裁判所に弁護人の複数選任を申し出る。

　複数の弁護人のうち少なくとも1名は、死刑事件を経験した弁護士であることが望ましい。3名以上の弁護人が必要である。捜査公判を通じて全体を統括する主任弁護人、膨大になりうる資料を捜査段階から一貫して管理する事務局的な弁護人、将来集中審理がおこなわれる法廷活動をサポートする役目を担う弁護人が必要である。将来的には死刑事件の弁護に必要な各専門分野に精通した弁護士が複数名加わることを目指すべきであろう[*6]。

　選任された複数の弁護人でブレーンストーミング[*7]をすることも有効である。捜査段階では入手できる情報が限られているので、ブレーンストーミングで抽出できる事実も限られたものになる。それでも、弁護人にとって有用な事実を把握するのに役立つであろう。

　特別弁護人を選任することも考慮されるべきであるが(刑訴法31条2項)、捜査段階の被疑事件について特別弁護人を選任できないとするのが判例である[*8]。

(3) 黙秘・作文調書の阻止

　民事事件を想起すれば理解しやすい。相手方に代理人がついているときに、自分の依頼人に対して、「相手方代理人のところに行って事情を説明して、相手方代理人が作成する陳述書にサインしなさい。ただし、言ったとおりのことが書いていなければサインしてはいけない」等と助言する弁護士はいないだろう。

　刑事事件でも基本的には同じである。捜査官による被疑者の取調べが法に定められた根拠を持つとしても、基本は変わらない。被疑者と捜査官は対立する当事者である。対立当事者である捜査官に対して被疑者が情報を提供すると、その情報は、対立当事者によって、被疑者の不利に利用される可能性がある。少なくとも、その情報が有利に活用される保証はない。被疑者・弁護人が捜査をコントロールすることはできないからである。したがって、被疑者が捜査官に対して情報を提供しないこと、すなわち黙秘が基本となる。

　とりわけ死刑事件では、被疑者の行動のあらゆる細部が問題になりうる。通常の事件に比してよりいっそう黙秘が重要となる。ただし、被疑者にとって黙秘を貫くことが難しいこともある。

　そこで、次にできることは、捜査機関に証拠を与えないことである。被疑者・弁護人には捜査機関がさまざまな証拠を収集するのを阻止することはできない。できるのは、被疑者の供述調書の作成を阻止することである。

　供述調書は、どれだけ正確そうにみえても捜査官による作文である。構成、表現、事実の取捨選択等どれをとっても、作文以外のものでありえない。ところが、弁護人は、被疑者の取調べに立ち会って、その場で、供述調書に署名すべきか拒否すべきかを助言できない。それでは、事前に接見して、署名すべき供述調書と署名を拒否すべき供述調書の見分け方を助言することができるかといえば、それも不可能に近い。なぜなら、具体的な説明が難しいのに加え、被疑者本人の理解能力が十分でない場合もあるし、そもそも、捜査段階では、何が有利で何が不利かを判断できないような場合が少なくない。さらに、捜査官がどのような取調べをするかが不確定である。要するに、弁護人は、密室における取調べや、取調室で捜査官が作成する供述調書の内容をコントロールでき

ない。
　にもかかわらず、供述調書は、一旦作成されてしまうと、任意性がないと判断された場合以外は証拠となる。被告人にとって不利な証拠となることを避けがたい。被告人が、供述調書の記載をもとに検察官から反対質問で弾劾されることも多く見られる。
　捜査官が作成する調書で語られる被告人の人生と事件の内容は、必然的に捜査官の物語になる。裁判員裁判で裁判員・裁判官にむかって被告人が語る物語は、捜査官のフィルターを通した物語ではなく、被告人が被告人自身の言葉で語る物語でなければならない。
　したがって、被疑事実に関する争いの有無にかかわらず、被疑者の供述調書を作成させないことが必要である。ただし、被疑者は可視化されていない密室で捜査官による長時間の取調べを受ける。そして、捜査官から、供述し、かつ調書の作成に応じるように強い圧力を受け続ける。その圧力に抗して、黙秘や、作文調書への署名指印拒否を貫くことが非常に困難であることは多くの実務家によって指摘されている。

(4) 取調べの可視化申入れ

　受任後直ちに捜査機関に対して「取調べ可視化の申し入れ」をする必要がある。申し入れをするだけでも、作文調書を作成しようとする捜査官に対する何らかの圧力となるだろう。供述調書の作成に応じない方針で臨む場合であっても、可視化の申し入れは必要である。被疑者が捜査官の圧力に屈していつ供述調書に署名をするかわからないし、仮に供述調書が作成されなかった場合であっても、取調室内における被疑者の言動を捜査官が証言することも想定しなければならない[*9]。
　取調べの可視化申入書は、いかなる事件でもすることが望ましいが、とりわけ死刑事件では不可欠である。死刑事件ではあらゆる可能性を考えて弁護活動をする必要があるからである。
　常に、自白の任意性が問題となることを想定しておかなければならない。

(5) 接見

① 弁護人が捜査段階の接見でするべきことの一つ目は被疑者からの情報の入手である。入手すべき情報は、事件に関する事実、被疑者の心神の健康状態、生い立ちと家族、及び被疑者の希望等、被疑者と事件に関するすべてである。事件に関する事実は後の弁護の出発点になるから、ある程度詳細に聞く必要がある。同時に接見時の被疑者の言動を注意してみる。そこから被疑者の身心の健康状態を知る。生い立ちなどは概略でも聞いておく必要がある。被疑者の希望を聞くことも重要である。被疑者との接見内容は記録しておく。場合によれば、ボイスレコーダー、ビデオで記録に残す必要がある。

② 二つ目は、被疑者自身の権利や手続についての説明である。多くの被疑者は自分の権利を知らない。また刑事手続を知らない。そこで、被疑者に黙秘権や供述調書に署名する義務のないことなどの被疑者の諸権利について説明をする。今後の手続の流れを説明する。公判前整理手続や裁判員裁判の説明も必要である。これらの説明は、死刑事件とそれ以外の事件で基本的に違いはない。一般的に、被疑者は刑の重さに大きな関心がある。死刑事件では二つのタイプがある。はじめから死刑求刑、さらには死刑判決を覚悟していて、刑や裁判そのものに関心があまりない被疑者と、求刑が死刑になるかどうかに強いに関心と不安を抱いている被疑者とである。被疑者がどちらのタイプであっても、権利や手続を説明する。

弁護人の役割の説明も必要である。通常の事件の場合、最終的には、被疑者・被告人の自己決定権に基づいて防御の方針が決められる。死刑事件の場合は違う。被疑者・被告人が防御を放棄し、弁護を受けることを拒否するような場合にまで自己決定権は及ばないと考えるべきである。したがって死刑事件は、被疑者・被告人の意思に反してでも死刑を回避するための弁護が求められる[*10]。被疑者にこのような弁護人の役割を説明しておく必要がある。

③ 三つ目は助言である。事件と被疑者によってどのような助言をすべきかは変わる。基本的な助言は、黙秘権などの権利の行使をためらわないこと、黙秘しないで供述する場合でも不確かなことは言わないこと、供述しても供述調書の作成に応じないこと、等である。助言はシンプルでなければならない。予備的な助言は被疑者を混乱させる。選択を被疑者に任せるような助言も混乱させ

る。「黙秘することを勧める、できなければ供述調書に署名をしないことを勧める、それもできなければ不正確なところは訂正を求めるように」等という助言は混乱をもたらす。

　ところで、供述調書は、それが捜査官の作文であれ、通常、被告人に不利な内容だけでなく部分的には有利な内容を含んでいる。供述調書の作成に応じなければ、有利な部分も証拠として提出することができない。しかし、例えば、公判で事実を争っている場合に、被疑者が捜査段階から公判での供述と同じ供述をしていたことを立証できれば弁護に役立つ。事実を争わない場合でも、「後悔・悔悟」の念を捜査の早い段階から抱いていたことを、捜査段階で作成した文書等によって立証できれば端的な立証となる。そこで、捜査官による供述調書の代わりに、弁護人による供述調書を作成することを考えなければならない。

　弁護人による供述調書の作成には二つの効用がある。一つは将来の立証に備えることである。もう一つは、自分の供述が書面化されないことからくる被疑者の不安を鎮めることである。

　被疑者自身による記録も重要である。被疑者ノートと筆記具を差し入れ、ノートに記載するよう助言する。同時に、記載にあたっての注意をする。「その日に書く」「その日に書けなければ翌日書く」「遡って記入しない」「取調に関する事実を書く」「具体的に書く」などの助言が必要である。

④　接見の回数と時間はいくら多くとも多すぎることはない。死刑事件では可能な限り毎日接見することが望ましい。接見を重ねることによって得られる情報量は多くなる。判決まで長期にわたる依頼関係を良好に保つことに繋がる。世間から極悪非道と非難されているのに弁護人が頻繁に接見に来ること自体で被疑者に安心感を与える。

　複数の弁護人で毎日接見するくらいがよい。

　死刑事件では被疑者が防御の意思を欠いているようなこともある。たとえば、自分が死刑判決を受けることを当然のこととして容認して、弁護人の助言を受け入れる気持ちのない被疑者がいる。さらに積極的に早期の死刑判決及び死刑執行を希望する場合もある。これらの被疑者に生きる意味を説くことができる弁護人は多くはないだろう。またそもそも、生きる意味を語ることにどれだけの意味があるかもわからない。ただ、そのような被疑者でも接見を重ねると弁

護人を信頼して弁護人の活動を受容するようになることが多い。

(6) 責任能力を検討する

　死刑事件では責任能力が問題となる事案が少なくない。刑が重いことが予想されるから責任能力についてとりあえず主張しておくというのではなく、実際に責任能力が問題となるケースが少なくない。

　弁護士は精神科医ではない。しかし、弁護人は、接見時の被疑者の言動から何かがおかしいと感じることがある。最初気づかなくても、ひんぱんに接見するうちに何かがおかしいことに気付くこともある[*11]。死刑事件の捜査段階で被疑者に直接接するのは捜査側では警察官、検察官、及び留置管理の係官である。死刑事件では接見禁止が付されることが多いので、ほとんどの場合、弁護人以外の者は被疑者に接することができない。防御の観点から最初に被疑者の精神の状態を見聞きすることができるのは弁護人である。

　もっとも重要なのは犯行時の精神状態である。公判までに時間がかかり、その間被疑者に投薬などがなされると、犯行直後のおかしさが公判時点では緩解している可能性がある。そこで、犯行時に近い時点で接見した弁護人がそのときの被疑者の言動を記録しておくことは極めて重要である。責任能力に問題があると考えれば、接見時の被疑者の様子をビデオ録画することが必要である。

(7) マスコミ対応

　ほとんどすべての死刑事件は社会的な注目を集める。弁護人への取材攻勢は激しい。その取材に応じるべきか。マスコミへの取材に対しては、守秘義務と最善努力義務の観点から対応する必要がある[*12]。

　まず、弁護人には守秘義務がある。その義務を被疑者から解除されないかぎり、接見室内での被疑者の言動をマスコミに伝えることはできない。

　つぎに守秘義務の解除を得たとしても、最善努力義務の観点からの検討が必要である。捜査段階では証拠開示はされない。弁護人はどのような事実が被疑者にとって有利でどのような事実が不利かを把握できない、つまり、ケース・セオリーを確立できていない段階である。そのような段階でマスコミに対して事件と被疑者について語ることはできない。かえって被疑者の権利と利益を損

ねることになりかねないからである。

したがって、捜査段階では原則としてマスコミの取材に応じてはならない。

3　起訴後公判前

(1) 公判前整理手続における弁護活動

① 争点の顕在化

　事実に争いがなければ、死刑事件の最大の争点は死刑そのものである。

　検察官が無期求刑をすれば死刑は争点にならない。判決で検察官の求刑を上回る量刑がされることがあるが、無期求刑を上回って死刑判決がされることは考えにくい。ただ、まったくないと言い切ることはできない。これに対し、検察官が死刑を求刑すれば、裁判員・裁判官は死刑の判断をするか否かの問題に向き合う。とすると、それに備えて、弁護人は死刑の問題を正面にすえて準備をしなければならない。

　ここで、弁護人はつぎのようなジレンマに直面する。死刑求刑を予想して、死刑の違憲性や死刑は重すぎることを争点にすえていたのに、検察官が無期懲役刑を求刑した場合、結果的に裁判員・裁判官の前で検察官求刑をそのまま正しいと認めてきたことになる。逆に、無期求刑を予想して、死刑の違憲性等を争点としてこなかったのに、検察官が死刑を求刑した場合、極めて重要な争点について主張・立証を欠いていたことになる。

　そのジレンマは、検察官が死刑求刑を予定している場合にその旨明らかにするだけで簡単に解消される。

　そもそも公判前整理手続は争点と証拠の整理のために行われる。「死刑事件」の最大の争点は「死刑」である。死刑求刑がある場合とそうでない場合では、必要な証拠調べの範囲は大きく異なる。検察官が公判前整理手続で死刑求刑を予定しているか無期求刑を予定しているかを明らかにすれば、事件の最大の争点は明確になる[*13]。その結果、弁護人は反証の範囲と程度を確定することができる。検察官も、死刑求刑の予定がない事件で弁護人が死刑の違憲性を焦点にして主張立証をするのを避けることができる。また、それによって、裁判員・

裁判官もピントのあった目で証拠調べを見聞きすることになる。
　したがって、検察官は、公判前整理手続で死刑求刑を予定しているか否かを明らかにすべきである[*14]。公判前整理時点で予定した求刑意見が公判開始後に変更されることは極めて例外的にしか起こらないだろう。かりに、公判での証拠調べの結果、求刑意見を変更する必要が生じれば、公判前整理手続において明らかにした求刑予定意見を変更すればよい[*15]。
② 証拠開示
　死刑事件でも、事実に争いがない場合と争いがある場合とがある。ただし、はじめから事実に争いがあるかないかが決まっているわけではなく、証拠開示の結果、事実に争いがないと思われていた事件に争いが生じることもある。そのため、死刑事件では通常の事件以上に証拠開示請求をすることが求められる。
　死刑事件では全証拠の開示を目指すべきである。検察官も少なくとも死刑事件では全証拠の開示に応じるべきではないだろうか。生命を奪う刑を求刑する限りはそのような実務が定着してもよいように思う。
　もっとも、死刑事件であっても、弁護人が争点を幾つかに絞ることはあるし、証拠開示の対象範囲を限定することもある。そのこと自体は間違いではない。ただし、その場合でも、後に別の弁護士が弁護人となったときに、その弁護士が別の視点で争点を構成するかもしれないことを念頭に置いておく必要があろう。控訴審になって、一審の証拠開示が不十分だと感じても、一審の公判前整理手続における証拠開示と同じように証拠開示ができるわけではないからである。したがって、一審の公判前整理手続で求める証拠開示の対象はできるだけ広く考えておくべきである。
　死刑は執行されてしまえば取り返しがつかない。死刑事件での不十分な弁護も取り返しがつかない、と意識しておく必要がある。
③ 予定主張
　死刑事件でも予定主張をどのようにするかについての考え方や主張の内容、程度は、他の事件とおおむね同じである。他の事件と決定的に異なるのは、死刑に関する法律上、及び事実上の主張が加わることである。
　二つのアプローチがありうる。
　一つは死刑が憲法違反であるとの主張である。これまでも多くの死刑事件で

主張されてきた。たとえば、死刑は生命権の剥奪であるから憲法13条に違反する、憲法31条によって許容される刑罰は人権尊重の原理から自ずと限界づけられているのに死刑はその限界を超えているから憲法31条に違反する、死刑は執行方法の残虐性、執行までの恐怖や苦痛等からして残虐な刑を禁じた憲法36条に違反する、等と主張されてきた。それらの主張は、国連総会での「死刑廃止に向けての市民的および政治的権利に関する国際規約の第2選択議定書」や国際人権B規約などにも言及し、死刑廃止が世界的な傾向であること等を詳しく述べるものが多い。さらにわが国の死刑廃止を求める知識人の動きなどを紹介し、憲法の形式的な解釈、被害者遺族の被害感情、応報感情、国民感情、及び死刑による犯罪抑止力などを理由とする死刑合憲説を批判してきた。

しかし、多くの主張は、裁判所によってほとんど顧みられなかった。新たな視点が必要である。例えば、死刑の残虐性について、もっと具体的な事実と証拠を提出することによって、もう一度裁判所に真剣な審理の必要性を感じさせることができるかもしれない[16]。

もう一つのアプローチは、量刑判断からのアプローチである。裁判員裁判では有罪・無罪の判断だけでなく、刑種の選択や刑の量まで裁判員が判断する。判断の前提として、選択の対象となる刑についての理解が必要である。何事かを判断するのに、判断の結果何が起こるかがわからないままでは正しい判断はできない。実際に裁判員が評議の席で意見を述べることを想像しても、選択すべき刑についての知識が全くなければ意見の言いようがないであろう。もっとも、これまで職業裁判官も行刑の実体や死刑についての正確な知識に基づいて判断していたとは考えられない。したがって、この問題は裁判員裁判で新たに生じた問題ではない。しかし、裁判員が、有罪・無罪だけでなく、刑の重さも判断することにした結果、裁判員は死刑を選択すべきかどうかの問題に直面することになる。そこで、改めて、死刑という刑の実体がわからないままに裁判員は死刑の判決をすることができるのか、裁判官についても同じであるという問題を提起すべきである。わが国では、死刑（絞首刑）の実体は闇に包まれてきた。最近まで刑場すら公開されていなかったくらいである。少しづつ秘密の扉は開かれようとしているが、具体的な執行状況はほとんど全く知らされていない[17]。

なお、裁判員法6条は、「法令の解釈に係る判断」は裁判官の判断事項としている（2項）。死刑が憲法に違反するとの主張だけをすれば、裁判官の判断事項として裁判員と合議で評議されない恐れがある。量刑判断の前提として、選択の対象となる刑種についての事実上の主張としても構成しておく必要がある。

④　証拠調べ請求

　死刑を軽くする要素となる事実を証明するための証拠をすべて請求することができる。請求があれば、明らかに関連性のない証拠を除き、原則としてすべての証拠が採用されなければならない。裁判所は必要性がないと判断するのに慎重でなければならない。なぜなら死刑は取り返しがつかない刑であるから、一裁判所の判断で証拠の採否を狭くするべきではないからである。

　弁護人は被告人の全人生を法廷で再現することも考慮する。そのための証拠を請求する。精神科医、心理学者、カウンセラー等を証人申請して、弁護人による被告人質問だけでは分からない深層まで分け入ることが必要かも知れない。責任能力を争う場合、専門家による鑑定が必要である。その鑑定を当事者鑑定にするか裁判所鑑定にするかが問題となる[18]。当事者鑑定をする場合、鑑定資料と鑑定条件が問題となる[19]。

　裁判所鑑定の結果が被告人にとって不利な場合や、検察官が嘱託した鑑定結果が請求された場合に、さらに弁護人が鑑定を請求することが考えられる[20]。

　精神鑑定等のほか情状鑑定も活用すべきである。非行臨床心理学者の当事者鑑定書を控訴審で証拠とした例も報告されている[21]。

　死刑事件では、裁判所は、弁護人からのそれらの請求証拠を幅広く採用すべきである。

　もちろん、被告人・弁護人にとって、請求証拠が多ければ多いほどよいというものではない。目的は死刑判決をしないように裁判員・裁判官を説得することである。その目的を遂げるための証拠を選ばなければならない。

⑤　審理計画

　審理計画は余裕のある日程を組まなくてはならない。死刑事件では裁判員の負担は精神的な負担を除いても重くなる。しかし、その負担は裁判員制度の導入に必然的に伴う負担である。裁判員の負担が重くなっても、審理計画に弁護側反証を十分組み込まなければならない[22]。

事実に争いがある死刑事件の場合、無罪を主張しながら、その一方で死刑の違憲性を訴えたり、無期刑を選択するように情状弁護をすれば、無罪主張の力は確実に弱まる。それゆえ、弁護人は、無罪の主張をしている場合に、予備的に情状弁護することを躊躇する。その結果、被告人・弁護人が無罪を争っている事件で、弁護人が情状弁護をしないまま裁判員・裁判官が死刑判決をすることがおこりうる。そのような事態を弁護人の責任にすることはできない。被告人が無実を訴えているのに弁護人が情状弁護をするのは、最善努力義務に反するとされることがあるからである。しかし、裁判員・裁判官にとっても、死刑求刑に対する弁護人の反証活動を全く欠いたまま、死刑判決をすることには重大な疑義がある。
　そこで、事実に争いのある死刑事件では、手続を犯罪の成否と量刑に二分することを考慮すべきである[23]。
　ただし、手続の二分論的運用では問題が解決しない。立法的解決が必要である。

(2) 公判前整理手続外の活動

　公判前整理手続外でもしなければならないことは多い。
　まず取り上げるべきは、弁護人による被告人についての調査である。調査の対象は広範囲にわたる。調査対象の代表的なものとして、被告人の生い立ちからのトレースがある。それによって、被告人の人生のどこに曲がり角があったかを理解することができる場合がある。家族、親族、友人、同僚、知人に会って話を聞くことが必要である。
　精神科医、心理学者、カウンセラーに教示をうけ被告人と事件を理解することも必要になる事案が少なくない。前述のとおり、それらの専門家を証人申請することもある。
　死刑が違憲であるとの主張に役立つ資料を収集することも必要である[24]。死刑に関する文献は膨大にあるが[25]、そこから当該事件の弁護に役立つものを捜し出すことが必要である。
　さらに、違憲主張あるいは事実主張を基礎づけるために死刑の残虐性に迫る必要がある。わが国では刑の執行状況は秘密のベールに覆われている。死刑事

件の裁判員裁判では、裁判員・裁判官に対して、絞首刑の実態をできる限り明らかにすると同時に、実態が秘密のベールに包まれているのを問題とすることが考えられる[*26]。懲役刑の場合であっても、判決をするには裁判員・裁判官が懲役刑の実態を知っているほうがより適切に刑期を判断できるだろう。しかし、仮に懲役刑の実体を知らなくとも、自由を拘束されることについての想像力は働く。他方、死刑は生命を絶つのであるから、生きる者が想像力を働かせるには限界がある。想像力に限界があるのに加えて絞首刑の実態が全くといってよいほど分からないままに死刑の選択をすることができるのだろうか。

絞首刑の実態を分からないままに、裁判員・裁判官は死刑の判決をすることができるのか、という問題を提起できる。

4 公判弁護

(1) ケース・セオリー

死刑事件でも他の事件とまったく同様に、その事件のケース・セオリーを考える必要がある[*27]。事実を争わない死刑事件におけるケース・セオリーは、「この被告人を死刑にすべきでない」との弁護人の求める結論を、論理的かつ法的に導くものである。そして、あらゆる証拠を説明できるものであって、その説明に矛盾がないものでなければならない。

裁判員裁判では、死刑事件以外の事件でも、これまで有利とされてきた情状事実を拾い集めて裁判所に提出するだけでは裁判員を説得できない[*28]。例えば、「若年であること」「前科がないこと」などの事実を提示するだけでは足りないし、示談書を提出すれば足りるものではない。そのような事実、証拠がなぜ求める結論を導くのかを意識して検討する必要がある。

死刑事件の場合も同様である。永山事件等の判決で示された有利な因子をただ並べるだけでは裁判員を説得できない。これまでの死刑基準といわれるものの枠を破るようなケース・セオリーをそれぞれの事件で考え、それにしたがった公判弁護をしなければならない。

そして明確なケース・セオリーに沿って、冒頭陳述、主尋問、反対尋問、最終弁論などの法廷弁護活動をする。

(2) 被害者参加制度

2008年12月から刑事手続への被害者参加制度がはじまった。裁判員裁判における被害者参加制度は、2009年8月裁判員裁判の開始と同時に施行されている。

被害者が参加する公判は、多くの点でそれ以前の公判とは違う。

検察官側の席には検察官だけでなく、被害者参加人及びその委託弁護士が座る。委託弁護士が複数であることはよくある。被害者が法廷に登場する場面は、被害者の証人尋問に加えて、被害者による心情意見陳述、証人・被告人への被害者尋問、被害者論告等がある。より根本的には審理の構造が変わるといってもよいだろう。

裁判員裁判では、被害者が参加する割合が他の被害者参加対象事件よりも多いと報告されている[*29]。死刑事件ではさらに高い比率で被害者参加制度が利用される可能性がある。その法廷に被害者が参加した場合に、審理及び死刑か無期かの判断に大きな影響があることは確実である。弁護人は検察官に対する防御以外に被害者参加人にも真摯に立ち向かわなければならない。

(3) 裁判員に何をどのように訴えるか

死刑事件ではあらゆる立証が許されなければならない。そのために、被告人に有利な事実はすべて収集する。しかし、大量の証拠を並べ立てるだけでは裁判員・裁判官を説得できない。ケース・セオリーにしたがって、なぜこの被告人を死刑にしてはならないか、を審理のあらゆる局面で裁判員・裁判官に訴えなければならない。

死刑と無期の限界事例である場合と、従来の「基準」であれば死刑が確実だと思われる場合とで訴え方は相当違うかもしれない。だが基本的なところは共通する。この被告人を死刑にはできない、そのように裁判員・裁判官が思うような説得、それが弁護人の目指す弁護である。

---

*1 日弁連特別研修「裁判員制度下における死刑事件弁護——効果的弁護をさぐる」

(2006年3月15日)など。
*2　指宿信教授は、早くから死刑事件についての弁護体制を整えるべきだと提言しておられる。指宿「裁判員裁判と死刑事件の弁護体制をめぐって」季刊刑事弁護59号(2009年)9頁。なお、日弁連では2010年7月、刑事弁護センター、死刑停止法制定等決議・実行委員会、および裁判員裁判本部メンバーからなる「死刑弁護プロジェクトチーム」ができて活動をはじめている。
*3　2011年3月15日現在、検察官が死刑を求刑し、判決のあった事件が6件ある。そのうち4件が死刑、1件が無期懲役、1件が無罪である。
*4　最高裁(永山判決)が死刑の基準を示したとされている。しかし、もともと同判決が個別永山事件を離れて、一般的に通用する死刑判決をすべき事案の基準を示しているわけではないとする理解があるし、その後の基準も変化しているとも考えられる。
*5　永田憲史『死刑選択基準の研究』(関西大学出版部、2010年)は、主に永山事件判決およびそれ以降の死刑判決を猟歩した死刑選択基準の研究である。それ以外にも、本庄武「死刑求刑検察官上告5事件以降の死刑判決の分析」季刊刑事弁護37号(2004年)50頁、日弁連死刑と無期の量刑基準に関する研究報告「死刑と無期のはざ間で──検察量刑基準を斬る」(日弁連第47回人権擁護大会シンポジウム第3分科会実行委員会、2004年10月7日)、原田國男「裁判員裁判と死刑適用基準」刑事法ジャーナル2009年18号53頁、橋本英史「裁判員裁判における死刑・無期懲役選択の量刑基準の客観化、具体化のための方策について①──死刑無期選択のガイドライン(試案)」月刊判例自治329号(2010年)88頁、同②330号(2010年)85頁、前田雅英「死刑と無期刑との限界」原田國男判事退官記念論文集刊行委員会編『新しい時代の刑事裁判〔原田國男判事退官記念論文集〕』(判例タイムズ社、2010年)469頁など多数。
*6　ABAガイドラインでは、死刑事件の弁護団は、ガイドラインにのっとった資格のある2人以上の弁護士、調査担当者、量刑(減刑)専門家からなるものとしている(ガイドライン14.1A)。
*7　アレックス・F・オズボーンによって考案された小グループによるアイデア発想法の1つである。メンバー各自がお互いに批判せず、自由にアイデアを出し合う。人の発想は各自異質なところがある。この異質さを利用して連想を行い、さらに多数のアイデアを生みだす。
*8　最決平5・10・19判時1478号160頁。
*9　被疑者が署名押印を拒否して供述調書が作成されなかった場合でも、取調べをした捜査官は、被疑者の取調べ時の言動を含め捜査報告書にして上司に報告することがある(多くの場合「取調状況報告書」という表題の捜査報告書が作成される。刑訴法317条の15第8号の記録とは別)。死刑事件の場合、供述調書が作成されない場合はもちろん、供述調書が作成された場合でも取調状況報告書が作成される場合がある。公判で取調べにあたった捜査官が取調べ時の被告人の自白、不利益事実の承認などを証言する場合もありうる(刑訴法324条1項)。

*10 村岡啓一「被疑者・被告人と弁護人の関係」季刊刑事弁護22号（2000年）26頁。
*11 ABAガイドラインでは、弁護チームには精神的ないし心理的な障害や問題を識別できるようなトレーニングを受け、経験をつんだ者が少なくとも1名含まれていなければならないとされている（4.1A）。
*12 座談会「刑事弁護人の起訴前段階での取材対応」自由と正義2010年5月号86頁、宮村啓太「刑事事件と報道――弁護人の立場から」刑事法ジャーナル15号（2009年）、「第12回刑事弁護経験交流会――刑事事件でのマスコミに対する弁護士の在り方」自由と正義2008年5月号44頁。
*13 事実について争いがあるなど、他の争点がありうる。ここでは死刑に限って論じる。
*14 これに対し、検察官は、求刑は証拠調べの結果に基づいてするものである、公判前整理手続で明らかにすべき証明予定事実に求刑は該当しない、などの理由で反対する。いずれも形式的な理由で合理的な反対理由とはいえない。
*15 ただし、無期求刑から死刑求刑に変更する場合には、期日間整理手続をいれ、死刑求刑を前提とした防御活動を許さなければならない。
*16 例えば、「絞首刑によって頭部が切断されることが起こりうる」ことに焦点をあてて違憲性を論じる（後藤貞人「本当に絞首刑は残虐な刑罰でないのか？」季刊刑事弁護61号〔2010年〕99頁）、なおhttp://deathpenalty-trail.jp参照。
*17 法務省は1998年刑の執行を事実と人数を初めて公開した。2007年には執行した死刑囚の氏名と執行した拘置所名を公表するようになった。2010年8月27日、法務省は東京拘置所内の刑場を報道機関に公開した。公開時間は15分だけであった。死刑囚がつり下げられるスペースへの立ち入りは認められず、絞首刑に使うロープも公開されなかった。なお、刑場の公開は以前にもあったとの指摘がインターネット上でされている。
*18 金岡繁裕「第15章 責任能力を争う事件での弁護」日本弁護士連合会編『裁判員裁判における弁護活動――その思想と戦略』（日本評論社、2009年）201頁。同書で「私的鑑定」「本鑑定」とされているのを、ここでは「当事者鑑定」「裁判所鑑定」とした。
*19 前者の問題について、前掲注18論文206頁、後者の問題について金岡繁裕／安西敦「刑事施設における私的鑑定の環境確保」季刊刑事弁護55号（2008年）108頁参照。
*20 複数鑑定については、布川佳正「公判前整理手続と精神鑑定」季刊刑事弁護60号（2009年）52頁、中島宏「複数鑑定回避論の批判的検討」同55号、稗田雅洋「裁判員が参加する刑事裁判における精神鑑定の手続」前掲注5書『新しい時代の刑事裁判』243頁、笹野明義「複雑困難事件における問題（その3）鑑定が帰すうを決する場合」判例タイムズ1319号（2010年）47頁。
*21 内河恵一・雑賀正浩「（ケース報告）名古屋市大高緑地アベック殺人事件」季刊刑事弁護37号（2004年）73頁。
*22 死刑事件における裁判員の負担は、死刑制度が廃止されることによってのみ除かれる。

*23 神山啓史・岡慎一「手続二分論的運用と弁護人の課題」自由と正義2010年9月号72頁、杉田宗久「裁判員裁判における手続二分論的運用について」前掲注5『新しい時代の刑事裁判』39頁、同「量刑事実の証明と量刑審理(下)——裁判員裁判における量刑審理を中心に」判例タイムズ1313号(2010年)47頁。
*24 日弁連刑事弁護センター死刑弁護PTでは、関係する資料を幅広く収集して死刑事件の弁護人をする会員に役立てたいと考えている。
*25 三原憲三ほか編著『死刑に関する文献目録集』(朝日大学法学部三原刑事法研究室)は、1867(慶応4)年以降の文献目録である。
*26 後藤・前掲注16論文。
*27 ケース・セオリーについては、マシュー・ウィルソン／河津博史「法廷弁護技術の基礎」『法廷技術〔第2版〕』(日本評論社、2009年)18頁、後藤貞人・河津博史「裁判員裁判におけるケース・セオリー」前掲注18書『裁判員裁判における弁護活動——その思想と戦略』23頁ほか参照。
*28 模擬裁判員裁判における評議の様子などによって、「若年である」「前科がない」等の、従来は被告人に有利な情状事実として考えられてきた事実が必ずしもそのまま受け入れられないことがわかる。
*29 奥村回「被害者参加事件の分析と課題」自由と正義2010年3月号99頁、新聞報道によると、2010年3月末現在判決のあった裁判員裁判事件424件中被害者参加は42件である。

(ごとう・さだと／弁護士)

第 6 章

誤判と死刑

福井 厚

1 はじめに

　内閣府の直近の世論調査によれば、国民の85.6％が死刑を容認しているという[1]。裁判員裁判にも被害者参加が認められることになっているという事情に、更にこのような世論調査の結果を加えて考えれば、裁判員裁判では量刑が重くなり、ひいては死刑も増えるのではないか[2]、という懸念も故なしとしない。それに、「社会には、移ろいやすい庶民感覚や生活感覚を当てにしてはいけない領域、状況に依存する感情的反応から中立的な長い歴史の蓄積を参照できる専門家を当てにすべき領域が、確実に存在します」[3]、という類の議論が加わればなお更である。
　こうして、死刑廃止論者は、死刑を決定する合議体に強制的に関与させられ、結果として死刑判決に加担したとの非難を避けるべく、裁判員を辞退すべきではないか、という議論が出てくる[4]。しかし、死刑事件であっても、裁判員は無罪の主張はもちろん量刑の段階で無期懲役を主張することもできるはずである[5]。また、裁判員を辞退したからといって、それで責任を免れることができると考えることも、死刑廃止論者の気休めにすぎない。というのも、裁判員を辞退したからといって、死刑制度を国家として設営し、実施している日本という国の国民でなくなるわけではないからである[6]。「もともと主権者である国民は、死刑を続けることについて責任を負っている」[7]のである。
　もっとも、政府による世論調査の方法には、その設問そのもの等に疑問が出されることもある[8]。この点、死刑をめぐって展開されてきた専門家の議論の

中には常識で考えても首を傾げざるを得ないものもないわけではなく、そのような議論を前提とする設問に対して疑問が出されるのも当然と言える。そして、そのような議論の中の最たるものが「誤判と死刑」をめぐる議論と思われる。そうだとすれば、むしろ裁判員制度をこのような専門家の議論を克服し、健全な世論を形成して行く絶好の機会として位置づけることこそ、肝要と思われる[*9]。

　そこで、ここでは、裁判員が死刑と向きあうにあたって熟慮すべき論点のうち、「誤判と死刑」を取り上げて、そのような専門家の議論が裁判員によって克服されていくことを期待したいと思う。

2　再犯の予防のための死刑？

　まず、事実を正確に踏まえた議論とは言えない典型例として、「死刑の存在が……、当該犯人による後続被害の発生を防止することだけは確実である」[*10]とか、「死刑と犯罪抑止力をめぐる議論で、何人にも否定できない一つのことがある。その人を死刑にすれば、以後、彼によって同種の犯罪が行われることはない(特別予防)」[*11]、という刑法学者や弁護士の議論を挙げることができるであろう。このような議論は、殺人犯が死刑ではなく無期刑に処せられた後、仮釈放を認められ(刑法28条によれば、無期刑でも一定の要件を充たせば仮釈放が認められる)、その出所後に再び殺人を犯した場合、それが人々の憤激を呼び起こすセンセイショナルな事件だけに、マスメディアの格好の話題となる。確かに、遺族にしてみれば、「前の殺人事件に対して裁判所が死刑にしておきさえすれば」、という気持ちになり、そしてマスメディアがその遺族の立場に同情してその事件を大々的に報道すれば、世論も死刑廃止に反対という方向に大きく傾いてしまうのである。

　しかし、ラプラスはすでに200年近くも前に、このような誤った議論に陥らないように、次のように警告していた。すなわち、「人は、まったく印象を残さないかあるいは無視される数多くの不一致については考えてみないのである。ところが、そのような一致の原因とみなされるものの確率を与えることができるのは、一方〔一致したグループ〕と他方〔不一致のグループ〕との比率だけな

のである」*12、と。ここでは、「劇的な例外に関心を集中させると、もっとよくある、もっと典型的な——しかし、平凡な——事例を見落としがち」*13にならないように特に注意しなければならないのである*14。すなわち、ここでは殺人犯について、(仮)釈放後再び殺人を犯した者の数とそうでない者の数との比率を問題にすべきなのである。そうすれば、殺人を犯して服役し、(仮)釈放後、無事に社会復帰している刑余者の数が明らかとなり、「反省と計算によって精神の錯覚も正される」*15ことになるであろう*16。そうなれば、先に引用した専門家の議論は日本の現行法の下では到底成り立たないことが明らかになるはずである。というのも、刑法36条は、「急迫」性のある侵害に対してのみ正当防衛として人の生命を奪うことを許容しているにすぎないからである*17。そもそも、「その者が社会に出て犯罪を犯すか否かを確実に予測することは、不可能である。そのような不確かなことをもとにして、死刑の正当化を行うことはできない」*18はずである。そうだとすれば、「存置論としては、犯人の生命を奪おうとも、次の犠牲者を出さなくする効果があるならば、立派に人道にかなう」*19、というような議論は法治国家においては到底成り立たないというほかはない。以上は、たとえ被告人が真犯人だとしても言えることである。況や無実の被告人に対してをや！ *20

しかし、裁判員裁判に関して全国で実施された模擬裁判での多くの評議において、「刑罰の目的について、どのように考えるべきか」という質問が出され、この質問に対して裁判官から「応報が基本であるが、予防・更生可能性も考慮する」という類の説明*21が行われているだけに、裁判員がこのような誤った議論の影響を受けるおそれなしとしない。というのも、再犯の可能性や、一般予防の必要性が過度に重視される可能性のある事案では、裁判員は上述のような誤った議論に災いされて死刑を選択するおそれが高まると思われるからである。陪審の死刑判断の最大の根拠は「被告人の将来の危険性(再犯の可能性)」だというのが、アメリカ合衆国の実証的な研究の示すところでもある*22。

3 誤判と死刑

次に検討すべきは、「死刑問題の論議は、誤判の余地のない明白な事件に

ついても、なお死刑を科すべきでないかどうかを出発点とすべきことである」*23、という問題の立て方である。このような問題の立て方は長井圓にも見られる。すなわち、「『大量的考察方法』によれば、『誤判の回避不可能性』は否定しえない。しかし、『個別的考察方法』によれば、『誤判の可能性の皆無』は肯定しうるであろう。例えば、連続複数殺人あるいは同時無差別大量殺人のような事件で多衆の目撃する中で犯人が現行犯逮捕されたような場合には、いかなる観点からしても事後的に崩しえない多数の確実な証拠が違法有責な殺人について存在し、いかなる量刑事情を考慮しても死刑を選択すべき基準に適合せざるをえないという事案が存在しうることは、疑いないからである」*24、というのである。中野進も、誤判を理由とする死刑廃止論を批判して、「誤判が生じないことが明らかな場合は、死刑が許されることも在るということになる。例えば、テレビの生中継が行われている法廷において、裁判官・検察官・弁護士らの前で殺人事件が生じ、且つ、殺害者が彼らの目前で逮捕されたというような場合であっても、やはり誤判の可能性があるので、死刑は廃止すべきであると主張するのであろうか」として、長井と同旨の主張をしている*25。

　しかし、刑事裁判における事実認定とは経験則に基づく推認を本質とするものであることを弁えれば、そのような問題の立て方それ自体も誤りであることは明らかであろう。例えば長井の挙げる事例では、行為者は「心神喪失」(刑法39条1項)ないし「心神耗弱」(同2項)だったのではないか、と疑われるのがふつうと思われる。夙に故佐伯博士が、「観念的に極悪非道一点の同情すべき余地なく死刑に処するほかない犯罪者を想定することはできるかも知れないが、それらも現実的に冷静に調べれば実は絞首台に送るよりむしろ精神病院に収容されるべき異常者であろう」*26、と述べていたことが想起されるべきであろう。

　したがって、このような事例では被告人の精神鑑定が行われるはずである。そして、つい最近も最高裁は、責任能力(刑法39条)の判断の前提となる精神障害の有無および程度等について、専門家たる精神医学者の鑑定意見等が証拠となっている事案において、「生物学的要素である精神障害の有無及び程度並びにこれが心理学的要素に与えた影響の有無及び程度については、その診断が臨床精神医学の本分であることにかんがみれば、専門家たる精神医学者の意見が鑑定等として証拠となっている場合には、鑑定人の公正さや能力に疑いが生じ

たり、鑑定の前提条件に問題があったりするなど、これを採用し得ない合理的な事情が認められるのでない限り、その意見を十分に尊重して認定すべきものである」と判示して、「心神喪失」(刑法39条1項)とした鑑定結果に基づき責任無能力であることを理由に無罪とした第一審判決を鑑定結果を採用せず「心神耗弱」(同2項)を認めて限定責任能力者だとして破棄し懲役3年を言い渡した第二審判決を破棄し、高裁に差し戻しているのである[*27]。このことからも分かるように、責任能力の存否の判断には困難が伴う[*28]。それに加えて、裁判員の中には心神喪失には同意しても無罪には同意しない者や、そもそも心神耗弱による刑の減軽や心神喪失による無罪という制度(刑法39条)それ自体を否定する者もいないわけではなく[*29]、そうだとすると、長井の挙げる事例でも裁判員が誤った心証形成を行うおそれは否定できず[*30]、「誤判の可能性の皆無」の事例とは言えないのである。というのも、責任能力の存在にもまた「合理的な疑いをこえる」証明が必要であり[*31]、したがって、誤判のおそれは、やはりここでも否定されえないからである[*32]。

　そもそも、たとえ、明白に死刑に値する犯罪が存在することを前提にしたとしても、だからといって死刑を存置すべきだということにはならない。というのも、刑事裁判における事実認定というものが経験則に基づいて行われる推認を本質とするものであることは、死刑存置論者も含めて誰しも前提にせざるを得ないはずだからである[*33]。殺人事件はいつもいつも長井や中野の想定するように多くの目撃者の面前でのみ発生するわけではないのである[*34]。そうだとすれば、われわれは、誤判の可能性がある以上、無実の者が処刑される可能性はなお存在するものとして、死刑の問題に対処せざるをえないのである[*35]。現に、その後、植松自身、誤判の存在の可能性を否定することなく死刑存置論をなお維持しているのである[*36]。したがって植松は、先ほどの誤った議論のうえに、次の「4　死刑廃止は不正義か？」で判明するようにさらに誤りを重ねて、「死刑についてたまには誤判があっても仕方がないという——およそ人間性無視の——議論」[*37]をしていることになるわけである。以上は日本ということを捨象した一般論であるが、それは特殊日本的な刑事裁判について一層よく妥当すると言えるであろう[*38]。

4　死刑廃止は不正義か？

　そもそも、たとえ極悪非道な犯罪に対してであっても、一たび国家的制度として死刑という刑罰を設ければ無実の者が死刑になるおそれがあるから、死刑ではなく「終身刑」[*39]などの制裁が妥当ではないか、それとも、たとえ無実の者が死刑になるおそれがあっても人の生命を奪った殺人犯に対してあくまで死刑という刑罰を存置しておくべきか、というように問題を設定すべきであろう[*40]。この場合、「どんな凶悪な犯人の生命をも保障するのは法の理念に反する」[*41]、というような問題の立て方には疑問がある。このようなレトリックも、裁判員が刑の量定(したがって死刑の適用)を行うにあたって、正しく問題を考えることを妨げるおそれがあるように思われるのである。「犯人の生命を保障する」という場合、それには犯人に対して死刑ではなく無期刑や有期刑を科す場合のみならず、「その犯人を処罰しない」場合も含まれる。したがって、そのようなレトリックには、死刑廃止論者はあたかも刑罰廃止論者であるかのごとき誤った印象が生じるおそれなしとしない。現に、死刑存置論者自身、誤判のおそれは死刑事件に限らないから、刑罰それ自体を廃止しなければ平仄があわない、と誤判を理由とする死刑廃止論を批判しているのである(後述参照)。

　さらに、そのような問題の立て方は、死刑の威嚇力が無期刑のそれを上回るか否かの問題を棚上げする結果、死刑か無期刑かの選択に際して死刑の威嚇力を暗黙のうちに前提にして一般予防の観点が前面に出てき勝ちである。現に千葉地判平6・8・8判例時報1520号56頁は、「殺人行為をいかに反復累行しても当該殺人者の生命だけは法律上予め保証される結果となる死刑廃止に対して、多くの国民が疑問を抱いていることも、累次の世論調査が示しているところである」(傍点は筆者による)と判示して、犯行時19歳の少年であった被告人に死刑を言い渡しているが、この判決に対しては、少年自体の可塑性や酌むべき情状よりも一般予防の観点を優越させているという批判が出されているのである[*42]。

　本稿のような問題の立て方に対しては、「誤判の害悪がその受刑者にとって回復しえないことは、死刑だけに限られたことではない。……誤判による死

刑は回復できないという理由を掲げるのは子供だましの議論である」*43とか、「これも死刑に特有の問題ではない」ので「全ての人間の活動が不可避的に事故死(生命剥奪の過誤)を伴うのであるから、その中で死刑だけが過誤の危険を理由として廃止すべきことにはなりえない」*44、「『自由・財産』の剥奪も『生命の時空的存在の一回性』を前提にするがゆえに、その限りで全く回復不可能なのである」から、「誤判の可能性との関係において『死刑』のみを区別すべき理由はない」*45ないし「誤判の可能性がゼロでない以上死刑は認めないというのなら、すべての刑罰を廃止しなければ平仄（ひょうそく）が合わない」*46、などという反論が行われるのが常である*47。しかし、このような議論こそまさに「味噌も糞も一緒にする議論」の典型というべきであろう。自動車そのものを禁止すればたちどころに社会生活は成り立たなくなるが、死刑を廃止しその代替刑として無期刑にしたからといって、社会生活にはそのような不都合は全く生じないことは、死刑廃止国のことを考えれば直ちに分かることだからである(それに、自動車を運転する者は誰しも事故死を伴うことを前提にしているが、無実で死刑になることに誰が同意しているであろうか)。それは、たとえ死刑の威嚇力が無期刑のそれを上回ることを前提としても言えることであるが、そもそも、その前提それ自体が自明のことではないのである*48。

　このような論理の破綻は江國自身が身をもって明らかにしている。すなわち江國は、上記のような本稿の問題設定に対して、「本当の誤判があったとしたらどうするんだ。取り返しがつかないではないか——究極のこの問いかけに対しては、究極の答えをもってするしかない。法と秩序を維持するために支払わざるをえなかった高価な必要経費であって、罪なくして処刑された人物は、殉教者であった、と割り切ることで心を偽るしかない」*49、と解答しているのである。なるほど、それはそれなりに筋が通った議論と言ってよいであろう。しかし、論者自身がそのような「悟り」の境地に達しているからといって、それを他人にまで求めることには無理があろう*50。否、他人どころか、論者自身にとってもそれはもともとできない相談だったというべきではなかろうか。というのも、論者が癌に罹患して詠んだ俳句集である江國滋『おい癌め　酌みかはさうぜ　秋の酒』(新潮社、1997年)という辞世の句に目を通してみると、そこには、よりによって、なぜ自分がこんな目に会わなければならないのか、と恨みつら

第6章　誤判と死刑　133

みが詠まれているのである。確かに、誰だって、癌だと宣告されれば、驚き、うろたえ、なげき悲しむのは、当然のことであろう。そのこと自体には、別段取り立てて問題にするところはない。ただ、罪なくして処刑された者を「殉教者」呼ばわりするほかならぬ当人が、高が(？)癌に罹った位で、という気がするのは筆者だけであろうか。

いずれにせよ、批判精神あると言われるこの文人も、所詮、「殉教者」の悟りの境地にはほど遠い人の子に過ぎず、先に引用した辛口の一節も、「彼も人なり我も人なり」[51]という平凡な真理を忘れた無責任な言辞にほかならなかった、というべきであろう[52]。

このように考えてくれば、「制度としての死刑を廃止することは、『当然死刑に処すべきであるような事例が存在したとしても、自動的に、その件についても、死刑が免除される』という判断を将来のあらゆる事例について、前もって下しておくことを意味する。その先行判断の正しさは証明できない。したがって冤罪の可能性という特殊な事例を根拠にして死刑を全面的に廃止するのは、論理的にまちがっている」[53]、ということにはならないであろう。むしろ、人の生命を奪った者が死刑にされないで済むということが実体(刑)法上たとえ不正義だと思われるとしても、無実の者が死刑になるということは、「それを帳消しにしてはるかに余りある、とうてい許すべからざる不正義」[54]と言うべきであり、むしろ、「未来永劫にわたって誤判が絶対に存在しないという証明ができない以上、死刑を制度として存置することは、正しくない」(ラファイエット侯爵)、と言うべきであろう[55]。

※　本稿は、「死刑制度と裁判員制度」(おかやま人権研究センター『人権21　調査と研究』200号〔2009年〕)を整序したものである。その際、誤植を直し、原文の縦書きを横書きに改めると共に、その後の文献を中心に若干の文献を補充している。なお、この点につき、同誌編集委員会の許諾を得た。

[1]　内閣府「基本的法制度に関する世論調査〔2009年11-12月実施〕」(2010年)。 5年前の2004年12月の前回調査では死刑容認派は81.4％であったから、死刑容認派は4.2％の増加である。なお、新聞の世論調査によれば、一般市民が死刑判決に関わることに反対する意見は63％で賛成意見を大きく上回っている(毎日新聞2009年1月28日付

朝刊参照)。
*2 山下幸夫「刑事裁判と被害者参加」法学セミナー645号(2008年)18頁以下など参照。佐藤舞「裁判員は死刑判決を適切に行えるか――死刑に対する態度と知識」季刊刑事弁護62号(2010年)122頁も、このような世論調査の結果を援用しつつ、「裁判員として選ばれる国民は、過去の量刑基準よりも厳しい判決を選択し、死刑の判決が増える可能性を指摘できる」、という。
*3 宮台真司『日本の難点』(幻冬社新書、2009年)223頁(傍点は筆者による)。このような宮台の見解を批判的に検討したものとして、拙稿「裁判員制度と『民主司法のジレンマ』論」法政法科大学院紀要6巻1号(2010年)38頁以下参照。
*4 笹田栄司ほか「〔座談会〕日本国憲法研究第1回・裁判員制度」ジュリスト1363号(2008年)99-100頁[宍戸常寿発言]、橋爪大三郎『裁判員の教科書』(ミネルヴァ書房、2009年)160-162頁など参照。
*5 笹田栄司ほか・前掲注4座談会・96頁[長谷部恭男発言]参照。
*6 笹田栄司ほか・前掲注4座談会・100頁[長谷部恭男発言]、大出良知「裁判員制度の幕開けと刑事弁護人の役割」季刊刑事弁護58号(2009年)12頁参照。
*7 後藤昭「死刑と裁判員制度」岩波書店ホームページ『世界』2008年6月号〔執筆者からのメッセージ〕。同旨、井上達夫「『死刑』を直視し、国民の欺瞞を克服せよ 忘れられた〈法の支配〉と民主的立法責任」論座2008年3月号101頁。
*8 団藤重光『死刑廃止論〔第六版〕』(有斐閣、2000年)12-14頁参照。なお、菊田幸一編著『死刑と世論』(成文堂、1993年)序ⅰ-ⅱ、346頁④、ホセ・ヨンパルト『死刑 どうして廃止すべきなのか』(聖母文庫、2008年)117-120頁、本書第4章参照。
*9 井上達夫「厳罰化を謳う前に負うべきコスト」中央公論2005年5月号81頁は、一般市民が裁判官と共同して、自らの目の前の被告人に死刑を含めた刑罰を科す経験により、「国民が刑罰に関して責任を持って熟慮するようになること」が、裁判員制度の積極面の1つだという。
*10 植松正「死刑廃止論の感傷を嫌う」法律のひろば43巻8号(1990年)13頁。
*11 大塚嘉一「死刑制度存置論」自由と正義46巻1号(1995年)186頁.。
*12 ラプラス/内井惣七訳『確率の哲学的試論』(岩波文庫、1997年)132-133頁。
*13 ジョエル・ベスト/林大訳『統計という名のウソ』(白揚社、2007年)28頁。
*14 同上25-28頁参照。
*15 ラプラス・前掲注12書132頁。
*16 佐伯千仞ほか『死刑廃止を求める』(日本評論社、1994年)48頁[葛野尋之]、河合幹雄「〔三者三論〕社会と犯罪」朝日新聞2003年7月25日付朝刊、同『日本の殺人』(ちくま新書、2009年)204-205頁、同『終身刑の死角』(洋泉社、2009年)122-124頁、浜井浩一『2円で刑務所、5億で執行猶予』(光文社新書、2009年)197-198頁参照(なお、『犯罪白書〔平成19年版〕』278頁参照)。
*17 後藤昭「抑止効果は死刑を正当化するか?」法学セミナー466号(1993年)42頁参照。

*18 村井敏邦『新版 刑法―現代の「犯罪と刑罰」』(岩波書店、2005年)140頁。
*19 植松正「死刑の存在意義」研修376号(1979年)11頁。椎橋隆幸『刑事訴訟法の理論的展開』(信山社、2010年)382頁も、死刑廃止論は「犯人を死刑にしておけば助かった可能性のある被害者の生命をあまりにも軽視するもの」だとして、死刑の「特別抑止効」の視点を強調している。
*20 長田鬼門『死刑のすすめ』(東洋出版、2010年)98頁は、「確率としては、現状では、死刑にすることができずに、仮出所後に再び人を殺す犯罪者の方が、冤罪者より遥かに多いはずだ」という前提で、「冤罪者には、運が悪いと、諦めてもらう以外にない」と説く。冤罪も交通事故のように「運が悪い」として粛々として刑に服する道を選べというのであろう(このような議論の問題点については、本稿「4」参照)。
*21 例えば、桐山桂一「裁判員体験記　新聞記者のみた模擬法廷」世界2009年4月号140頁など参照(傍点は筆者による)。
*22 岩田太『陪審と死刑』(信山社、2009年)289-294頁、332頁。なお、ジョセフ・L・ホフマン／井上正仁訳「アメリカの死刑制度――法制上及び研究上の最近の動向」刑法雑誌38巻2号(1999年)55頁参照。特別予防に係る要素は死刑相当との判断の際の加重要素としての適格性を否定されるべきという主張として、原田國男「裁判員裁判と死刑適用基準」刑事法ジャーナル18号(2009年)53頁、本庄武「裁判員時代における死刑事件のデュー・プロセス」季刊刑事弁護64号(2010年)72頁がある。
*23 植松正『全訂刑法概論Ⅰ総論』(勁草書房、1966年)345-346頁。「誤判の可能性を理由とする廃止論者にとっては、誤判が争点とはなっていない事案については死刑判決に反対する理由は理論上ないのである」(椎橋・前掲注19書385頁)、という理解にも疑問がある。というのも、いったん死刑を制度として設ければ、無実の者が処刑されるおそれがあり、そのような「事態は単なる可能性ではなく、現実の問題なので」、それは「殺人犯が仮出獄中に殺人を犯す例がある」のと同様だからである。
*24 長井圓「世論と誤判をめぐる死刑存廃論――死刑の正当化根拠について」神奈川法学31巻2号(1997年)30頁(傍点は筆者による)。
*25 中野進『国際法上の死刑存置論』(信山社、2001年)76-77頁。
*26 佐伯千仭『刑法講義(総論)』(有斐閣、1968年)401頁(傍点は原文)。
*27 最判平20・4・25刑集62巻5号1559頁。
*28 佐伯千仭「死刑制度のゆくえ」法律時報69巻10号(1997年)30頁参照。そもそも、責任能力という法律概念それ自体について、「法律家(学者を含めて)がその本当の意味するところを十分理解できていない(従って、一般の人にうまく説明できないのは当たり前である)」(佐伯仁志「難解な法律概念と裁判員裁判」法曹時報61巻8号〔2009年〕29頁)、とまで言われているのであるから、責任能力の存否の判断に困難が伴うことは避けられず、その困難は裁判員裁判の場合には一層増幅されると考えられるのである。
*29 このような事情もあって、本庄武「責任能力」季刊刑事弁護56号(2008年)71-74頁

は、裁判員に対する責任主義・責任能力の適切な説明の重要性を強調する。
*30 日本弁護士連合会編『裁判員裁判における弁護活動——その思想と戦略』(日本評論社、2009年)212-214頁[金岡繁裕]参照。
*31 大阪弁護士会無罪事例集完成記念座談会「無罪事例に学ぶ刑事弁護のあり方」季刊刑事弁護14号(1998年)130頁[渡辺修発言]参照。因みに、東京地八王子支判平19・7・10判例タイムズ1269号324頁(330頁)は、弁護人が心神喪失を主張し、検察官が心神耗弱を主張している事案において、心神耗弱と認定するには「合理的な疑問が残る」として無罪判決を言い渡し、これに対する控訴も棄却されている(東京高判平20・3・20判例タイムズ1269号324頁)。
*32 なお、団藤・前掲注8書174-175頁参照。
*33 判例も事実認定の本質をそのようなものと把握している(最判昭23・8・5刑集2巻9号1123頁等参照)。
*34 このような観点から、前田朗「死刑と国際人権法」現代思想32巻3号(2004年)185頁も、中野の議論の誤りを指摘している。
*35 団藤・前掲注8書159頁、183頁、213頁参照。
*36 植松正『刑法の話題』(信山社、1995年)251-252頁参照。
*37 団藤・前掲注8書〔第三版のはしがき〕〔29〕頁。
*38 この点につき、宮本弘典「無実と死刑の間——死刑と誤判に関する一考察」日本の科学者28巻10号(1993年)38頁以下参照。
*39 龍谷大学矯正・保護研究センター編/石塚伸一監修『国際的視点から見た終身刑——死刑代替刑としての終身刑をめぐる諸問題』(成文堂、2003年)等参照。
*40 井上達夫「『死刑の代償』負う国民——誤判の可能性と倫理的『傷』」(読売新聞2008年6月4日付朝刊)は、「少なくとも同等の抑止力をもつ代替制度が採択可能なのにも拘わらず、被害者遺族の復讐感情やそれに同感する人々の応報感情の満足のために、誤判による無実の者の処刑や、司法的殺人への国家機関と国民の加担という倫理的代償を払ってでも、死刑制度を維持すべきなのか」、ということこそ問われるべきであるという。
*41 文藝春秋編『日本の論点'94』(文藝春秋社、1993年)462頁[植松正]。
*42 内田博文「死刑について」戒能通厚・原田純孝・広渡清吾編『日本社会と法律学〔渡辺洋三先生追悼論集〕』(日本評論社、2009年)527頁参照。
*43 植松・前掲注36書251頁。
*44 長井・前掲注24論文25頁、26頁。
*45 長井・前掲注24論文24頁(同旨、長谷部恭男「死刑制度」法学教室290号〔2004年〕43頁)。
*46 江國滋『書斎の寝椅子』(岩波書店、1993年)184頁。
*47 このような反論を批判したものとして、三島聡「誤判・冤罪と死刑」法学セミナー669号(2010年)26頁参照。

*48 この点につき、石塚伸一「死刑をめぐる内外の動き」犯罪社会学研究31号(2006年)155頁以下参照。なお、内藤謙「死刑と犯罪抑止効果——その実証研究に学ぶ」現代刑事法20号(2000年)2・3頁、所一彦「犯罪の抑止と死刑」法律時報69巻10号(1997年)8頁以下、三原憲三『死刑存廃論の系譜〔第6版〕』(成文堂、2008年)176頁以下、一ノ瀬正樹『死の所有』(東京大学出版会、2011年)50-52頁等参照。死刑の抑止力とはいうまでもなく「死刑に固有な犯罪抑止機能」(田宮裕『刑事法の理論と現実』〔岩波書店、2000年〕150頁)のことであり、この点、椎橋・前掲注19書150頁にいう「死刑の抑止力」の意味するところには疑問がある。

*49 江國・前掲注46書185頁。

*50 そもそも、論者のこのような論理それ自体は人間の尊厳に反するものというべきであろう(佐伯千仭ほか・前掲注16書100頁[内藤謙]参照)。なお、ラルフ・シュテッカー/盛永審一郎訳「死刑と人間の尊厳」『生命倫理研究資料集Ⅳ』(富山大学大学院薬学院研究部医療基礎学域哲学研究室発行、2010年、非売品)100頁参照。「人間の尊厳の最も中核にある生命」(椎橋・前掲注19書387頁)というのであれば、無実の罪で処刑される者の「人間の尊厳」も等しく尊重されるべきであろう。

*51 『漱石全集〔別巻〕 漱石言行録』(岩波書店、1996年)176頁。

*52 速度超過で反則金を請求されて、争えば払わなくて済む反則金を払った経験は巷間よく聞く話であるが、誤って死刑を求刑されて争わない人は、異常と疑われるのがふつうと思われる。

*53 加藤尚武『応用倫理学のすすめ』(丸善、1994年)114-115頁。

*54 団藤・前掲注8書213頁。

*55 ヒューゴ・A・ベドー=マイケル・L・ラドゥレット/池田秀彦訳「アメリカにおける死刑事件の誤判(1)」創価法学23巻1号(1994年)38頁参照。なお、最後に蛇足ながら、〔本稿のような〕「立場は、国家は裁判と刑の執行に関して絶対に無謬でなければならない、ということを意味する」(竹内靖雄『法と正義の経済学』〔新潮社、2002年〕142頁)、というのは誤解であることを付け加えておかなければならない。というのも、一読すれば明らかなように、本稿は「裁判には誤判は不可避である」ということを前提にしているからである。その前提で、「無実の者が誤って死刑になるよりは無実の者が誤って無期懲役や有期懲役になる方がまだましである」、と主張しているに過ぎないのである。なぜなら、「死刑が執行されれば、主体そのものがもはや存在しないので、当人には、事後的な救済が得られる余地がまったくない」のに対して、「生きていれば、汚名をすすぎ、その後の刑の執行や権利制限を回避でき、また、曲がりなりにも補償が得られる」からである(三島・前掲注47論文26頁)。

(ふくい・あつし／法政大学法科大学院教授)

第7章

日本が死刑を存置する理由
──9つの仮説

デイビッド・T・ジョンソン／翻訳：布施勇如

1　衰退する死刑制度

　過去半世紀にわたり、死刑は世界の多くの地域で著しく衰退してきた。1970年当時、あらゆる犯罪または「通常の犯罪」(反逆行為および戦時下の犯罪を除く全犯罪)に対して死刑を廃止していたのは、わずか21カ国しかなかった。今日、その総数は103にのぼり、加えて36カ国は、法律上死刑を存置しているものの、少なくとも10年間は執行していない。対照的に、死刑を存置し、最近10年間に少なくとも1人を処刑した国家が現在58ある。すなわち、現状では、世界全国家の70％以上(197のうち139)が、法律上または実際上、死刑を廃止している。世界規模で見ると、2008年に死刑を執行したのはわずか25カ国──8分の1──に過ぎないのだ*1。

　死刑はアジアにおいても衰退している。この論文の執筆時点では、アジアの9法域が公式に死刑を廃止し、さらに7法域が少なくとも10年間は死刑を執行していないのに対し、13の法域は死刑の成文法を備え、最近10年間に1度は執行している*2。このように、アジアの全法域のうち過半数は、法律上または実際上、死刑を廃止している。2007年には、これら29のアジアの法域のうち21──ほぼ4分の3──が1度も死刑を執行せず、2008年は、その割合が29分の19──アジア全国家のほぼ3分の2であった。2007年に死刑を執行し

たアジアの8法域のうち、3法域——日本、バングラデシュ、インドネシア——の死刑執行率は、同じ年のアメリカの執行率(0.14)の半分以下であり、さらに3法域——パキスタン、シンガポール、ベトナム——の死刑執行率は、アメリカのテキサス州の執行率(1.1)より低かった[*3]。アジアの法域において、2007年の死刑執行率がテキサスより明らかに高かったのは中国だけであり、その年、推計で6000件の死刑を執行した——これはアジアの全執行数の約95%、世界の全執行数の90%に当たる[*4]。

　こうした衰退の結果の1つとして、先進民主主義国の中で死刑を存置し、定期的に死刑執行を続けているのは、今やアメリカと日本の2カ国だけとなった。人口当たりの日本の年間死刑執行率(人口100万人当たりの執行数)は、アメリカより低いということがよく指摘される。少なくとも最近25年間で言えばその通りだが[*5]、人口当たりの率だけが死刑執行の頻度の指標ではない。スターリンの悪夢はさておき、死刑となる対象者は無作為に選ばれるのではなく、多くの場合、死刑となりうる裁判の中から一部が死刑の判決を受け、執行されるのである。日本でもアメリカでも、殺人を犯すとこの可能性の中に含まれる。日本の殺人発生率はアメリカの発生率よりはるかに低い——2000年には約10分の1だった——ので、殺人1件当たりの死刑執行率で比べると、日本の方がアメリカより高くなることもよくあり、年によっては、テキサスやバージニアのようにアメリカでも死刑執行率の高い州に匹敵し、または凌ぐこともあるのだ[*6]。

　西側の民主主義国の中でアメリカだけが死刑を存置している理由については、多くの学術論文が解釈を試みている[*7]が、日本に対して同様の問いかけを試みた真摯な研究はほとんどない。本稿の主たる狙いは、日本が死刑に関わり続ける原因について、さらなる研究——とりわけ日本国内の優れた研究者たちによる——が行われる呼び水となることである。この論文では、部分的に重なり合う以下の3つのテーマを軸にまとめた9つの仮説を提示する。すなわち、歴史に焦点を当てた解釈、日本にとって外在的な事実と力を重視した解釈、そして日本の内在的な特性に力点を置いた解釈である。以下に述べる仮説と推測の中では、死刑存置の謎を浮き彫りにしており、いずれもさらなる調査の基として資すればと、提起するものである。

私の役目は問題を提起し、答えの可能性（袋小路だったりもするが）を示すことであり、確たる答えを示すことではない。死刑の存置という社会的事実は（その他もろもろと同様に）間違いなく「複合的に決定される」ものであり、多様な——無限ではなく、多様な——原因がその答えに集約されなければならないという意味においておそらく「複数の要因によって決定される」ものである、ということを研究者が認識すれば、日本の死刑存置という問題に関する研究は将来、確実に発展するだろう[*8]。

2　仮説

Ⅰ．歴史的解釈
　1．戦後の占領期に逸した機会
　2．（保守的な）自民党の長期支配
　3．地政学的強み、民主的安定性、法的自足による日本の特異性
Ⅱ．外在的解釈
　4．アメリカの死刑存置が付与する正当性
　5．韓国との関係
　6．アジアにおける地域連合の貧弱性
Ⅲ．内在的解釈
　7．死刑に対する大衆の支持
　8．贖罪と人権に関する日本文化の特質
　9．大衆迎合的刑罰主義、厳罰化、被害者を満足させる必要があるとの認識

3　歴史的解釈

仮説1．戦後の占領期に逸した機会

　ある女性と昨年結婚した男性は、それゆえ、大半が今年もその女性と婚姻状態にある。この考えを抽象化すれば、従前の原因によってもたらされた結果は、その後、同様の結果の原因となり得る。こうした「歴史主義」的解釈に従えば、

2009年の日本に死刑があるのは、2008年にも、2007年にも、というように、過去にも死刑があったからだということになる*9。

上述のように解釈する場合、説得力を持たせるためには、死刑のような実践が存続または廃止に傾く条件を述べる必要がある。死刑に関して言えば、独裁政権が崩壊すると死刑が消滅することが多い、という証左が世界中にある。ヒトラー政権崩壊後の西ドイツ、ムッソリーニ政権崩壊後のイタリア、サラザール政権崩壊後のポルトガル、フランコ政権崩壊後のスペインがそうだ。ソ連の覇権主義が終わりを迎えた1989年以降、中央ヨーロッパと東ヨーロッパの計13カ国で起きた現象でもある*10。アジアでも、クメール・ルージュ政権崩壊後のカンボジア(1989年)、マルコス政権崩壊後のフィリピン(1987年)、インドネシアからの独立後の東ティモール(1999年)において、同様に死刑が廃止された。これら全ての国々、さらにそれ以外の国において、新政権は前独裁政権の横暴と距離を置く一里塚として、死刑を廃止したのである。こうした反復的なパターンの最も印象的な例は、独裁者ニコラエ・チャウシェスクが1989年に失脚したルーマニアである。新政府は、2つのことを矢継ぎ早に遂行した。独裁者チャウシェスクを処刑し、そして何と、死刑を廃止したのである。

日本は第2次世界大戦後、大きな政権交代を経験したが、死刑は続いた。7年間に及んだ外国による占領を経ても死刑が存置されたことは、研究を要する謎である。占領軍は確実に死刑を廃止できたはずであり、廃止しなかったのは当然でもなければ必然でもない*11。占領政策は、農地改革、両性の平等、「神」としての天皇から単なる「国民統合の象徴」への降格、国権の最高機関としての国会の設立、違憲立法審査権など、かなり大掛かりであった。しかし、死刑は占領政策に含まれず、このことは、日本の占領とドイツの占領に一線を画すのみならず*12、日本が今日なお死刑存置主義である理由を説明するのにも役に立つ。死刑の存置について語る際、アメリカ当局が極東国際軍事裁判で「戦争犯罪人」を死刑にしたかった(1948年12月に7人が処刑された)ということも、確かに部分的には関係があるだろう。しかし、私の知る限り、日本において死刑以外では多くの変化が起きた時代に、なぜ死刑が存続したのかについて──しかも、世界の多くの国々において死刑廃止を促した状況下にあって──、十全な説明はこれまでなされてこなかった。廃止には時期尚早だったとしても、改

革が行われることさえなかった。それはなぜだろう。

仮説2．（保守的な）自民党の長期支配

もう1つ、死刑が衰退する際の反復的なパターンとして、リベラルまたは進歩的な政党が右派の政党から政権を奪うと、極刑が廃絶する場合がある。ヨーロッパでは、オーストリア(1950年)、英国(1969年)、フランス(1981年)において、こうした状況が廃止を促し、他方、アジアにおいては、進歩主義者である金大中(1998-2003年)、盧武鉉(2003-2008年)政権時代の韓国で死刑執行が停止となり、台湾では中道左派である陳水扁総統(2000-2008年)の主導で死刑が激減した[13]。

日本における死刑の存置は、1955年から2009年まで、半世紀以上にわたってほぼ一貫して政権を握ってきた自民党の長期支配によって部分的に説明することが可能かもしれない。2009年8月に民主党が圧勝するまで、自民党が野党となったのは1993年から94年にかけての11カ月だけだった。その短い空白期間に——しかも、新たな連立政権には少なくとも9人の死刑反対論者がいたにもかかわらず——4人の絞首刑が執行され、それでも死刑執行に対する表立った批判は「政府の中から聞かれず」、死刑廃止を望んで少なくとも死刑が停止されると期待していた日本社会党の閣僚からも、そうした批判は聞こえてこなかった[14]。おそらく、死刑の廃止に向けて有意な動きを実現するには、非自民党政権があまりに短命で脆弱だったということだろう。だとすれば、民主党が現在、国会で勢力を保ち、おそらく今後も政権を握るという状況は、この仮説の試金石としてもいっそうの意味を持つこととなるだろう。

ただし、政権交代が死刑廃止の十分条件だと考える人びとにとって、1993年から94年に起きた事柄は当然、再考を促すことになる。カルフォルニア、オレゴン、ワシントンといった法域、すなわち、選挙を経てリベラル派が政権に就いてもなお死刑が廃止されていないアメリカの諸州からも、同様の教訓が得られる。

仮説3．地政学的強み、民主的安定性、法的自足による日本の特異性

死刑を存置し、執行を続ける先進工業民主主義国は、日本とアメリカの両国

だけである。死刑の廃止は急速に国際的規範となりつつあるのに、両国ともこれに従おうとしないのは、政治的かつ歴史的環境において3つの共通する特徴を持っているためであるとされてきた[*15]。

第1に、日本もアメリカも、地政学的かつ経済的に十分な強さを持っており、従わないことに対して(欧州連合や国際法のような)外在的な力で有意な制裁を加えることが困難である。この考え(政治学者は「現実主義」という)によれば、大国が超国家機関に権限を委譲することはまずない。つまり、自国の目的に資する国際的規範を抽出・選択し、さもなければ拒絶するのである。

第2に、戦争、革命、政権交代、経済危機といった大事が起こると、エリートによる学習機制が働いて、大きな政策転換のきっかけとなることがよくある。しかし、仮説2で述べた自民党支配で明らかなように、日本では半世紀以上の間、安定した保守的な民主制が続いてきた。この安定性によって、近年における日本の政治の歴史は、韓国や台湾の歴史と明確に一線を画すのであり、日本の方が早い段階で経済的かつ民主的発展を遂げたにもかかわらず、近隣の韓国、台湾は日本に先駆けて死刑廃止という規範を受け容れ始めたのだ。韓国と台湾が死刑廃止に向かって動くことをより容易にした環境としては、ともに過去の政治的独裁主義との決別を経験したという事実が鍵となるかもしれない。

第3に、日本はアメリカと同様、国際的人権保障体制の創出につながるプロセスに、不承不承、しかも最近になってようやく、参加し始めた[*16]。1990年代初頭まで、日本は国際人権条約の批准を拒んだことで強い批判を浴びた。冷戦の終結以来、日本は人権問題をより真剣に捉え始めたものの、条約を批准する際には留保を付けることが多い。多くの点で、日本は今なお、法と政府の類型について、自足に重きを置く型に固執している。例外だと思われるのは、主に、人権と外交政策の問題については、アメリカの先導に従おうとする傾向があることだ。専門家の中には、こうした問題に関して日本の従属ぶりは極端であり、「傀儡国家」と呼びうると考えている者もいる[*17]。以上の通り、仮説3のように——日本が国際的規範に抵抗できているのは、日本の強さ、安定性、および自足のためであると——解釈することは、仮説4、すなわち外在的なものに原因が求められる可能性の第1番目にも重なる。

4　外在的な力

仮説4．アメリカの死刑存置が付与する正当性

「反事実的」条件文とは、前件が事実ならばどうなるか、ということを示す仮言命題である。以下に3つの例を挙げる。

1. 朝食をもっとたくさん食べていたら、午前11時に腹が減ったりしないだろう。
2. リー・ハーヴェイ・オズワルドがジョン・F・ケネディを撃たなかったら、ほかの誰かが撃っただろう。
3. FBIとCIAがもっと協力していたら、9月11日のテロは起きなかっただろう。

　反事実的思考は、小説や歴史、さらに社会科学の多くの分野で欠かせないものである。もしこうだったらどうなるかという研究法は、広範でさまざまな分野において、多くの興味深い洞察を生み出した[18]。アメリカの経済力、政治力、軍事力、文化力は、アメリカが死刑を廃止したらどうなるか、という想像をかき立てる。以下は1つの可能性である。

　仮説4a：もしもアメリカが死刑を廃止したら、日本も廃止するだろう[19]。
　疑い深い人たちは、こうした「もしこうだったらどうなるか」という仮説について、空想的すぎると考えるかもしれない——象が空を飛んだらどうなるか、と想像するのにちょっと似ていると。しかし、振り返ってみると、アメリカが1970年代または1980年代初頭に死刑を廃止できなかったのは、「歴史的偶然の産物——ニアミス」だったと考える学者もいる[20]。こうした見方によれば、アメリカの死刑の歴史的曲折は、多くの点で「西側諸国の（少なくとも1970年代までの）曲折と著しく似通っており」、現在まで死刑を存置しているのは、アメリカの文化の本質を反映しているのではなく、現実とは別のことが起きる可能性も十分にあった「偶然」を反映しているのである[21]。同様に、将来に——近未来に——目を向けると、極刑を存置している35州（と連邦制度）で死刑が廃

止されるだろうと楽観視する専門家もいる[*22]。そうした希望を与える兆候としては、アメリカの死刑判決および執行の数が1990年代後半のピーク時から60％以上減少していること、1973年以降、130人を超える死刑囚が無実だとして釈放されており、アメリカの多くの地域で、死刑に対する一般の支持、政治的支持を著しく弱める効果をあげていることが指摘されている[*23]。

　というわけで、アメリカは近年、死刑廃止に近づいたし、アメリカで死刑が将来廃止されることは、一部の人びとが考えるほど遠い夢ではないのかもしれない。もしもアメリカが廃止したら——最も実現可能性が高い方法は、連邦最高裁の決定だろうが——、日本は世界の先進民主主義国の中で死刑を手放さない最後の国となり、世界で活動している国際的な廃止論者たちは即座に、関心と精力を日本に集中することになるだろう。そうした状況にあっても、日本が死刑廃止という国際的規範に従わせる圧力に抵抗することは可能かもしれない（1982年以来、捕鯨問題でそうしているように）が、日本の反応としては、近代の歴史において頻繁にとってきた行動をとる可能性が高いのではないか、というのが私自身の見解である。すなわち、外的環境の枢軸に順応し、流れに合わせるのである[*24]。

　国際的圧力に抵抗し、極刑を存置したいと考える国々にとって、アメリカの死刑存置が「傘」となるのは疑いない。アメリカは、「典型的な自由主義の民主国家であり、人権擁護国であると自ら定義する」超大国でありながら、同時に、自国の最高裁が表明する論点を除いては、死刑に関する人権論を拒絶している[*25]。しかし、アメリカが死刑を廃止するようなことになれば、他の存置国を先導している正当性は消滅し、日本のような国々はいっそう危機にさらされるだろう。他の先進諸国の人権活動家や死刑廃止論の主導者らによる外圧に直面すれば、日本にとって、死刑制度を存置する利点は微々たるもの、と考えられるようになるかもしれないのである。

仮説5．韓国との関係

　アメリカの死刑が与える正当性の効果は、日本のみならず、他の存置国にとっても絶大である。しかし、アメリカにおいては顕著な変化が見られず、向こう10年の間に、海外から日本に最も重大な影響をもたらすのはおそらく、東ア

ジア——可能性が一番高いのは韓国であろう。長年、貧しく、開発が遅れ、日本に依存する関係にあると見られてきた韓国であるが、近年は経済的、文化的、政治的に目覚ましい発展を遂げた。実際、韓国は、1990年から約15年をかけて、何世紀にもわたって両国を隔ててきた富、政治的地位、および影響力の格差の相当部分を埋めてきたのだ。韓国が東アジアで最も動的かつ進歩的な政体であると考える専門家もいる。日本が中国以外の競争国を脅威に感じているとすれば[26]、それは韓国だし、韓国国民は少なくとも日本人に照準を定めているものと思われる[27]。

　韓国は1997年12月30日に別々の5つの刑事施設で19人の男性と4人の女性に対する絞首刑を行って以来、死刑を執行していない。10年後の2007年末、韓国は死刑執行ゼロのまま10年が経過し——金大中、盧武鉉大統領の任期に——、「事実上の死刑廃止国」となった。そして2年後、韓国は欧州評議会に対し、死刑の執行はしないと誓約し、死刑の公式廃止に向けてさらに重要な一歩を踏み出した[28]。この誓約が特筆に値するのは、アジアで同様の約束をした国家がほとんどないからというだけでなく、韓国の世論が死刑を支持し（3対1以上の割合で）、近年死刑判決を受けた悪名高き連続殺人犯たち——少なくともそのうち1人は執行を志願していた——を絞首刑にすべきだと、大衆、メディアが求めていた時期に、李明博大統領の保守政権がそのような誓約を行ったからだ。

　韓国は事実上の死刑廃止国となったことを誇りに感じており、日本と比較したい気分になるかもしれない——さらに、人権に関する競争で日本人を凌駕しようという気持ちになるかもしれない。日本にとって、「文明と啓蒙」に関わる領域で韓国の後塵を拝することは、ややもすると不快なことかもしれない。ソウル在住のあるカトリックの神父は、「韓国の国会が死刑廃止を票決したら、日本もそうするだろう。日本人は何につけ、韓国に抜かれるのを嫌がるから」と話したことがある[29]。もしこの予感が当たれば——当たると考える評論家もいる——、廃止に向けた韓国のさらなる進展が（韓国ほどではないが、台湾の進展も）、日本に圧力をかけることになるかもしれない。こうした状況下において、死刑廃止を推進する人たちにとって最も効果的な戦略は、東アジアの国家どうしを敢えて比較することかもしれない。それによって、「世界においてふさわ

しい地位を占める」ことに長年関心を抱き続けてきた日本という国に、地位の不安を感じさせることになるかもしれないから[*30]。

仮説6. アジアにおける地域連合の貧弱性

東ヨーロッパおよび中央ヨーロッパでは、ソ連崩壊後もただちに死刑を廃止しなかった国々は、西ヨーロッパ諸国およびこれらの諸国が統治する地域連合——特に欧州連合と欧州評議会——からの圧力の標的となった。特に効果的な戦略の1つは、欧州評議会への加盟、西欧との経済的統合を望む国々に、死刑の廃止を条件としたことであった。実際、こうした誘因が大きな役割を果たして、アルバニア、ブルガリア、エストニア、ラトビア、リトアニア、ポーランド、トルコで死刑の廃止が実現した[*31]。

アジアでは何世紀にもわたり、国家および文化の相互交流が行われてきたし、ASEAN(東南アジア諸国連合)、ASEANプラス3、東アジア首脳会議、APEC(アジア太平洋経済協力)を含め、実にさまざまな地域連合または準地域連合が現存する。しかし、こうした地域的結合の大半は、経済や安全保障問題を討議するにとどまり、人権問題を討議する会議ではない。さらに本質的な問題として、これらの会議は伝統的に「さんざん話し合っても、行動を起こすことは少ない」機関であり、その理由の1つとしては、アジアにおいては発展の段階も政治システムもいまだにまちまちである、ということが挙げられる。こうした状況下では、死刑廃止やその他の人権問題の改善に向け、地域レベルで圧力が高まるという可能性はほとんどないように思われる。死刑の改革に向け、アジアで起こっている主な動きは、たいてい、個々の独立国家内部で生じた進展、あるいは、地域的というより国際的な外在的影響力によって推進されている。こうした重要な側面により、概してアジアは、特に日本は、1990年以降の中央ヨーロッパ、東ヨーロッパ諸国に比べ、死刑廃止を実現するにはより困難な環境にある[*32]。

5 内在的な力

仮説7. 死刑に対する大衆の支持

日本の大衆は長年、死刑を支持し、大衆の支持は近年、強まっている。

1952年に占領が終わって以来、死刑問題に関して40近くの主要な調査が行われ、ほぼすべての調査において、国民の大多数が死刑の存置を望むと答えた（偏りのある標本や、死刑廃止派による支持率調査は除く）*33。直近では、内閣府が2010年に発表した世論調査があり、回答した日本人の86％が死刑の存置を望むと答えたのに対し、死刑を廃止してほしいという回答はわずか6％に過ぎなかった*34。この支持率は日本の最高記録で、死刑を支持するというアメリカ人が3分の2かそこらなのに比べ、はるかに高かった*35。日本が死刑を存置しているのは、日本が民主主義国家であり、国民の多数が極刑を存続させたいと考えているからなのだろうか。つまり、日本が死刑を存置しているのは、「民主主義が機能している」ことの反映なのだろうか*36。

　この仮説は十分合理的だと思われる。というのは、日本は民主主義国家であり、民主主義国家というのは概して、国民が望むことを実行するものだと考えられているからだ。しかし、大衆が支持しているからという仮説には、少なくとも2つの問題がある。第1に、アジアでは各国とも死刑に対する強い支持があるのに、死刑の政策や執行率は多岐にわたっている。フィリピン（民主主義国家である）の大衆の支持率は2006年に死刑が廃止された当時、約80％で、他方、民主政権である韓国、台湾は成人の3分の2以上が死刑を支持しているのに、韓国では1997年以降死刑を執行しておらず、台湾は2005年に死刑の執行を停止した。独裁主義で、世界中で最も積極的な死刑執行国家である中国では、大衆の死刑支持(58％)は、きちんとした証拠が存在するアジアの他国に比べても著しく低いということが、マックスプランク研究所の調査で明らかとなった。さらに一般的に言えるのは、アジアの29法域のうち16法域が法律上または実際上死刑を廃止しており、入手可能な証拠によれば、そうした法域では、死刑が廃絶した当時、多数が死刑制度を支持していたにもかかわらず、廃止したということだ*37。こうした状況にあって、大衆の支持という定数が、いかにして、死刑の政策と実践という実に多様な変動の主因となりうるのかを読み取ることは困難である。

　「民主主義が機能している」からだという仮説を生き返らせる方法があるとすれば、それは、死刑が廃止または大幅に改革されたアジアの国や地域——韓国、台湾、フィリピン——の民主主義に比べ、日本の民主主義が世論に敏感な傾向

がある、または敏感にならざるを得ないということを示すことである。それは事実かも知れないが、決して定かではない。それどころか、十分に検討を重ねた日本研究の中には、日本の政治システムが国民の欲求に対し、実際はかなり鈍感であると述べたものが多い[38]。

　大衆が支持しているからという仮説の第2の問題は、日本国民は死刑に賛成なのかもしれないが、死刑について十分に知らされているとは思えない、ということだ。1972年のファーマン対ジョージア州(Furman v. Georgia)事件で、アメリカ連邦最高裁のサーグッド・マーシャル(Thurgood Marshall)判事は、のちに「マーシャルの仮説」と呼ばれる意見を述べた。つまり、死刑について知れば知るほど、人は死刑を支持しなくなる、というものである。この見解に従えば、死刑を支持するというのは、死刑に関する知識が欠けていることの表れであり、教育や論理的で熱心な説得に感化されやすいということでもある。これまでに複数の学者がマーシャルの仮説の検証を試みたものの、論拠が理解困難で矛盾もある。それでも、日本国民が死刑についてじっくり考えられるだけの情報と時間を与えられたなら、死刑に関して賛成、反対いずれの方向へも態度を変えるだろうと推測できる論拠も中にはある[39]。

　さらに、大概の日本国民が死刑執行の実態について知らないのは、日本の死刑制度が長い間、他国では類を見ないほど極端な秘匿と沈黙という政府方針によって覆い隠されてきたせいかもしれない[40]。私が2003年と2004年、日本国民に死刑についてインタビューした際、回答者の多くが、日本では電気椅子を使っているものと誤信していた(この誤信はハリウッド映画の影響を反映しているのかもしれない)[41]。

　死刑に関する国民の知識の乏しさを説明する際、秘匿と沈黙という政府方針に加え、もう1つ有益な日本の特徴は、死刑囚4人が冤罪で無罪判決を受け、釈放された1980年代以降、死刑の確定判決が覆った事例がないという事実である。対照的にアメリカでは、1976年から2009年の間に、130人以上の死刑囚が無実の証拠によって確定判決が覆り、釈放されている。こうした冤罪と、無実の死刑囚について論じることの「倫理的効果」によって、アメリカでは死刑への支持が顕著に漸減した[42]。対照的に日本では、無実の死刑囚について論じても、それが動因となることはほとんどなかった。無実の死刑囚が1人もい

ないから、というわけではないだろうに[*43]。

　要するに、大衆の支持を得ているからという仮説はさらなる研究を要するものの、「日本に死刑があるのは、日本人が求めているからだ」という単純な主張は、他国と比較しての論拠や、世論は十分な情報に基づいていないという日本国内での論拠によって反証されている。今後何年かすれば、裁判員制度という日本の新しい制度によって、ぐっと多くの市民が、直接間接、死刑の実態に触れることになるだろう。死刑についてより詳しく知ることで死刑の支持が減るのかどうかはまだわからないが、1つの結果としてそうなるのではないかと予測する専門家もいる[*44]。

仮説8. 贖罪と人権に関する日本文化の特質

　仮説7は、日本の死刑に対する大衆の幅広い支持を指摘することにより、死刑の存続について大まかな文化的解釈を行うことを前提とした。仮説8では、日本社会における支持の大きさではなく、日本に存在するとされる文化様式のうち、死刑の廃止を困難にする2つに絞って取り上げるため、より具体的な意味で「文化的」な仮説となる。

　第1の様式は、死刑は極悪非道な罪を贖うのにふさわしい方法——時として唯一の方法——であるという信念だ。この考えによれば、犯罪者は償いをするため、そして社会の正義感を満足させるため、自身の生命を放棄しなければならない。すなわち、倫理的均衡と象徴的浄化に関わる問題なのである。2007年10月、鳩山邦夫法務大臣が以下のように説明した。

> 　私の発言〔訳注：「法相が絡まなくても自動的に死刑執行が進むような方法があればと思うことがある」との発言〕については世論の8割が支持してくれている。死刑制度そのものについては、さっきも言いましたが、〔訳注：廃止論についても＝原文〕冷静に考えたいと思っています。EUとか世界の潮流が死刑廃止に動いていることも承知している。ただ、いまの日本では、私は死刑はまだ廃止できる段階にはないと思っています。……
> 　日本人はすごく命の大切さを尊ぶがゆえに命を奪うような行動については死をもって償うべき、という考えがある。ところが欧州は、力と闘争の文

明なんです。だから逆に死刑を廃止してもいい、という方向になるんです。これは理解すべき点ですよ。いわゆる力と闘争の文明は逆なんです。もともと命を尊ぶ思想は日本人よりも弱い。だから死刑がなくてもいいという発想にいく。まずそこの文明論を私は理解すべきだと思います。……
私が〔訳注：死刑執行の署名をするのは〕嫌だと言ったことに対して、無責任だとか、だったら法務大臣にならなければいい、といった批判がある。だけど人間として当然でしょ。人の命が絶たれるわけですからね。もちろん、大臣としてそこから逃げるわけにはいきませんよ。私は人命を尊ぶがゆえに、殺人という方法で人命を「無」にしてしまった人に対しては償いをしてほしい。何人殺しても死刑にならないなんていう風潮が生じることは、治安上も人命尊重の思想上も、絶対に許されない。だから私は死刑は執行すべきだと思うし、死刑制度はなくしてはならないと思っています（傍点部は筆者による強調）*45。

　鳩山氏が死刑執行を積極的に命じたことについてのこうした説明には（法務大臣として13カ月在任した間、彼は13人の死刑執行命令書に署名した）、切腹（腹切り）に関する伝統的な日本人の感性が投影されている。切腹とは、侍＝武士階級の規律の1つとして日本の封建時代（1190-1867年）に因習化された自決による、日本の伝統的な自死の方法である。この儀礼的自死という様式は、何世紀にもわたって、「名誉ある刑であり、必要な刑の一形態」として時として犯罪者に科されてきた*46。切腹自体はほぼ絶滅したが、この自決という様式によって本来表出しようと意図された価値観があり、日本人の中には、この価値観を信奉していると思われる者が今なおいる*47。実際、法務大臣はよく、死刑執行を翌日に控えた死刑囚に「心情の安定」を植え付けることを強調するのだが、これを理解する1つの方法がある。心情の安定を重視するのは、非難されるべき特定の者が罪を償い、名誉を損なわずに死ねるようにという意図であり、そうした意図を具現した歴史的実践に由来するのだ、と解釈することである*48。
　死刑支持につながる可能性のある2つ目の文化様式は、卓越した比較社会学者Ｓ.Ｎ.アイゼンシュタット（Eisenstadt）の言説にあるように、日本人が「他文明の普遍的主張」をはねつけることを殊の外好む、という点である*49。この考

えによれば、普遍的主張——「生存権」や人間は誰しも「固有の尊厳」を持つという信念など——は、日本人の「非軸」文明の信念とは一致しない。非軸文明は、超自然的な理法と世俗的な理法との隔たりに目を向けることはまずないし、それゆえ、理想主義的な観点に従って社会を改革しようとすることもまずない。日本研究家のカレル・ヴァン・ウォルフレン(Karel van Wolferen)は、次のように言う。

> つまるところ、……日本の社会政治的現実を決定する最も重要な要因、政治的に抑圧された幾世紀もの間に日本人の知的生活に植え付けられた要因とは、どんな状況にあっても常にあてはまる真理、法則、原理、倫理というものがあるのだという考えが、日本人にはほとんどないということである。日本で一定期間滞在したことのある者なら、西洋人のみならずアジア人の大半が、こうした考えの欠如に衝撃を受けるだろう。日本の思想家の中にも、そのことが日本における大衆の行動を決定づける最大の要因だと見る向きもある。他の影響を受けない普遍的な真理や不変の宗教心といった概念は、社会的指令や権力者の命令といった世俗的な現実を乗り越え、日本にも当然流入したが、そうした概念が後世の世界観に根を下ろすことは決してなかったのである[*50]。

アイゼンシュタットとヴァン・ウォルフレンの見方が日本文化の真の特徴を捉えているとすれば、人権という枠組みや主張を絶対視することへの反発は、死刑を改革する上で重大な障害となるかもしれない[*51]。

仮説9. 大衆迎合的刑罰主義、厳罰化、被害者を満足させる必要があるとの認識

近年、日本における厳罰化(刑罰の厳しさが増すこと)のうねりと大衆迎合的刑罰主義に関する論文がいくつも書かれている[*52]。日本の犯罪被害者も同様に、刑事訴訟手続において、戦後に比べて格段に高い地位、注目度、および影響力を得た[*53]。こうした進展は、近年起きている死刑判決ならびに死刑執行の急増を説明するのには役立つが、最近の変化だと言われており、そうした変化が

起きる前から50年と言わず続いている日本の死刑存置を説明することはできない。過去に遡れば、上述の要素が影響を及ぼしたのは、ここ10年かそこらに過ぎない。ただ、将来に目を向ければ、今後も引き続き、刑罰政策を形成する要素となるかもしれない[*54]。

　日本から死刑執行人がいなくなるのを望む人びとにとって好ましい情報は、死刑の大改革——完全廃止または死刑執行停止期間の延長——というものは、刑事司法システムにおける死刑以外の進展状況に影響されることがほとんどないと思われる、ということである。フィリピン、タイ、台湾はいずれも、モラル・パニック、犯罪と刑罰に関するメディアの品のない報道、政治家と検察官による「厳罰をもって臨む」というポーズと政策の形成があったにもかかわらず、死刑廃止もしくは一時停止を行った。こうした国々や地域、状況（大衆迎合的刑罰主義が出現していない韓国も含めて）において、死刑政策を変える鍵となった直接の原因は、リーダーシップ——より懲罰的な対処を好む市民や役人の抵抗に遭いながらも実行された政治主導であった。

　2009年8月に日本の民主党が圧勝した——そして死刑廃止論者の千葉景子が法務大臣の地位に上り詰めた——後、日本の新政権はそれまでの10年間とは異なる方向へと、死刑の舵を切った。民主党が勝利してから10カ月間、死刑は執行されず、2009年5月に裁判員制度が導入されて1年間、新たな裁判体が死刑判決を言い渡すことはなかった（実際、検察は1件も死刑を求刑しなかった）。しかし、死刑に対するこうした抵抗は、長続きしないかもしれない。1つには、新政権党が2009年の選挙で成功を収めてから1年のうちに、スキャンダルに加え、沖縄の米軍基地問題で一貫しない姿勢に対する批判、消費税率アップを検討するとした決断に対する国民の不安によって揺れ、これらがすべて、2010年7月の参議院選挙における敗北につながったからだ。さらにもう1つ、千葉景子法務大臣は参議院選挙で落選後、死刑囚2人に対する執行を命じ、長年にわたって死刑廃止を唱えてきたこの人物が大臣に在任している間は、絞首刑も「棚上げ」されるに違いないと信じていた多くの人びとを驚かせたからである[*55]。次の法務大臣がかつての千葉氏ほど死刑に反対することはありそうになく、民主党政権がさらに弱体化すれば、国民の圧倒的支持を得ている死刑の実践に関し、危ない橋を渡ることにはいっそう及び腰になるかもしれない。

目下のところ、日本における死刑の行方は、新政権の運命に絡むと思われ、また、さまざまな政治課題に決断を下すことのできる、強力で結果を出せるリーダーを民主党とこの国が見いだせないでいる困難な状況とも結びついているように見える。

6　結論

　ベンジャミン・カードーゾ(Benjamin Cardozo)はアメリカ連邦最高裁判事に任命される前年の1931年、「死刑存置はまさに、今でも多くの人びとにとってはそうだろうが、おそらく次世代にとっては、悩むに及ばないほど論外で時代錯誤な問題となり、生命の貴さを論ずる我々の耳障りな言説など、容赦ない非難を交えて、嘲笑されることだろう」と予測した[*56]。60年後に「死刑廃止国際条約の批准を求めるフォーラム'90」(以下、「フォーラム90」)——日本最大の死刑廃止推進団体——が組織されたとき、その主な目的は日本政府を説得し、死刑廃止国際条約を批准させることだった[*57]。
　しかし、カードーゾもフォーラム90も、そして他の死刑廃止論者の多くも、この間落胆してきた。この論文の主な狙いは、日本が死刑に関わり続ける原因について、日本国内の優れた学者たちによる研究の呼び水となることである。アメリカの死刑存置に関しては、多くの論文と書物が執筆されてきた。対照的に、日本の死刑存置に関しては随分なおざりにされ、研究が極端に少ない。この論文では、可能性を指摘する解釈を生半可に列挙したに過ぎないが、何かしら、死刑制度の存置に関するさらなる研究を促すものがあるだろう。死刑制度の存置は、単に知的好奇心をそそる謎ではなく、かなり重要な実践的問題でもある。
　言うまでもなく、日本の死刑存置の問題だけが研究を要する対象というわけではない。テーマの一例を挙げるなら、異常だと思われる日本の死刑のあり方に関連した謎がいくつかある。たとえば、日本の死刑執行の過程を覆い隠す秘匿と沈黙という政府方針は、どこに歴史的起源があるのか。近年、日本で死刑の判決と執行が増えているのはなぜなのか。凶悪犯罪で起訴された被告人の弁護に当たって、大衆とメディアの厳しい批判に直面した際、被告人の命を救う

ために、日本の弁護人はどんな法的技術と弁論の戦略を用いるのか[58]。さらに、2009年に施行され、死刑相当事件をも審理する裁判員制度の下、日本の死刑にどういったことが起きるのか[59]。これらの問いもまた、真摯な研究に値し、この論文が分析の中心に据えた死刑制度の存在を前提としたものなのである。

[1] David T. Johnson, "Asia's Declining Death Penalty," *Journal of Asian Studies*, Vol.69, No.2 (May 2010), pp.1-10.

[2] 全犯罪で廃止：オーストラリア(1985年に廃止)、ブータン(2004年)、カンボジア(1989年)、東ティモール(1999年)、香港(1993年)、マカオ、ネパール(1997年)、ニュージーランド(1989年)、フィリピン(2006年)。「事実上の」廃止(死刑を10年以上執行していない)：ブルネイ(最後の執行は1957年)、ラオス(1989年)、モルディブ(1952年)、ミャンマー(1989年)、パプアニューギニア(1950年)、韓国(1997年)、スリランカ(1976年)。死刑存置：バングラデシュ、中国、インド、インドネシア、日本、マレーシア、モンゴル、北朝鮮、パキスタン、シンガポール、台湾、タイ、ベトナム。

[3] 2007年に死刑を執行しなかったアジアの21法域：オーストラリア、ブータン、ブルネイ、カンボジア、東ティモール、香港、インド、ラオス、マカオ、マレーシア、モルディブ、モンゴル、ミャンマー、ネパール、ニュージーランド、パプアニューギニア、フィリピン、韓国、スリランカ、台湾、タイ。2008年に死刑を執行しなかったアジアの19法域は、マレーシアとモンゴルを除く上記の全法域で、マレーシアとモンゴルは同年、少なくとも１人を処刑した。http://www.amnesty.org/en/death-penalty/death-sentences-and-executions-in-2008/asiaを参照。

[4] David T. Johnson and Franklin E. Zimring, *The Next Frontier: National Development, Political Change, and the Death Penalty in Asia* (New York: Oxford University Press, 2009); and David T. Johnson and Franklin E. Zimring, "Death Penalty Lessons from Asia," *Asia Pacific Journal,* September 28, 2009. http://www.japanfocus.org/-David_T_-Johnson/3228で入手できる。

[5] 日本の年間死刑執行数が15件に跳ね上がった2008年でさえ、人口100万人当たりの死刑執行率は0.118で、アメリカの0.122よりわずかに低かった——これは、アメリカの率が15年間で最低の年だった。

[6] David T. Johnson, "Japan's Secretive Death Penalty Policy: Contours, Origins, Justifications, and Meanings," *Asian-Pacific Law & Policy Journal,* Vol.7, Issue 2 (Summer 2006), pp.103-106 (http://www.hawaii.edu/aplpj/articles/APLPJ_07.2_johnson.pdfで入手できる); David T. Johnson, "Where the State Kills in Secret: Capital Punishment in Japan," *Punishment & Society*, Vol.8, No.3 (July 2006), pp251-285. 後者の論文は菊田幸一教授により、「秘かに人を殺す国家——日本の死刑」として日本語に翻訳された。自由と正義58巻９号(2007年９月)111-127頁、

58巻10号（2007年10月）91-108頁。
*7 　アメリカの死刑存置に関する学術論文は膨大にあるが、最も示唆に富む解釈を3つ紹介する。Carol Steiker, "American Exceptionalism," *Oregon Law Review,* Vol.81 (2002), pp.97-130; Franklin Zimring, *The Contradictions of American Capital Punishment* (New York: Oxford University Press, 2003); David Garland, "Capital Punishment and American Culture," *Punishment & Society,* Vol.7, No.4 (October 2005), pp.347-376（Zimring の「アメリカの例外主義」を批判している）。Garlandはこのほか、*Peculiar Institution: America's Death Penalty in an Age of Abolition* (Harvard University Press, 2010)を上梓した。この新刊で取り上げられたテーマのいくつかは、以下に初出している。"Death, Denial, Discourse: On the Forms and Functions of American Capital Punishment," in David Downes, Paul Rock, Christine Chinkin, and Conor Gearty (ed.), *Crime, Social Control and Human Rights: From Moral Panics to States of Denial—Essays in Honour of Stanley Cohen* (Portland, OR: Willan Publishing, 2007), pp.136-154; and "The Peculiar Forms of American Capital Punishment," in *Social Research,* Vol.74, No.2 (Summer 2007), pp.435-464. http://goliath.ecnext.com/coms2/gi_0199-6959887/The-peculiar-forms-of-American.htmlで入手できる。
*8 　複合的な決定に関しては、Carol Steiker, "American Exceptionalism," *Oregon Law Review,* Vol.81 (2002), p.101を参照。複数の要因による決定に関しては、David Garland, *Punishment and Modern Society: A Study in Social Theory* (Chicago: The University of Chicago Press, 1990), p.280を参照。
*9 　Arthur L. Stinchcombe, *Constructing Social Theories* (Chicago: The University of Chicago Press, 1968), p.103.
*10 Franklin E. Zimring, The Contradictions of American Capital Punishment (New York: Oxford University Press, 2003), p.23; and Eva Puhar, "The Abolition of the Death Penalty in Central and Eastern Europe: A Survey of Abolition Processes in Former Communist Countries," Master's thesis, National University of Ireland, 2003; http://www.wmin.ac.uk/law/pdf/Eva.pdfで入手できる。
*11 David T. Johnson, "Japan' Secretive Death Penalty Policy: Contours, Origins, Justifications, and Meanings," *Asian-Pacific Law & Policy Journal,* Vol.7, Issue 2 (Summer 2006), pp.80-87.
*12 Richard J. Evans, *Rituals of Retribution: Capital Punishment in Germany, 1600-1987* (London: Penguin Books, 1996), ch.17.
*13 Franklin E. Zimring, *The Contradictions of American Capital Punishment* (New York: Oxford University Press, 2003), p.23; and David T. Johnson and Franklin E. Zimring, *The Next Frontier: National Development, Political Change, and the Death Penalty in Asia* (New York: Oxford University Press, 2009), ch.5-6. 台湾は

2005年以降、死刑を執行していない。
*14 Petra Schmidt, *Capital Punishment in Japan* (Leiden: Brill, 2002), pp.78-83.
*15 Sangmin Bae, "Self-Sufficiency, Democratic Stability, and Noncompliance: When Advanced Democracies Violate International Human Rights Norms." Unpublished paper, June 2009, pp.1-37.
*16 死刑廃止という国際的規範に加え、アメリカは拷問、気象変動に関する京都議定書、国際刑事裁判所、生物兵器禁止、軽兵器貿易条約、弾道弾迎撃ミサイル制限条約に関連する規範に対し、抵抗または拒絶している。
*17 Gavan McCormack, *Client State: Japan in the American Embrace* (London: Verso, 2007)を参照。死刑に関して言えば、こうしたアメリカ追従主義の形態が、日本に死刑を実践させ続けているのであり、他国には見られないほど極端だと考えられている密行主義もその実践に含まれる。実際、日本の官僚は、自国の死刑制度における透明性の欠如について弁明する際、より開かれた形で死刑を執行しているアメリカの方針の方がもっとひどい、という方便で正当化することがよくある。David T. Johnson, "Japan's Secretive Death Penalty Policy: Contours, Origins, Justifications, and Meanings." *Asian-Pacific Law & Policy Journal,* Vol.7, Issue 2 (Summer 2006), pp.103-109を参照(http://www.hawaii.edu/aplpj/articles/APLPJ_07.2_johnson.pdf で入手できる)。
*18 Niall Ferguson, *Virtual History: Alternatives and Counterfactuals* (New York: Basic Books, 2000); Stephen L. Morgan and Christopher Winship, *Counterfactuals and Causal Inference: Methods and Principles for Social Research* (Cambridge: Cambridge University Press, 2007)などを参照。
*19 過去形で推論を述べることも可能である。「もしもアメリカが死刑を廃止していたら、日本も廃止していただろう」。
*20 Carol S. Steiker, "Capital Punishment and American Exceptionalism," *Oregon Law Review,* Vol.81 (2002), p.129.
*21 David Garland, "Capital Punishment and American Culture," *Punishment & Society,* Vol.7, No.4 (October 2005), p.365.
*22 Charles Ogletree Jr. and Austin Sarat, *The Road to Abolition? The Future of Capital Punishment in the United States* (New York: New York University Press, 2009)のさまざまな章を参照。しかし、この書物の1章で、Michael W. McCannとDavid T. Johnsonが短・中期的な見通しとして、アメリカの死刑廃止の可能性について楽観視していないことに留意したい("Rocked But Still Rolling: The Enduring Institution of American Capital Punishment in Historical and Comparative Perspective")。
*23 Frank R. Baumgartner, Suzanna L. De Boef, and Amber E. Boydstun, *The Decline of the Death Penalty and the Discovery of Innocence* (New York:

Cambridge University Press, 2008).

*24 Kenneth B. Pyle, *Japan Rising: The Resurgence of Japanese Power and Purpose* (New York: PublicAffairs, 2007); Petrice Flowers, *Refugees, Women, and Weapons: International Norm Adoption and Compliance in Japan* (Stanford: Stanford University Press, 2009).

*25 Roger Hood, "Capital Punishment: A Global Perspective." *Punishment & Society,* Vol.3, No.3 (July 2001), p.343.

*26 もちろん、中国は日本にとってもう1つの強大なライバルではあるが、人権、とりわけ死刑に関する実績を日本が向上させるよう、中国が有意な圧力をかけることは想像しにくい。中国は近年、2007年に推計6000件、2008年には5000件以上の死刑を執行し、執行総数は全世界の90％以上にのぼると推測される。David T. Johnson and Franklin E. Zimring, *The Next Frontier: National Development, Political Change, and the Death Penalty in Asia* (New York: Oxford University Press, 2009), pp.231-243.

*27 David T. Johnson and Franklin E. Zimring, *The Next Frontier: National Development, Political Change, and the Death Penalty in Asia* (New York: Oxford University Press, 2009), pp.97-99.

*28 *Hankyoreh,* "South Korean Government Pledges Non-Application of the Death Penalty," September 2, 2009.

*29 Sangmin Bae, "Ending State Killing in South Korea: Challenging the Asian Capital Punishment Status Quo." in Austin Sarat and Christian Boulanger (ed.), *The Cultural Lives of Capital Punishment: Comparative Perspectives* (Stanford, CA: Stanford University Press, 2005), p.322に引用されている。

*30 Ruth Benedict, *The Chrysanthemum and the Sword: Patterns of Japanese Culture* (Cleveland and New York: Meridian Books, 1946)〔邦訳：ルース・ベネディクト、長谷川松治訳『菊と刀：日本文化の型』（講談社、2005年)〕, p.43.

*31 Franklin E. Zimring, *The Contradictions of American Capital Punishment* (New York: Oxford University Press, 2003), p.36.

*32 David T. Johnson and Franklin E. Zimring, *The Next Frontier: National Development, Political Change, and the Death Penalty in Asia* (New York: Oxford University Press, 2009), pp.337-344.

*33 優れた概説として、佐藤舞 "Public Opinion and the Death Penalty in Japan," December 2007, pp.1-39を参照。これは、佐藤が2006年、ロンドン大学東洋アフリカ研究所において執筆した犯罪学の法学修士論文を基にした未公刊の論文である。

*34 同様に、浜井浩一・龍谷大学教授が2006年に行った犯罪被害調査によると、日本の回答者の86％が死刑存置を望むと答えた。2009年11月4日、フィラデルフィアで開催されたアメリカ犯罪学会年次大会で発表された浜井浩一の報告 "Capital

Punishment in Japan" 13頁を参照。2010年に内閣府が発表した調査では、死刑を支持すると答えた人のうち54％が、被害者と遺族の感情を満たすために必要だと答え、53％は命をもって罪を償うべき犯罪者もいると答え、52％は死刑を廃止すれば凶悪犯罪が増えるだろうと答えた。

*35 David T. Johnson, "Japan's Secretive Death Penalty Policy: Contours, Origins, Justifications, and Meanings." *Asian-Pacific Law & Policy Journal,* Vol.7, Issue 2 (Summer 2006), p.112（http://www.hawaii.edu/aplpj/articles/APLPJ_07.2_johnson.pdfで入手できる）。

*36 「機能している民主主義」を反映した刑罰政策が最良である、という主張に最も密接な関連があるのはJames Q. Wilsonの主張である。Wilsonの"Criminal Justice in England and America," *The Public Interest,* No.126 (Winter 1997), pp.3-14を参照。仮説7は歴史学者Stuart Bannerがアメリカについて述べた言説の日本版でもある。「死刑に関し、アメリカと他の富める民主国家との違いは、ひとえに、選挙で選ばれたアメリカの公職者たちの方が、有権者の多数に支持された政策を実行する必要があると認識しているという意味において、より民主的であるということかもしれない」。Stuart Banner, *The Death Penalty: An American History* (Cambridge, MA: Harvard University Press, 2003), p.301を参照。アメリカの死刑存置に関する同様の議論は、以下の文献においてもなされている。Richard Posner, "Capital Crimes," *The New Republic,* April 1&8, 2002, pp.32-34; and Robert M. Bohm, "American Death Penalty Opinion: Past, Present, and Future," in James R. Acker, Robert M. Bohm, and Charles S. Lanier (ed.), *America's Experiment with Capital Punishment* (Durham, NC: Carolina Academic Press, 2003), pp.27-54.

*37 David T. Johnson and Franklin E. Zimring, *The Next Frontier: National Development, Political Change, and the Death Penalty in Asia* (Oxford University Press, 2009), pp.16, 302, 368.

*38 Karel van Wolferen, *The Enigma of Japanese Power: People and Politics in a Stateless Nation* (New York: Alfred Knopf, 1989)〔邦訳：カレル・ヴァン・ウォルフレン、篠原勝訳『日本／権力構造の謎 上・下』（早川書房、1990年）5頁〕, Chalmers Johnson, *Japan: Who Governs? The Rise of the Developmental State* (New York: W.W. Norton, 1995), pp.115, 212などを参照。

*39 佐藤舞 "Deliberative Survey on the Japanese Death Penalty System, June 16, 2009を参照。http://www.tuj.ac.jp/newsite/main/community/pdf/icjs_090616.pdfで入手できる。この研究では、（調査対象者50人のうち）40％が「情報を与えられ、熟考した結果、死刑に対する態度を変え」、態度の変化は死刑存置から廃止へ、あるいはその逆と、いずれの方向にも見られた。

*40 布施勇如が2009年11月5日、アメリカ犯罪学会年次大会で発表した報告"Publicity and Secrecy Concerning Execution: A Contrast between the United States and

Japan"を参照。
*41 David T. Johnson, "Japan's Secretive Death Penalty Policy: Contours, Origins, Justifications, and Meanings," *Asian-Pacific Law & Policy Journal*, vol.7, issue 2 (summer 2006), pp.111-117 (http://www.hawaii.edu/aplpj/articles/APLPJ_07.2_johnson.pdfで入手できる)、坂上香「ふたつの『死刑』制度——日米の『殺す』文化を考え直す」世界782号(2008年9月)173-181頁を参照。
*42 Alan W. Clarke and Laurelyn Whitt, *The Bitter Fruit of American Justice: International and Domestic Resistance to the Death Penalty* (Boston: Northeastern University Press, 2007), p.134; and Frank R. Baumgartner, Suzanna L. De Boef, and Amber E. Boydstun, *The Decline of the Death Penalty and the Discovery of Innocence* (New York: Cambridge University Press, 2008).
*43 年報・死刑廃止編集委員会編『無実の死刑囚たち』(インパクト出版会、2004年)。
*44 日本の裁判員制度が死刑の重大な改革の刺激となるだろうという見方については、Leah Ambler, "The People Decide: The Effect of the Introduction of the Quasi-Jury System (Saiban-in Seido) on the Death Penalty in Japan," *Northwestern University Journal of International Human Rights,* Vol. 6, No.1 (Fall 2007), pp.1-23を参照。裁判員制度の下で変化が起きる可能性は「ごく小さい」という逆の見方については、Stephen Landsman and Jing Zhang, "A Tale of Two Juries: Lay Participation Comes to Japanese and Chinese Courts," *UCLA Pacific Basin Law Journal,* Vol.25 (Spring 2008), p.220を参照。
*45 「鳩山邦夫法務大臣『私が死刑を執行する理由』現職がここまで語った」週刊朝日2007年10月26日号。
*46 Jack Seward, *Hara-Kiri: Japanese Ritual Suicide* (Tokyo: Charles E. Tuttle Company, 1968), p.9. 封建時代以前の日本における罪と罰の歴史的解釈として、「罪に対する認識は根本的に政治的なものであった」と強調する文献では、Yoko Williams, *Tsumi—Offence and Retribution in Early Japan* (New York: RoutledgeCurzon, 2003)を参照。
*47 Christopher Ross, *Mishima's Sword: Travels in Search of a Samurai Legend* (Cambridge, MA: Da Capo Press, 2006); and asahi.com, "Minshuto Veteran Urges 'Death' Before Dishonor," March 11, 2006.
*48 法務大臣が死刑囚の「心情の安定」を強調することについての別の解釈は、いうまでもなく、日本の死刑執行をめぐる秘匿と沈黙という方針を正当化しようとするレトリックであると捉えることである。この方針は時として、死刑囚の間に精神異常という症状を生み出す。David T. Johnson, "Japan's Secretive Death Penalty Policy: Contours, Origins, Justifications, and Meanings," *Asian-Pacific Law & Policy Journal,* vol.7, issue 2 (summer 2006), p.73(http://www.hawaii.edu/aplpj/articles/APLPJ_07.2_johnson.pdfで入手できる); Amnesty International, "Hanging

by a Thread: Mental Health and the Death Penalty in Japan," September 10, 2009（http://www.amnesty.org/en/library/info/ASA22/005/2009/enで入手できる）を参照。

*49 S. N. Eisenstadt, *Japanese Civilization: A Comparative View* (Chicago: The University of Chicago Press, 1996)〔邦訳：S. N. アイゼンシュタット、梅津順一・柏岡富英・常行敏夫訳、『日本　比較文明論的考察1・2・3』（岩波書店、2004-2010年）〕, pp.13, 436; David T. Johnson「Japanese Punishment in Comparative Perspective」犯罪社会学研究33号（2008年）59頁。

*50 Karel van Wolferen, *The Enigma of Japanese Power: People and Politics in a Stateless Nation* (New York: Alfred A. Knopf, 1989)〔邦訳：カレル・ヴァン・ウォルフレン、篠原勝訳『日本/権力構造の謎 上・下』（早川書房、1990年〕, p.9.

*51 こうした「文化様式」が存在するのかどうかは定かではない。というのも、日本国家は、ある状況下においては、自国の国内的規範に真っ向から対立する国際的規範・法規を取り入れることを選択してきたからである。Petrice Flowers, *Refugees, Women, and Weapons: International Norm Adoption and Compliance in Japan* (Stanford, CA: Stanford University Press, 2009)を参照。

*52 浜井浩一・Tom Ellis「Genbatuska: Growing Penal Populism and the Changing Role of Public Prosecutors in Japan?」犯罪社会学研究33号（2008年）67-92頁、宮澤節生「Will Penal Populism in Japan Decline? A Discussion.」犯罪社会学研究33号（2008年）122-136頁。

*53 宮澤節生 "The Politics of Increasing Punitiveness and the Rising Populism in Japanese Criminal Justice Policy." Punishment & Society, Vol.10, No.1 (January 2008), pp.47-77.

*54 宮澤節生教授は最近、「日本の大衆迎合的刑罰主義は近い将来、衰退するか」と自問し、「しない」ときっぱり答えた。宮澤節生「Will Penal Populism in Japan Decline? A Discussion.」犯罪社会学研究33号（2008年）132頁を参照。

*55 Richard Lloyd Parry, "Death Penalty Opponent Keiko Chiba Made Japanese Justice Minister," *The Independent,* September 17, 2009. Eiichiro Matsumoto and Takayuki Ojima, "Chiba Persuaded to Carry Out Her 'Duty'," *The Daily Yomiuri,* July 30, 2010, p.3.

*56 Benjamin N. Cardozo, *Law and Literature* (New York: Harcourt, Brace, and Company, 1931), pp.93-94, in Carol S. Steiker, "Capital Punishment and American Exceptionalism," *Oregon Law Review,* Vol.81 (2002), p.97に引用されている。

*57 Petra Schmidt, *Capital Punishment in Japan* (Leiden, The Netherlands: Brill, 2002), p.64.

*58 年報・死刑廃止編集委員会編『特集・光市裁判　なぜテレビは死刑を求めるのか』（イ

ンパクト出版会、2006年)。
*59 David T. Johnson, "Early Returns from Japan's New Criminal Trials," *The Asia-Pacific Journal,* Vol 36-3-09. September 7, 2009を参照。http://www.japanfocus.org/-David_T_-Johnson/3212で入手できる。

(ハワイ大学教授)

第**8**章

韓国の国民参与裁判と死刑

趙炳宣

1 序論

　日本とは異なり、韓国では国民参与裁判に参与する一般国民(陪審員)による死刑の意見の陳述に関して、ほとんど論議にならなくなっている。なぜなら、一方では1997年12月30日を最後に死刑が執行されて以来、死刑が執行されなくなっている現在の状況では事実上死刑宣告の意味が色褪せ、他方では死刑が法定刑に含まれている犯罪の場合、量刑の幅が非常に広くて、死刑宣告自体も非常に極端な凶悪犯罪にだけ適用され、1年に多い場合でさえ1、2件ある程度で、2008年から被告人が申請する場合にだけ開かれる国民参与裁判が始まって以来、陪審員の量刑が職業法官の量刑より概して寛大な傾向を見せている中で、まだ死刑が宣告された事件が1件もないからである。しかし、韓国の実定法上、死刑制度は廃止になったわけではなく、2007年に新しく導入された量刑委員会が2009年4月に殺人犯罪に関する量刑基準を用意したので、この論文ではまず韓国の「死刑宣告後不執行」政策を概観し(以下の「2 韓国の『死刑宣告後不執行』政策」)、次に韓国の量刑問題を検討した後(以下の「3 国民参与裁判の概観と量刑」)、結論に代えて国民参与裁判での陪審員による死刑評決の量刑に対して理論的な分析を提示しようと思う(以下の「4 陪審員の死刑開陳に対する理論的分析——若干の比較法的分析を兼ねて」)。ここで筆者が「理論的分析」といって理論に重点を置く理由は、まだ実際に1件も死刑評決が下されていないし、将来にもそのような可能性がない韓国の状況だが、韓国ではまだ刑法理論において量刑理論が活発に論議されてきておらず、また法定刑の幅が広い実定法の現

状において、それほど実践的機能を持つこともできない状況で、ほとんど世界で初めて大陸法系の国家の中で量刑基準を用意したので、量刑理論に対する検討が非常に切実だと判断したためである。

2　韓国の「死刑宣告後不執行」政策

(1)「死刑宣告後不執行」政策の背景

　韓国では、1997年12月30日に23人の死刑が執行されて以来、現在、死刑が執行されなくなっている。1948年大韓民国政府樹立以後、死刑制度によって刑場の露と消えた人は総計920人である。1949年7月14日に初めて死刑が執行された後、1997年までに920人が死刑になった*1。1998年、金大中(キム・デジュン)が大統領に就任して、死刑宣告を受けた者に対する死刑執行を留保して以降、韓国は死刑存置国と死刑廃止国の間に位置するいわゆる「死刑モラトリアム(moratorium)国家」に分類されている*2。現在、韓国の刑事訴訟法45条1項によれば、死刑判決が確定した日から6月以内に法務部長官が死刑執行命令を下すべきなのに、1997年12月30日以来、事実上韓国刑事訴訟法の「死刑即時執行制度」は死文と化している。死刑執行の待機者数は一時66人にまで増加したが、現在62人である。待機者は、概して2人以上の被殺者を生じた故意の殺人犯である。2007年6月15日婦女子拉致殺害事件の犯人2人が死刑確定判決を受けて韓国の死刑待機既決囚が総計66人にまで増加したが、2007年12月31日に6人が無期懲役に減刑されて60人となった。しかし最近凶悪犯罪が増加して、殺人事件数が2007年762件、2008年783件、2009年898件と増加し、その中でも特に残忍に人を殺害する猟奇的な殺人事件が20件余りに達した。

　このような状況に伴い、その間死刑廃止論が主流となっていた雰囲気が反転して、死刑執行を再開するかどうかを検討する声がときどき出てくることになった。このような流動的な情勢の渦中に、13人を殺害して20人に重傷を負わせた嫌疑で2007年4月死刑が確定していた死刑囚1人が、死刑確定の31カ月後に、死刑執行に対する不安から自殺し、死刑待機既決囚は59人に減った。しかし、その後2010年までに3人の死刑確定者が追加されて、現在、総計62

人が死刑を待機している*3。実際に2010年法務部は、3人の死刑待機者に対して死刑を執行する計画を立てて、断念したことが知られている*4。韓国は過去独裁政権下で、特に政治犯に対する死刑の濫用を経験したので、現政府が保守政権にもかかわらず死刑再執行を断念し、死刑制度は存置されているが執行しなくなっている政策は今後もほとんど変わらないものと見られる。このように「死刑宣告後に死刑を執行しない政策」は、あるいは韓国における「進歩と保守の適切な妥協」と見ても間違いないだろう。しかし実定法を厳密に検討すれば、このような政策は現行実定法に違反していることになる*5。

(2) 韓国の死刑犯罪を規定する実定法の特徴および死刑存廃論争

韓国の現行法は死刑を法定刑で定める犯罪が広範囲で、その犯罪に対する法定刑の幅が非常に広いから、死刑それ自体を実際刑の宣告に活用される刑罰で適用するというよりは、便宜的な統制様式で活用されている傾向がある、と指摘されている*6。生命の直接的な侵害がない犯罪に対しても死刑を規定している。大部分の死刑対象犯罪は人命侵害を要件としていないということで、さらにいかなる結果発生も要求しない危険犯や形式犯に対しても死刑を科する場合もある。人の生命に対する直接的な侵害を要件とする死刑対象犯罪は9個の法律中26カ条に過ぎず、その上に故意殺人犯の形態で規定されている場合はただ12カ条に過ぎない。また、生命侵害を要件とする犯罪の中でも死亡の結果が発生しなかった未遂犯に対しても死刑が宣告される余地がある。刑法25条2項の「未遂犯の刑は既遂犯より減軽することができる」という規定は、判事の裁量による任意的減軽事由に該当するので、未遂犯に対する死刑宣告も刑法解釈上では相変わらず可能である。また、「不正選挙関連者処罰法」5条4項は「予備・陰謀と未遂は、罰する」として、未遂犯だけでなくその予備・陰謀までにも死刑を規定している。通常の予備・陰謀罪とは違いその法定刑を規定しないことによって犯罪の準備段階に過ぎない予備・陰謀に対してまで死刑を宣告することができるということは、実際立法上の欠陥と言われるが、相変らず存在している。たとえ1カ条に過ぎないとはいえ、刑法には「絶対的法定刑」として死刑を科することができる利敵犯罪(93条)がある。それ以外の場合は大部分相対的法定刑として、法官の裁量によって自由刑を選択的に科することができる。

また、犯人が少年の場合に少年法59条の規定「罪を犯すとき18歳に満たない少年に対して死刑又は無期刑をもって処断すべきときは、15年の有期懲役を科する」があるにもかかわらず、18歳の少年に対する死刑は可能だから、これに対する適正性も問題点と指摘される[*7]。少年法の適用年齢が2007年12月21日に改正され、20歳未満から19歳未満に下げられたので、もう19歳の犯罪者は少年法でなく刑法の適用を受けることになるが、18歳の者は相変らず少年であるためである。概して韓国の死刑対象犯罪は合理的な基準がなく、刑罰の合目的性および明確性にも合致しない曖昧な形態を取っていて、根本的な改善が必要だと批判を受けている[*8]。1999年12月7日に、155人の国会議員の発議で死刑廃止特別法案が上程されて、2000年5月29日期間満了で廃案とされた後にも、国会でこれと同じ過程がずっと反復されている状況である[*9]。

(3) 量刑問題としての死刑宣告——誤謬の修正可能性の議論

　韓国で死刑宣告の量刑と関連しては、法定刑で死刑を宣告することができるといっても、その枠内でいかなる犯罪が死刑を宣告するのに適切な犯罪なのか判断しにくい、という問題が提起される。例を挙げれば、韓国では「人革党事件」、「조봉암(チョ・ボンアム)事件」、「金大中(キム・デジュン)事件」と同じ政治犯に対する死刑の濫用に該当するいわゆる司法殺人の問題が、米国における死刑宣告の統計で推測される人種差別の問題のように、死刑宣告の適法手続的な適正性の問題として台頭する。一方、日本でも死刑判決に対して再審が請求された事件で4件が無罪になったことがある[*10]。したがって韓国での争点は、量刑それ自体よりも死刑は即時執行になれば回復不可能である特殊な刑罰という点で誤謬の修正の可能性について論議になる。言い換えれば、死刑宣告の量刑論争は、死刑制度の存廃・賛否それ自体よりは、刑事手続に内在する誤謬可能性を死刑という刑罰の回復不可能である極限的措置に代入して、その誤謬を減少させる可能な方案を探すのに集中している。

　このような問題に対する改善案として、死刑宣告を確定する場合、大法院全員裁判部の全員一致の賛成を要求したり、一定比率以上の多数の賛成(3分の2、5分の4等一定比率以上の多数要件)を要求することが必要だという意見が提示される。その他の意見として、初犯者に対する死刑禁止など、死刑宣告基準を具

体的に明示しようという見解、死刑宣告に限って5審制または陪審制を導入しようという意見、刑事訴訟法上の証拠法に特則を置いて、誰でも認められる確実な証拠や自白なしで死刑宣告をできないようにしようという見解、死刑が宣告できる重大犯罪に対しては、判決前調査制度を導入したり、必要的複数弁護人制度を導入しなければならないという見解も提示されている。その他にも日本改正刑法草案48条3項と同じように、「死刑の適用は、特に慎重でなければならない」という訓示的規定を刑法に導入しようという見解もある*11。

　以上の諸見解と違う次元だが、一方では、確定した死刑判決の即時執行に代える期間を置く方便を用意することによって、特別予防の観点で死刑囚に改善する機会を付与する刑事政策的な執行猶予制度を導入したり、他方では、確定した死刑判決の再審制度を補完して、死刑が宣告された場合、必要的再審事由とする*12、もしくは再審請求事由を拡大する*13、または再審審判を原判決の法院ではなく国家人権委員会もしくは第三の機関を通じてしなければならない、という意見*14がある。また、確定した死刑判決に対して赦免制度を積極的に活用するための審査機構を構成する方案*15も提示される。

　本来、死刑執行猶予制度とは、中国で初めて考案された制度として、中国刑法48条に「当然死刑を判決しなければならない犯罪者に対して、もし必ず即時執行しなければならない場合でなければ死刑判決と同時に2年間その執行を延期するという宣告を下せる」と規定され、死刑即時執行制度に対する代替措置を活用することである*16。韓国にも原則的にこれを導入しようという見解が多数あり、その細部の内容については多様な見解が存在するが、おおむね死刑にも特別予防の観点で執行猶予制度の趣旨を生かすという意味では、原則的に同一の見解と言えるだろう。その多様な諸見解を調べれば、執行猶予判決の範囲と関連して死刑執行を必要的に猶予したり、二元的に運用しようという意見がある。また猶予期間については3年から5年まで、5年、5年から7年までなどの意見がある。猶予期間が経過した後の措置に関しては、その期間が経過すれば直ちに無期刑に切り替えるという見解、情況を参酌して終身刑に切り替えるという見解、最低1年に1回以上死刑執行審査委員会の審査を経て、確かに改悛の状態が確認される場合にだけ、無期刑に減刑できるという見解など、多様な見解が提示された*17。

先述した通り、このような死刑即時執行制度の猶予を通じて韓国は国際的に「死刑執行停止国家(死刑モラトリアム国家)」に分類されることになった。これと関連して、このような法現実を認めて、法務部長官が死刑執行に署名しないことを死刑執行を事実上猶予することと見なして5年または7年が経過した後に審査して、無期刑に減刑できるか否かを決めようという見解もある[*18]。

3　国民参与裁判の概観と量刑

(1) 法律の対象事件および施行段階

　韓国では、「国民の刑事裁判参与に関する法律(法律第8495号)」(以下、「参与法」という)により、2008年から国民参与裁判制度が施行されている。国民が参加する刑事裁判の名称を、「国民参与裁判」と称して、その刑事裁判に参加するために選ばれた者を、「陪審員」と定めることを明らかにしている。現在施行されている制度は、2012年に完成された制度を施行することを目的に、まず第一段階の過程として、臨時に施行された「過渡期的性格を有する準備段階の制度」である。2012年の完成を目標に実験的な段階として、国民参与裁判の対象事件は、刑事事件における重罪事件を対象にしている。具体的罪名を参与法に直接規定する一方で、一定の範囲を定めて,「国民の刑事裁判参与に関する規則」(大法院規則)に委任する「二元的方式」を採択した。2009年7月1日に法院行政処は、大法院規則を一部改正して、適用対象犯罪を48個から59個に拡大した。

表1　【韓日比較1】国民参与裁判と裁判員裁判

	韓国	日本
法律の名称	国民の刑事裁判参与に関する法律	裁判員の参加する刑事裁判に関する法律
参加者の名称	陪審員	裁判員
制定・施行	2007.6.1／2008.1.1	2004.5.28／2009.5.21
対象事件の基準	二元主義(法律＋規則)：主に死亡事件、性犯罪、賄賂事件	法定刑が死刑・無期、又は短期1年以上の罪で故意の犯罪行為により被害者を死亡させた事件
施行段階	過渡期的制度(5年後の最終モデル)	確定的制度(ただし、3年後見直し)

(2) 裁判の実行方式

　国民参与裁判の実行方式は、被告人の選択権と裁判部の排除決定権が並存する方式である。まず国民参与裁判の実施の許否は、裁判を受ける被告人の意思により決定される(選択制)。陪審員の評決を受けたい被告人は、公訴状副本の送達を受けた日から7日以内に書面で国民参与裁判を申請しなければならない。提出しなければ希望しないものと見なされる。しかし、第1回公判が開かれる前までは申請するか否かをさらに考慮することができる。というのも、2009年に大法院が「7日以内に意思確認書を提出しない被告人も第1回公判期日が開かれる前までは国民参与裁判を申請することができる」という決定を下したからである[19]。

　次に被告人が国民参与裁判を選択したとしても、裁判部は参与法9条1項により排除決定を下せる。陪審員、予備陪審員、陪審員候補者またはその親族の生命・身体・財産に対する侵害または侵害のおそれがあって出席が困難であり(1号)、またはこの法律による職務を公正に遂行することができないおそれがあると認められる場合(2号。例：組織暴力事件)、共犯関係にある被告人のうちの一部が、国民参与裁判を望まず、国民参与裁判の遂行に困難があると認められる場合、その他、国民参与裁判によって行うことが適切でないと認められる場合(3号)、法院は事前に検事、被告人または弁護人の意見を聴き、国民参与裁判を行わないことを決定することができる。

表2　【韓日比較2】裁判の実行方式

	韓国	日本
被告人の選択権	有(選択制)	無(義務制)
裁判部の排除決定権	有(裁量の範囲が広い)	有(韓国に比して制限的)

　大法院統計(2008〜2010年9月31日)によれば、すでに導入されて満3年が過ぎた国民参与裁判は、2008年64件、2009年95件で2010年9月まで99件(中央日報2010年12月17日の報道によれば前日まで161件)で次第に増加している。しかし選択制だから、2008〜2009年の2年間の国民参与裁判の対象になる約11,500件の事件中、ただ4.9%(569件)だけが国民参与裁判が申請されたに過ぎない[20]。低い申請率ならびに高い撤回率および排除率は、国民参与裁判の活

性化の障害物であると指摘され続けてきた問題である。法院の努力にもかかわらずその解決の気配が見られなくなっているから、事実上国民参与裁判が枯死危機を迎えていると指摘されている[*21]。筆者は、すでにこのような問題を「国民参与裁判の活性化の問題」と指摘して、各種の設問調査資料を根拠としてその原因を分析したことがある[*22]。その解決策では、主に現行の申請主義を廃止し日本のように必要的国民参与裁判(いわゆる「強制主義」)に転換したり、自白事件・否認事件の基準でも犯罪の軽重にともなう基準を規定して申請主義と強制主義を並行する方案が提示されている[*23]。最近では、申請主義をそのまま維持するものの、被告人だけでなく検事と判事(裁判部)にも申請権を付与して拡大させようという見解も登場した[*24]。統計で見られるように、特に参与法9条1項3号が過度に濫用されているという批判を越えて、法院の排除決定権それ自体を廃止しようという主張も出てきている[*25]。しかし筆者は、すでに筆者が2008年の論文「国民参与裁判の活性化の問題」で指摘したように、国民参与裁判の数だけ量的にのみ把握して解決できる問題でないと考える。国民参与裁判の数が量的に少なくても、質的に充実した裁判を行うことが重要だと考える。特に、公判中心主義の内実化を前提に証拠調査手続と証拠法の分野での既存の刑事手続の短所を補完する契機とすることが必要である。この意味で、「韓国型陪審裁判」の意義は、「選択的な陪審裁判の導入を契機に、職業法官裁判および陪審裁判の刑事手続全体の水準を引き上げることである」と考える[*26]。

(3) 評議・評決の方式およびその拘束力

　有罪・無罪判断を意味する評決は、事件により選定された5～9名の陪審員が全員一致であることが原則である。すなわち、陪審員は原則として法官の関与なしで有罪・無罪に関して評議を行い、全員の意見が一致する場合には、それに従って評決する(参与法46条2項本文)。ただし、判事の関与の可能性を設け、陪審員過半数の要請があれば、審理に関与した判事の意見を聴くことができるものと規定された(同項但書)。検事・弁護人側証拠提示と最終弁論が終れば、参与法においては、陪審員が正しい評決に達することができるように陪審員を指導し、助力となる機能として、裁判長は、弁論が終結した後、法廷において陪

審員に対し、公訴事実の要旨と適用法条、被告人と弁護人主張の要旨、証拠能力、その他の留意すべき事項に関して説明しなければならず、この場合、事件の内容が複雑であるなど必要なときには、証拠の要旨に関しても説明することができるとされている(同46条1項)。その後、陪審員は別途に用意された評議室に入る。評決するための討議過程の「評議」を行うためである。外部の介入なしで陪審員団が内部討議を通じて独自の判断を下せるように、出入りは徹底的に統制される。討議過程でいろいろな人の意見がいつも一致するとは限らないから、万一全員一致に至っていないときは、評決する前に審理に関与する判事の意見を聞いてみることになる。この場合、有罪・無罪評決は多数決で決定することになる。陪審員が行った評決の効力につき、国民参与裁判では、陪審員の評決は法院を拘束するものではなく、単に勧告的効力のみを有するようにしている。

(4) 量刑決定の参与方式

　評決が有罪の場合、陪審員らは判事とともに量刑に関して討論することになる。判事は、法的知識が不足する陪審員に、処罰の範囲と量刑の条件等について詳細に説明する義務がある(参与法46条4項)。陪審員の評決および判事とともに量刑に関し討議して行った意見陳述については、陪審員は単に意見を陳述するだけであり、量刑に関する評決が行われることはなく、陪審員の量刑に関する意見が法院を拘束することもない(同5項)。しかし参与法は、法院ができるだけ陪審員の判断を尊重するようにするために、裁判長が判決宣告時に陪審員の評決結果と異なる判決を宣告するときは、被告人にその理由を説明しなければならず(参与法48条4項)、判決書にもその理由を記載しなければならないとして(同49条2項)、一定の制限を設けている。

　2007年1月法院組織法が改正されて大法院に「量刑委員会」が設置されて(法院組織法81条の2第1項)、「法官は刑の種類を選択し刑量を決定する場合に量刑基準を尊重しなければならない。量刑基準は法的拘束力を持たない。法院が量刑基準の範囲を超えて判決をする場合には判決書に量刑の理由を記載しなければならない」(法院組織法第81条の7第1項、第2項)という規定が導入された。そして、第1期量刑委員会が発足して、2009年4月初めて量刑基準を用意した。最近、量刑委員会は、児童性犯罪に対して宣告刑が低いという非難を受けて、

既存の性犯罪量刑基準を2010年6月29日の議決によって修正し、2010年7月15日から施行するようにした。このような量刑基準は国民参与裁判を含めてすべての刑事裁判に適用されるのであるから、特に陪審員の量刑意見を開陳するのにも参考になることと期待されている。量刑委員会の量刑基準が施行された2009年7月から2010年3月までの統計を見ると、量刑基準が適用になった事件38件中35件(92%)で、陪審員の量刑意見が量刑基準と一致した。2件(5%)は陪審員が量刑基準より低い量刑意見を提示した。量刑基準と一致する場合にも、陪審員は殆ど裁判部と同一かそれより軽い量刑意見を提示したが、反対により高い量刑を提示する事件は1件もなかった。これは米国と比較すると興味ある現象である。米国では、陪審量刑を実施する大部分の州で陪審員の量刑が判事の量刑より高いと知られている。2008〜2009年の確定した職業法官の量刑分布は次の表3である[27]。

表3　量刑の分布(2008〜2009年)

判決を受けた人員	無罪	実刑				財産刑	執行猶予
		小計	死刑	無期懲役	有期懲役		
159	14 (8.8%)	124 (77.9%)	0	5	119	2 (1.3%)	19 (11.9%)

　無罪率は8.8%で、同じ期間の全国法院の刑事合議部事件の第一審無罪率の3.3%より高い。実刑率は77.9%であり、実刑宣告を罪名別で見れば殺人等が82.1%、強盗等70.5%、傷害致死等70.0%、性犯罪77.8%である。以上、評議評決と刑の量定に関して韓日両国の比較表を作れば次のようである。

表4　【韓日比較3】評議・評決と刑の量定

		韓国	日本
有罪・無罪の評議・評決	主体	陪審員だけ	職業法官と裁判員が共同
	方式	全員一致(不一致の場合、裁判長の意見を聞いたあと多数決)	多数決(有罪判決の場合、必ず職業法官1人の賛成が必要)
	評決の拘束力	無(勧告的効力)	有
有罪の場合の刑の量定		量刑討議に参与して意見陳述(拘束力なし)	職業法官と裁判員が共同決定

(5) 陪審員と裁判部の構成

　参与法は、満20歳以上の韓国国民に、国民参与裁判の陪審員になる資格を付与している(参与法16条)。国民参与裁判に参与する陪審員の数は事件の類型により異なる。法定刑が死刑、無期懲役または無期禁錮に該当する対象事件についての国民参与裁判には9人の陪審員が参与し、その他の対象事件についての国民参与裁判には7人の陪審員が参与する。ただし、法院は、被告人または弁護人が公判準備手続において公訴事実の主要内容を認めるときは、5人の陪審員が参与するようにすることができるものと規定している(同13条1項)。また、法院は、事件の内容に照らして特別な事情があると認められ、かつ、検事・被告人または弁護人の同意がある場合に限り、決定で、陪審員の数を7人と9人のうちから参与法13条1項と異なる人数に決めることができるものと規定している(同2項)。結局、最終的には法院がその数を判断することになる。国民参与裁判においては、陪審員の解任または辞任により、欠員ができる場合に備えて、裁判長の裁量により5人以内の予備陪審員を置くことができるものと規定した(同14条1項)。

表5　【韓日比較4】職業法官および陪審員・裁判員の構成

	韓国	日本
職業法官の数	3人	3人または1人
陪審員／裁判員の数	9人、7人、5人	6人または4人
予備人員	5人以内(評議が開始される前まで非公開)	6人以内
裁定手続の公開の可否	非公開	非公開
座席配置	職業法官席の右側の下(検事と並列)	職業法官と共に着席

　裁判時、普通は予備陪審員1～2名が追加で参席する。互いに誰が陪審員か予備陪審員かわからない状態で裁判を見守ることになるが、検事・弁護人の最終弁論が終わって初めて評決に入る陪審員が指定されると、「私が予備陪審員あるいは陪審員だ」という事実を知ることになる。陪審員は評議手続に入って

予備陪審員は外で待機することになる。予備陪審員は予期できない状況が発生して陪審員が席を外す場合、その代わりをしなければならないためである。予備陪審員は、評議、評決および量刑に関する討議に参加できないということを除いては、陪審員と同一の権利と義務を有するので、参与法で定められた陪審員に関する事項は、その性質に反しない限り、予備陪審員に関して準用される(参与法14条2項)。

(6) 公判手続

国民参与裁判の公判手続は、①公判準備手続、②陪審員選定手続、③狭義の公判手続(冒頭手続、証拠調査手続、最終弁論)、④評議および評決、⑤判決の宣告、という順序で進行する。公判準備手続の進行は必要的・公開的であるが、陪審員は参与しない(参与法37条)。刑事訴訟法は国民参与裁判および通常裁判の公判手続のすべてに適用される。陪審員と予備陪審員に事前に通報する公判期日には、まず冒頭手続を経て、それに続いて通常の刑事公判手続と同じように証拠調査と証人訊問が行われた後に、被告人訊問が行われる。改正刑事訴訟法(2007年6月1日)は、従来は証拠調査手続より先に行われた被告人訊問を、証拠調査手続の後にするように改正した(刑事訴訟法296条の2)。陪審員または予備陪審員は、証人または被告人を直接訊問することはできず、裁判長に必要な事項を訊問してもらうことを要請して間接的に訊問することができる(参与法41条1項1号)。参与法の施行規則は、このような要請は証人と被告人に対する訊問の終了直後、書面でするように規定している(規則33条1項)。陪審員は証拠能力に関する審理には関与できない(参与法44条)。大法院法院行政処の解説書によれば、この条項は証拠能力が認められない証拠の影響を排除させるために設けられたものである。したがって実務では、公判期日に証拠能力に関する審理が進行する場合に、別途の場所で移動して審理したり、陪審員を法廷で退室させる等、個別法院の事情によりさまざまな方式を使用して陪審員を審理から排除させている[*28]。陪審員が正しい評決に達することができるように陪審員を指導し、助力となる機能として、裁判長は、弁論が終結した後、法廷において陪審員に対し、公訴事実の要旨と適用法条、被告人と弁護人主張の要旨、証拠能力、その他の留意すべき事項に関して説明しなければならず、この場合、

事件の内容が複雑であるなど必要なときには、証拠の要旨に関しても説明することができるとされている(同46条1項)。これと関連して大法院は「国民参与裁判裁判長説明事例集(2008年10月)」を発刊して全国の法院に配布し、全国的に統一性を確保しようとしている。

表6　【韓日比較5】公判手続

	韓国	日本
事前準備手続	公判準備手続(公開)	公判前整理手続(非公開)
証人・被告人に対する訊問	裁判長が代行	裁判長の許可を受けて直接訊問
証拠能力の判断	陪審員の関与は不可	裁判員の意見の聴取のみ可

　公判手続に関しては、2010年12月20日の刑事訴訟法の改正にも注目しなければならないだろう。法務部は2010年12月20日刑事司法制度の効率性を強化するための刑事訴訟法および刑法の改正法律案の立法を予告した。これに伴い新しく導入される制度は、①司法協助者の訴追免除および刑罰減免制、②重要参考人の出頭義務制、③司法妨害罪、④被害者参加制、⑤映像録画物への証拠能力の付与、である。司法協助者の訴追免除および刑罰減免制は、司法協助者の犯罪糾明に寄与する程度による訴追の免除や刑の減免であり、公訴不提起(訴追免除)と刑罰減免の2種類がある。前者は腐敗犯罪、テロ犯罪、強力犯罪、麻薬犯罪等特定の犯罪に限定して、被疑者が犯罪の糾明に大きく寄与する場合に公訴不提起の決定をすることである(刑事訴訟法の改正)。後者は特定の犯罪に限定されるのではなく刑法上のすべての犯罪を対象としながら、被疑者が犯罪の糾明または結果発生の防止、犯人の検挙等に寄与がある場合に裁判時の刑を任意的に減免するようにすることである(刑法の改正)。重要参考人の出頭義務制は、死刑、無期、長期5年以上に該当する犯罪を糾明するのに重要な事実を知っている参考人が、2回以上正当な理由なしに出頭要求に応じない場合に、法官の令状を受けて拘引することである。新しく導入される司法妨害罪によれば、捜査機関に対する参考人の虚偽陳述(虚偽陳述罪)、証人・参考人に対する暴行・脅迫・懐柔が処罰されて、これと共に法廷で宣誓のない虚偽証言、宣誓後にする虚偽証言(この場合は加重処罰)も処罰される。被害者参加制は、殺人、強盗、強姦、傷害、交通事故等被害者に身体的な被害を発生させる一定の犯罪

が対象で、被害者等(法定代理人と弁護人)が検事を通じて裁判手続の参加を申請すれば、判事がその許否を決定する。被害者の参加が決定されれば、被害者等は検事の隣の席に着席して被告人に対して制限なしに訊問と、証人に対しても犯罪の情状に関する事項を直接訊問することができる。この制度はおそらく、日本で刑事訴訟法の一部改正により2008年12月から施行中の被害者参加制度に大きい影響を受けたと見られる。

取調べの映像録画は、すでに2007年の改正刑事訴訟法で被疑者陳述の映像録画(刑事訴訟法244条の2)、参考人陳述の映像録画(同318条の2)が導入されたが、映像録画の独自の証拠能力に関しては改正刑事訴訟法の論議当時に削除されて、学説上その証拠能力を否定する学説が有力であったのである[*29]。これに伴い映像録画の証拠能力の有無が不確実な点を考慮して、法務部は映像録画の証拠能力に関する規定を新設することになったのである。新しい規定は、捜査機関の映像録画物について刑事訴訟法上の調書に準じて証拠能力を付与している。したがって、検察の映像録画物はその真正成立が認められるときに証拠能力を付与され、警察の映像録画物はその真正成立および内容が被告人によって公判廷で直接容認される場合にだけ、証拠能力が付与される[*30]。そして、被調査者の映像録画の要求権も明文で規定している。

韓国の国民参与裁判制度を肯定的に評価する見解とは異なり、筆者は2008年の論文で「国民参与裁判の形骸化」の憂慮を表明した[*31]。筆者のこのような憂慮は、公判手続と証拠調査の制度的限界から生じていた。国民参与裁判が施行された2008年には公判期日の93%が1日以内に終結されたし(残り7%だけが2日所要)、2009年にはその比率が80%に減ることはあったが、全て最長2日以内に終結された。2010年に初めて3日かかった事例が出てきたのだが、全体的に見れば、ほとんど1～2日以内に終結することが普通である[*32]。法院は、多数の証人を必要とする事件、争点が複雑な事件等はすでに排除決定によって除外していて、国民参与裁判の約30%が自白事件という点、公判準備手続が必要的で実施されてすでに争点の整理がよくなされており、多数が生業に従事している陪審員が1日裁判で終結することを願っている、という反論を展開する。しかし、このようないわゆる「1日裁判」の公判期日には、陪審員の選定手続と証拠調査等の法廷審理手続、評議・評決手続、判決宣告手続まで全て含まれて

いるという点で、単なる杞憂に過ぎないと軽視はできないだろう。

(7) 国民参与裁判の上訴制度

　現在、参与法には上訴に関する規定が全くない。したがって、第一審が国民参与裁判で進行された事件の場合にも控訴手続(第二審)と上告手続(最終審)には刑事訴訟法の通常の上訴手続が適用される。それゆえ国民参与裁判の第一審の事実認定は、いくらでも破棄できる。韓国の現行刑事訴訟法は「事実の誤認があって判決に影響を及ぼしたとき」(刑事訴訟法361条の5)を控訴理由に、「重大な事実の誤認があって判決に影響を及ぼしたとき」(同383条)を上告理由に含めているからである。韓国の刑事訴訟法では、第一審判決の事実認定を控訴審が破棄することが可能で、破棄する場合には自判を原則と規定しているので(同364条)、学説も控訴審の性格を続審と見るのが多数説で、判例も原則として続審、例外的に事後審が加味されたという立場を採用している。このような国民参与裁判の控訴審の続審的性格に対して批判[33]もあるが、結局実定法上——陪審員評決の拘束力付与に対する立法的論議と無関係に——国民参与裁判で進行された事件も控訴審で常に破棄される可能性が開かれている。控訴審の破棄率は27.9%で、同じ期間の全国の高等法院の原審破棄率41.5%より低い数値を示している。量刑変更率も、刑の変更およびその他の変更が包含された数値の25件(22.1%)で、同じ期間の全国の高等法院の量刑変更率26.6%より低い。原審に対する控訴審の刑量変更率も22.1%で全国高等法院一般事件(32.9%)に比べて低かった[34]。このような結果を肯定的に評価する立場[35]では、控訴審の続審的性格にもかかわらず、破棄率が一般事件に比して相対的に低いという点を考慮に入れて、国民参与裁判の施行初期に存在していた陪審員の非専門性に起因する憂慮を払拭しながら裁判が比較的慎重に進行されている、ということの傍証だと評価している。しかし検察の評価はこれとは異なる。検察は国民参与裁判の無罪率(8.8%)が一般刑事事件の無罪率(3.0%)に比して高くて、量刑では一般刑事事件に比して量刑が過度に寛大だと批判している。こういう意味で検察の控訴率(58.5%)が一般刑事事件(21.2%)に比べて高いのである。しかし最近、大法院は、2010年3月25日に国民参与裁判で進行された原審判決をできるだけ尊重しなければならないという趣旨を判決で明示的に指摘して、注目を

受けている*36。陪審員が無罪評決を下し原々審裁判部もこれを尊重して無罪判決を下したのに対して控訴が提起され、被害者を再び調査した後に、原々審判決を破棄して有罪とした控訴審判決を破棄したのである。

(8) 国選弁護人

　国民参与裁判は必要的弁護事件と規定されている(参与法7条)。大法院は国民参与裁判の場合、2名の検事が参与することと均衡を合わせるために、2008年8月から原則として2人の国選弁護人を選定している*37。この場合、普通国選弁護人2人は「国選専担弁護士1人」と「国選弁護人1人」で構成される。「国選専担弁護士」というのは、法院から毎月一定額の報酬を受けて個人事件の受任なしで、もっぱら私選弁護人を選任する能力がない被疑者や被告人の弁護だけを引き受ける弁護士をいう*38。「国選弁護人」というのは一般弁護士として刑事訴訟法33条により事件ごとにその都度選任される弁護士をいう。公訴状の副本を送達すると同時に職権で国選弁護人を選定して、国選弁護人が早期に被告人と接見し国民参与裁判の案内をするようにしている。2008～2009年に処理された159件の事件中、国選弁護人が選定された事件は137件(86.2%)である。同じ期間国選弁護人が必要的事件の刑事合議部拘束事件16,672件の国選弁護人の選任率は57.0%（治療監護事件は除外）であるから、国民参与裁判の選任率の方がより高い*39。参与裁判は、弁護人の積極的な参加なしには、その活性化を期待しにくい。陪審員を説得するためには、弁護人の緻密な裁判準備と情熱が極めて重要であると考えられるからである。そのためには、国選弁護人および国選専担弁護人だけでは、明らかに限界がある。

4　陪審員の死刑開陳に対する理論的分析
──若干の比較法的分析を兼ねて

(1) 量刑の実体法的特性と手続法的特性

　量刑基準はある国家では責任に相応する適切な刑罰と社会防衛のための刑事政策の予防目的が混ざり合うという特徴がある。韓国刑法51条は量刑に参酌する条件4種類(犯人の年齢、性行、知能、環境；　被害者との関係；犯行の動機、手

段、結果；犯行後の情況)を列挙していて(例示的)、刑事訴訟法361条の5は「刑の量定が不当だと認める事由があるとき」には控訴理由になると規定している。

　これは量刑に関する法官の裁量は「羈束裁量」とみるべきことを意味する。しかし刑事訴訟法323条1項と2項は、罪となるべき事実、証拠の要旨、法令の適用、犯罪成立阻却事由、刑の加重・減免理由に関する事実だけを判決書に記載するように要求しているが、量刑に決定的影響を及ぼす情状に関する事実は記載しなくてもよい(量刑の決定的な事情を明示しなければならないドイツ刑事訴訟法267条3項とは異なる)。したがって、大法院で行われる量刑の適法性に対する判断は、多分に形式的審査に終わらなければならない[40]。韓国の刑法理論は量刑を「法定刑、処断刑、宣告刑」という3段階に分けて、まず「法定刑→処断刑」の段階で、刑法54条によって刑罰の種類選択が刑量決定に先立ちまず行われることになるので(9個の相異なる刑罰の種類と罰金刑も総額制を取るので刑量決定に先立って刑種選択の必要性が発生する)、原則的に責任に基づいた刑量決定が行われた後に、さらに一般予防や特別予防を考慮した刑量選択、刑の猶予の可否が決定されることは不可能である。刑法53条の酌量減軽規定はその体系的位置と機能が曖昧である。形式上法定刑の領域に属するように見られるが、内容的に見ると法官の裁量に属するので、51条と重複して、より一般的な51条がある以上、不必要だと見ることもできる。大法院も酌量減軽にも51条が適用されて、法律上減軽に関する55条の範囲を逸脱できないと言っている[41]。したがって総合的にみれば、大法院は量刑は裁量行為で、その限界は法律を通じて画定されると考えていると見られる。刑法には「処断刑→宣告刑」の段階についての法規定はなくて、一般的規定の51条も非常に抽象的であり、刑事訴訟法には実質的な量刑規定は全くないので、全体的に見るとき、韓国の量刑規定は非常に不充分で個別判事の刑罰観にだけ依存することになる。このような状況は法の継受過程で刑事法の構造がドイツ式の量刑構造を曖昧に修正した結果のせいである[42]。

(2) 構造的アプローチの必要性

① ドイツ式および英米式の量刑構造

　まず、ドイツ式の量刑構造の特徴を把握するためには、簡略ではあるが英米

式の量刑構造を検討する必要がある。「有罪認否手続」と「量刑手続」の二元化が行われる代表的な国家の米国では、1987年に量刑基準制(強制的効力の付与)を導入する以前には、(法定)刑の上限を超えない限り、判事は量刑理由を提示する必要もなく、上訴の理由にもならなかったし、主に不定期刑を宣告して、実質的には「仮釈放監視(parole)委員会」が審査して量刑することになっていた(不定期刑制度の人種差別問題などが量刑指針書による数量化の決定的契機になる)。米国の場合、被告人が起訴認否手続で有罪の答弁をする場合、公判手続なしにすぐに量刑手続を履行し、有罪答弁をしない場合、陪審選定手続、陪審裁判で検事と被告人の攻撃と防御、最終弁論、陪審員の評議・評決につながり、その後、判事の量刑手続が進行する。「プロベーション(probation)」も有罪決定後の刑宣告猶予であるから、韓国の保護観察付執行猶予とは違って、事後遵守事項、拘禁期間、期間延長を自由に変更することができる。このような米国の場合を当事者の処分に依存した「手続過程で形成される真実」とするならば、ドイツの場合は「手続に先立って与えられた真実」を意味するから、このような真実を手続を通じて法院が発見しなければならない。このように見れば、量刑については、米国の場合「手続法的特性」が強いのに対して、ドイツの場合「実体法的特性」が強いのである[*43]。

ドイツの場合、このような実体法的特性があるので、単にドイツの量刑基準ないし原則を規定するドイツ刑法46条だけを見てドイツの量刑制度を判断すれば、非常に不十分である。ドイツの量刑制度の出発点は細分化された構成要件を通じて法定刑の範囲を最小限にして、法官の裁量の幅を減らすことである。ただし、ドイツ刑法46条は米国の量刑指針書のような別途の指針書がなく、1項前段で量刑の基本原則として責任原則を規定して、1項後段で特別予防の観点を加味している。2項は量刑で考慮しなければならない事項を例示的に列挙して、3項ではすでに法律上の構成要件要素である事情が量刑で再び考慮され得ないという「二重評価禁止の原則」を宣言している。またドイツ刑事訴訟法267条3項は「有罪判決の理由においては、刑罰法規の適用を示し、また、刑の量定につき決定的であった諸事情も示さなければならない」と規定して、量刑に対する上級審の事後審査の可能性を残している。

そして結果だけを見るならば、ドイツの司法補助は英米国家の判決前調査

(PSI)、ドイツの保護観察は英米国家のプロベーション(probation)、ドイツの行状監督は英米国家の仮釈放監視(parole)のような制度となる。ペータース(Peters)はドイツの司法補助、保護観察、行状監督を1つの機構で機能的に統合しようという提案をしたのに、2007年ドイツのバーデン・ヴュルテンベルク州は保護観察と司法補助を機能的に統合させて外部民間専門機関にアウトソーシングした。韓国の保護観察制度はすでにこれを機能的に統合したのと同じである[*44]。英米国家はこれらの機能を全部1つの保護観察システムに統合して運営してきた伝統を持つのに対して、ドイツはこの機能が分離したまま運営してきた伝統を持つわけである。ただし、どこの国でも刑の執行から実務的に刑事政策的に要求される特別予防的観点が、かえって本来の意味の量刑を圧倒することになる傾向があるという点だ。このような傾向は、学問的にはかえって量刑の基本原則に対する多かれ少なかれ抽象的な哲学的ないし一般的アプローチを復活させることになる[*45]。

② 韓国での量刑論争と関連した私見——理論の確立と法の改正の必要性

　責任に基づいた適切な刑罰ないし犯罪人個人に対する特別予防と法秩序の防衛という一般予防の間で、未だいかなる理論も法制度も効果的な量刑を引き出せずにいる。その指向する目標はドイツでも英米国家でも全て同一で、韓国も同じことであろう。一見すると、いかなる制度を導入してもその目的が同一なので、適切に活用するならば所期の目的を達成することができるものと思われる。大陸法系の国家(あるいは混合型国家も含めて)の中では、韓国は世界で初めて、たとえ勧告的効力を持つに過ぎないとしても英米法系の量刑基準制度を導入した。さらに量刑調査官制度にまつわる論争が深刻化される中で、見過ごしてはいけない点は司法制度の全般的な構造と機能にある。結果が類似してもその構造的側面を見過ごしては深刻な副作用を招くようになることである。実定法上でも韓国はドイツに非常に近くて実定法上の量刑規定も実体法的特性が目立つ構造を持っている。そうだとすれば、最も決定的な要素の二元化された手続がないという点を「構造的」に考慮して、司法正義の実現を機能的に役割分担をしている法院と検察が、量刑を弾劾主義の構造の中で機能的に分担しなければならない。このような点で、まず個別構成要件を細分化してすでに構成要件段階で量刑を実現し、刑法51条に量刑の基本原則を導入して、日々発

展する刑事政策的な多様な刑事制裁手段と責任原則の間で適切な均衡が成立するようにするべきで、判決中で決定的な量刑要素を記述するように義務化する刑事訴訟法の改正を通じて量刑を解決することが望ましい。二元化された手続がない韓国の場合、問題は量刑調査の方式にある。2009年7月20日大法院は、量刑調査に関する刑事訴訟法改正の論議(いわゆる「量刑調査官制度」の立案：第8次司法改革委員会の実務委員会の案〔2005.11.14〕、国会議員이주영〔イ・ジュヨン〕案〔2009.2.2〕など)*46とは別に、従来の司法調査官制度の例により法院職員21人を量刑調査官に選抜して全国7地方法院に分散・配置して量刑調査に臨むようにした。法務部は法院調査官による量刑調査は法的根拠がないと見て、量刑調査官の被告人面接を制限するなど反対の立場を明確にしたが、大法院はまた2010年4月29日「量刑の条件に関して規定する刑法51条の事項は広く刑の量定に関する法院の裁量事項に属する」としながら、「法院所属調査官に量刑の条件となる事項を収集・調査して提出するようにしてこれを参酌した原審には法理誤解などの誤りがない」と断定し、「訴訟法上根拠なしに法院所属調査官に量刑調査を実施してこれを土台に刑を宣告した」という検察の主張を反論した*47。私見では、量刑調査に関しては拡大された意味での刑執行手続まで含めた機能的統合が世界的な大勢で、また刑事政策の発展に伴なう必須不可欠なことであるから、現行の保護観察官制度を活用しながら、万一、組織上でも機能上で問題があるなら改善・補完する次元の論議が望ましいであろう。

(3) 結論——陪審員の死刑の量定の意義について

先述した通り、陪審員の評決が有罪の場合、たとえ拘束力はなくても陪審員は判事とともに量刑について討論することになる。しかし、量刑それ自体に関するいかなる規定も参与法にはないから、判事の量刑を前提にした刑法の一般的な量刑理論を通じて接近するほかはない。現在、刑法51条が非常に抽象的なため、事実上個別判事の刑罰観に依存することになるので、量刑委員会の量刑基準(次頁の表7)が出てきたが*48、死刑の宣告基準ではこれまた非常に抽象的である*49。

したがって、実務上は量刑基準それ自体よりも量刑調査が重要であろう。陪審裁判に一般裁判と違った量刑基準であるにせよ量刑調査の規定を置かなけれ

ばならない理由はないが、今までの理論的検討を通じて補完しなければならない事項は、国民参与裁判にも適用されるように綿密に検討しなければならないだろう。職業法官でない普通の国民が参加する裁判なので、その必要性はより一層大きいと言えるだろう。

表7　殺人犯罪の量刑基準

	減軽	基本	加重
第1類型	3年-5年	4年-6年	5年-7年
第2類型	6年-9年	8年-11年	10年-13年
第3類型	8年-11年	10年-13年	12年-15年、無期以上

［第1類型］動機において特に参酌する理由がある殺人
・極度の生活困難な人生に悲観して殺人に達した場合
・被害者から長期間家庭内暴力、性暴行、ストッキング(stalking)など持続的な肉体的・精神的被害にあった場合
・数回実質的な殺害の威嚇を受けた場合(過剰防衛は別に特別減軽因子で考慮しないということ)
・その他以上に準ずる場合
［第2類型］普通動機による殺人
・第1類型または、第3類型に属しない殺人犯行を意味する。
［第3類型］動機において特に非難する事由で行っている殺人動機において、特に非難する事由で行っている殺人犯行として、次の要素の中の1つ以上に該当する場合を意味する。
・殺害欲の発露の場合(殺人に対する喜悦等)
・財産的貪欲に起因した場合(相続財産または保険金を狙った殺人等)
・他の犯罪を実行するための手段の場合(刑務所脱走のための刑務官殺害、特定人の拉致のための警護員殺害等)
・他の犯罪を隠蔽するための手段の場合(唯一の証人の殺害、告訴を防ぐための殺人等)
・経済的代価等を目的に請負殺人をした場合
・組織暴力集団間の勢力争いに起因ある場合

※　韓国と日本の法律用語が違う場合、原則として韓国の用語を使用し、誤解を招く可能性がある場合にだけ日本の用語を使用した。例えば、韓国では「節次」と言うが、ここでは「手続」と表現した。その他、韓国の用語に従った例は「裁判所」を「法院」、「最高裁判所」を「大法院」、「検察官」を「検事」、「裁判官」を「判事」または「法官」と表記した。

*1　韓国の死刑執行の状況についての詳細な統計は、Cho, Byung-Sun, "South Korea's changing capital punishment policy: The road from de facto to formal abolition" in Punishment & Society, Vol. 10 No. 2 (2008), 171-206参照。
*2　「モラトリアム」という分類に関して詳細には、Cho, Byung-Sun, "The death penalty in South Korea and Japan: 'Asian values' and the debate about capital punishment?," in: Peter Hodgkinson and A. Schabas (eds.), Capital Punishment. Strategies for Abolition, Cambridge University Press (2004), 253-272参照。

*3 2010年現在の死刑囚の状況についての詳細は、Cho, Byung-Sun, Conference-Paper at Workshop on Comparative Study of East Asian Criminal Penal Systems, sponsored by New York University School of Law, US-Asia Law Institute & Beijing Normal University, College of Criminal Law Science, Beijing, China, May 22-23, 2010: "The de facto abolition of the death penalty between hope and despair: An analysis of South Korean death penalty issues" 参照。

*4 聯合ニュース、2010年3月18日。死刑と関連して法務部は公式の統計を公開しなくなっているが、聯合ニュースはすべての言論媒体にニュースを供給する機関であるから、信頼するに値する報道機関と認めることができる。

*5 政府組織法上、法の執行に関する法務事務を管掌していて、犯罪被害者保護法上、犯罪被害者保護委員会を構成し監督する義務のある法務部長官が、刑事訴訟法上、判決確定日から6月以内に執行しなければならない規定に違反して死刑の執行をしないでいるためである。現行刑事訴訟法463条ないし466条によれば、死刑判決が確定すれば検事は遅滞なく訴訟記録を法務部長官に提出しなければならず、法務部長官は判決確定日から6月以内に死刑執行命令をするべきで、執行命令後5日以内に執行しなければならないという規定になっている。また死刑は刑務所または、拘置所内で絞首して執行するという規定になっていて、軍刑法は銃殺刑を採用している。犯罪者の年齢が満18歳未満ならば死刑は宣告されず15年以下の有期懲役に処する。また、心身障害者や妊産婦の場合、回復または出産の後に死刑を執行するような規定になっている。詳細は、Cho(前掲注1論文)参照。

*6 송광섭(ソン・クアンソブ)「現行刑罰制度の問題点と改善法案」車庸碩博士華甲記念論文集(上巻)(1994年)542頁参照。

*7 崔鐘植(チェ・チョンシキ)「少年法と死刑問題」江原法学第11巻(1999年)306頁参照。

*8 いろいろな観点での多様な批判をよく整理した文献は、盧頭鎮(ノ・トウヂン)「死刑廃止の正当性と代案に関する研究」清州大学校大学院博士学位論文(2009), 10-12参照。

*9 国会で1999年12月7日유재건(ユ・ジェゴン)議員ほか90人が死刑廃止特別法案を発議して以来、2001年10月30日정대철(チョン・デチョル)議員外63人、2004年12月8日유인태(ユ・インテ)議員ほか175人がおのおの発議したことがある。これとともに「死刑廃止に関する特別法案」が15、16、17代国会におのおの1回ずつ計1回も国会法制司法委員会に提出されたが全て任期満了で自動と廃棄なった。大法院の場合、이용훈(イ・ヨンフン)前大法院長等大法官13人中8人も人事聴聞会等を通じて知られたところによれば死刑制廃止に賛成したし、김지형(キム・ジヒョン)、안대희(アン・テヒ)大法官は「慎重検討」意思を明らかにしたし、残り3人は「時機尚早」という条件付きで死刑制維持意見を持っていることが知られている。憲法裁判所の場合、憲法裁判官9人中전효숙(チョン・ヒョスク)所長など4人も「廃止しなければならない」とい

う意見を出したことがあって、민형기(ミン・ヒョンギ)、목영준(モク・ヨンジュン)裁判官は「縮小施行」に重きを置いていると知られている。国会と司法府での議論に関して詳細は、Cho(前掲注1論文)参照。
*10 4件の事例に対して詳細は、Cho(前掲注1論文)262-270頁。
*11 このような諸方案についての詳細は、김남일(キム・ナムイル)「死刑制度に関する研究」地域開発研究第8集(1996年)37頁、정규만(チョン・キュマン)「死刑制度に関する考察」立法調査月報第182号(1989年)69頁参照。
*12 このような諸方案についての詳細は、김남일(キム・ナムイル)、성영모(ソン・ヨンモ)「現行死刑制度の改善方向」法学研究(忠南大学校法学研究所)第5巻第1号(1994年)327頁、최선호(チェ・ソンホー)「死刑制度に関する研究」法学研究(韓国法学会)第9輯(2002年)523頁参照。
*13 박상기(パク・サンギ)刑法総論(2005年)512頁参照。
*14 노인수(ノ・インス)「慎重な死刑存置論」司牧(韓国天主教中央協議会)第246号(1999年)76頁参照。
*15 김영옥(キム・ヨンオク)「死刑廃止についての対策」人文社会科学研究(湖南大学校人文社会科学研究所)第9輯(2002年)339頁、노인수(前掲注14論文)76頁、손해목(ソン・ヘモク)「刑法総論」(1998年)1178頁参照。
*16 中国の死刑の執行猶予制度に関する批判的分析では、유건(ユゴン)「死刑即時執行制度の代替措置の司法過程」比較刑事法研究第6巻第2号(特輯号、2004年)62頁、이훈동(イ・フンドン)「死刑の執行猶予制度と刑事政策的意義」矯正研究(韓国矯正学会)第16号(2002年)105-106頁。
*17 김남일(キム・ナムイル)「死刑制度に関する研究」地域開発研究(郡山大学校地域開発研究所)第8集(1996年)38頁、김영옥(前掲注15論文)334-336頁、김일수(キム・イルス)/서보학(ソ・ボハク)「新しく使った刑法総論」(2005年)729、성영모(前掲注12論文)329-330頁、손동권(ソン・ドングォン)「刑法総則論」(2001年)526頁、신원하(シン・ウォンハ)「死刑制度は廃止されるべきか?——死刑制度に対する神学倫理的検討」高紳神学(高紳神学会)第3号(2002年)268-269頁、오선주(オ・ソンジュ)/이병희(イ・ビョンヒ)「死刑存廃論に関する批判的考察」法学論集(清州大学校法学研究所)第15号(1999年)55頁、오영근(オ・ヨングン)「刑法総論」(2005年)499頁、임웅(イム・ウン)「刑法総論」(2005年)558頁、전지연(チョン・チヨン)「大韓民国での死刑制度」比較刑事法研究第6巻第2号(特輯号、2004年)55頁、정규만(前掲注11論文)69頁、정성근(チョン・ソングン)/박광민(パク・グァンミン)「刑法総論」(2001年)645頁。
*18 김일수/서보학(前掲注17論文)729頁、한인섭(ハン・インソプ)「歴史的遺物としての死刑——その法理論的・政策的検討」司牧(韓国天主教中央協議会)第246号(1999年)70頁。
*19 大法院2009.10.23決定、2009모1032。
*20 法院行政處司法政策室「2008年-2009年 國民參與裁判 成果分析」(2010年) 参照。

第8章 韓国の国民参与裁判と死刑　　*187*

*21　中央日報 2010年12月17日報道参照。
*22　その内容は重複を避けるために省略する。国民参与裁判の活性化の問題についての詳細は、趙炳宣(チョ・ビョンソン)／山名京子・金玲(訳)「韓国の国民参与裁判制度の1年半の状況とその評価」関西大学法学論集第59巻第5号(2010年)108-1117頁参照。
*23　多様な方案について、李東熹(イ・トンヒ)「国民参与裁判の施行評価と改善方案」全北大学校法学研究第30輯(2010年)23-24頁参照。이동희(李東熹)教授は原則として強制主義を主張するが、強制主義の全面的施行が現実的で困難である場合には最小限並行主義を採用しようと主張する。強制主義の導入で国民参与裁判の活性化を成し遂げることができるという明示的な主張は、한상훈(ハン・サンフン)「国民参与裁判制度の定着方案」저스티스(Justice)第106号(2008年)501-502頁、김태명(キム・テミョン)「国民参与裁判制度の改善課題」人権と正義(2008年)33頁、이은모(イ・オンモ)「韓国の国民参与裁判制度の内容と問題点」関西大学ノモス第23号(2008年)73-76頁参照。
*24　2010年11月12日大検察庁で国民参与裁判研究会が主催する学術大会で김중(Kim Jung)検事の発表論文(油印物、未出刊)でこのような見解が見える。これについてインターネット法律新聞2010.11.13参照。
*25　李東熹「国民参与裁判の施行評価と改善方案」全北大学校法学研究第30輯(2010年)23-24頁参照。
*26　韓国の国民参与裁判制度を設計した人々の中の一人の한인섭教授の見解がそうである。한인섭(ハン・インソプ)「韓国の陪審裁判──準備過程と施行元年の成果を検討しながら」ソウル大学校法学第50巻第2号(2009年)701頁参照。
*27　法院行政處司法政策室(前掲注20資料)参照。
*28　このような実務の運営についての詳細は、法院行政處司法政策室(前掲注20資料)参照。
*29　ここでは学説の詳細な説明は省略する。これについての韓国の刑事訴訟法学界の学説論争に関しての詳細は、趙炳宣(前掲注22論文)118-119頁、特に脚註47参照。
*30　刑事訴訟法は陳述書類を原則的に証拠にできるように規定しており(刑事訴訟法第311条、第312条、第313条)、この場合、捜査機関が作成した訊問調書と捜査手続で作成された陳述書類については「成立の真正」等の特別な要件を具備した場合に証拠能力を認めるなど、作成主体が誰なのかによって証拠能力の要件を別別に規定している。韓国の刑事訴訟法の制定過程(韓国の独立後、1954年刑事訴訟法が制定された)において、当時、日本帝国主義の植民地時代に適用された朝鮮刑事令(1912年朝鮮刑事令によって、日本の刑事訴訟法が韓国に適用されて韓国の解放後に廃止された)が、予審調書はもちろん捜査機関の調書にも無制限の証拠能力を付与したことを踏まえ、当時の現実の条件を考慮して、検察官調書と警察官調書とを区別して調書の証拠能力を制限する独特の立法を選んだのである。
*31　重複を避けるために、その詳細な論証は省略する。いわゆる「国民参与裁判の形骸化」

について詳細は、趙炳宣(前揭注22論文)104-108頁参照。
*32 法院行政處司法政策室(前揭注20資料)参照。
*33 例えば、李東熹(前揭注23論文)27頁参照。彼は事後審ないし法律審で立法的な改正を主張しながら、立法以前でも国民参与裁判の評決を尊重する実務の運営が必要だと主張する。このような意味で、李は最近2010年3月25日の大法院の判決(2009도14065)を「先導的な指針判例」と述べて大きい意味を賦与している(上の論文29頁および29頁の脚註40参照)。
*34 法院行政處司法政策室(前揭注20資料)参照。
*35 例えば、李東熹(前揭注23論文)27頁参照。
*36 大法院2010.3.15判決2009도14065。
*37 このような実務運営に関して、大法院刑事政策審議官室2008.9.9の報道資料参照。
*38 毎年大法院は40人ほど選抜する。韓国に2004年9月1日〜2006年2月末の示範施行を経て正式に導入された後、2010年全国4個高等法院と18個地方法院、6個支院に135名の弁護士が国選専担で活動している。2009年からは国選専担弁護人が弁論を引き受けた被告人に無罪が宣告されれば基本報酬額の100%の範囲内で成功報酬をあたえる制度まで導入された。事件負担も減らして1人当月平均受任事件が2006年40件内外で、2010年には1人当たり適正受任事件を25件に制限する等内実化を追求している。
*39 法院行政處司法政策室(前揭注20資料)参照。
*40 韓国の量刑理論についての詳細は、趙炳宣「韓国とドイツの量刑理論に関する比較法的研究」大検察庁独逸法研究会主催2010年学術大会(2010年)(出刊準備中)参照。
*41 大法院 判決 1958.8.21, 4292형상358大法院 判決 1964.10.28, 64도454。
*42 このような見解について、趙炳宣(前揭注40論文)参照。
*43 これについての詳細は、趙炳宣(前揭注40論文)参照。
*44 ここでは紙幅上詳細な説明は省略する。これについての詳細は、趙炳宣(前揭注40論文)参照。
*45 このような見解について、趙炳宣(前揭注40論文)参照。
*46 ここでは紙幅上詳細な説明は省略する。これについての詳細は、趙炳宣(前揭注40論文)参照。
*47 大法院判決2010年4月29日、2010도750。
*48 量刑委員会、量刑基準、2010年7月15日。
*49 大法院量刑委員会は、2011年1月20日、公聴会を開き、有期懲役上限を50年に高めた改正刑法を反映した殺人犯罪に対する量刑基準修正案を提示した。従来の三種類の類型以外に「強盗殺人、強盗強姦、略取・誘拐殺人、人質殺人」を含む「4類型(重大犯罪結合殺人)」と「被害者が2人以上の極端な人命軽視殺人」を「5類型(極端な人命軽視殺人)」として新設して殺人犯罪を合計5個の類型で区分した。また「特別な理由ないし無作為で1人を殺害した場合」は3類型で、どの類型に該当するか「類型が不明確

な場合」は 2 類型とみなす規定も新設した。最も重い犯罪類型である 5 類型(極端な人命軽視殺人)は基本領域が懲役22〜27年を基本とし、計画的または残酷な手法のような加重要素があれば懲役25〜50年または無期懲役以上を勧告する。量刑委員会は公聴会の意見を反映してまもなく最終案を確定する予定である。

(チョ・ビョンソン／清州大学校法科大学教授)

第9章

国際連合と死刑廃止

ウィリアム・A・シャバス／翻訳：北野嘉章

1 はじめに

　1945年にサンフランシスコで外交官たちが国際連合〔訳注：以下「国連」と訳す〕の創設に尽力していた頃、それと並行してロンドンでは、国際法の重大な違反が訴追される国際裁判所を初めて創設するために作業が進められていた。この作業の成果である国際軍事裁判所は、ニュルンベルクでナチスの指導者たちを裁いたが、列強4カ国により創設されたものであって国連からは独立していた。それにもかかわらず1946年12月には、ニュルンベルクで確立した諸原則が国連総会〔訳注：以下「総会」と訳す〕の第1会期で支持された[1]。そのほんの数週間前、11人のナチス指導者の絞首刑をもって同裁判所の作業は完了した[2]。当時、ナチスの戦争犯罪人の処罰に死刑が使用されたことについて総会は別段の意見を述べなかったが、死刑問題が全く議論されなかったわけではない。30年以上後に国連事務局〔訳注：以下「事務局」と訳す〕は、死刑に関する報告書において、「戦後もこの問題に関して加盟国が明確な立場に達することはできなかった。死刑廃止の長い伝統を有する一部の国家は戦時中の死刑の禁止を主張したが、人類に対する罪を犯した者については例外を提案する加盟国も存在した」と指摘した[3]。

　それからほぼ半世紀後、国連安全保障理事会〔訳注：以下「安保理」と訳す〕は、旧ユーゴスラビアとルワンダにおける残虐行為に対処するため、2つの国際的な刑事裁判所を創設した[4]。これらの新たな組織は、少なくとも1つの重要な点で、ニュルンベルクの祖先とは対照をなしている。すなわち、それらの裁判

所は自由刑のみを科すことができるのである*5。安保理がルワンダ国際刑事裁判所規程について議論した際に、ニュージーランド代表は「30年以上にわたって国連は死刑の廃止に漸進的に努力してきた。ここで死刑を導入することは全く容認できないし大きな後退となる」と述べた*6。国連設立から49年の間に死刑に関する世論や国家実行は劇的に変化し、それが国連の政策に反映されたのである。この章では、死刑に関する国連での議論の進展を記録するよう努める。

2 基準設定——世界人権宣言とB規約

1945年6月にサンフランシスコで採択された国連憲章〔訳注：以下「憲章」と訳す〕は、複数の箇所で人権に言及し、「人種、性、言語又は宗教による差別なくすべての者のために人権及び基本的自由を尊重するように助長奨励すること」が国連の目的の1つであると宣言した*7。しかしながら、主要国は人権に関する宣言を憲章自体に含めるという以前の約束を破ったので、多くの者は失望した（Lauren、2003年）。サンフランシスコでの妥協は、憲章上で人権に十分言及はするが実質的なものの採択は延期する、というものであった。1947年の初め、国連人権委員会〔訳注：以下「人権委員会」と訳す〕は次の2つの文書に関する作業を開始した。1つは拘束力のない人権諸原則の一般的な宣言であり、もう1つは国家が自らの決定により加盟できる「規約」という本格的な条約である。憲章の採択から3年後の1948年12月10日、総会は世界人権宣言を採択した*8。規約に関する作業はもっと長くかかり、その最終テキストは1966年にようやく採択された*9。両文書の作成過程においては、主に「生命に対する権利」に関する議論の文脈で、死刑に関する注目すべき議論が行われた。

死刑問題は、1947年と1948年に世界人権宣言の採択過程において、人権委員会と総会によってかなり長い時間をかけ議論された。これが死刑に関して国連で行われた最初のまとまった審議であった。同宣言の第3条は「すべての者は、生命、自由及び身体の安全に対する権利を有する」と規定している。もっとも、1947年の初めにJohn P. Humphreyが作成した同条の原案では、「死刑が法定されている犯罪で一般法上有罪となった者だけが否定され得る」生命に対する権利が認められていた*10。人権委員会の起草委員会の長であった

Eleanor Rooseveltは、一部の国家で進行中の死刑廃止の動きを挙げ、生命に対する権利の例外として死刑に明示的に言及することはしない方がよいのではと提案した*11。René CassinがHumphreyの草案を改訂し、死刑への言及は削除された*12。

　Cassinの提案は最終的にほぼそのまま世界人権宣言に取り入れられたが、1948年の終わりに総会第三委員会〔訳注：以下「第三委員会」と訳す〕が宣言案を検討した際に、死刑に関する注目すべき議論が行われていた。平時における死刑廃止を求める修正案をソ連が提出したのである*13。その後の議論では、平時に死刑が使用されるのを擁護する発言はなされなかったが、一部の代表は自国政府がまだ死刑を廃止していないことを認めた*14。多くの代表は、ソ連の提案は時機を失している*15、または時期尚早である*16と述べるのみであった。英国代表はソ連の提案が入ると宣言が一部の国家にとって受け入れ難くなるかもしれないと述べ*17、一部の代表はこれを理由に投票を棄権すると述べた*18。

　複数のラテンアメリカ諸国の代表は、不十分であるという理由でソ連の修正案が気に入らなかった。それらの代表は、戦時も含めて死刑全般に反対であった。コスタリカ代表は、死刑廃止が平時に限定されているという理由で、ソ連の修正案について投票を棄権すると述べた*19。ベネズエラ代表は、戦時における死刑の合法性が含意されており自国の法と相容れないという理由で、死刑に関するソ連の提案を支持できないと述べた*20。ベネズエラ代表はまた、ソ連の提案が死刑の完全な廃止を構想していたら賛成票を投じられたであろうとも述べた*21。ウルグアイ代表は完全な死刑廃止をねらった修正案を提出したが、これは票決には付されなかった*22。ソ連の修正案は点呼投票に付されて賛成9、反対21、棄権18で否決された*23。ウルグアイは修正案に反対票を投じ、死刑廃止を擁護する他の諸国は棄権した。英国代表は、ソ連の提案は死刑廃止をねらったものだが、それについての投票は死刑に賛成するものとも反対するものとも決して解され得ない、との見解を表明した*24。

　世界人権宣言の採択後、人権委員会さらに第三委員会で、規約を構成するより詳細な諸規定に関して作業が進められた。死刑に関しては、「市民的及び政治的権利に関する国際規約」〔訳注：以下「B規約」と訳す〕の第6条がその成果である。同条の最終的な条文について第三委員会で合意が成立したのは1957年の

ことであった[25]。同条は、一般的原則として、何人も生命に対する権利を恣意的に奪われないと規定しているが、それに続けて、死刑を生命に対する権利の例外又は制約として明示的に認めている[26]。同条2項は次のように宣言している。

> 死刑を廃止していない国においては、死刑は、犯罪が行われた時に効力を有しており、かつ、この規約の規定及び集団殺害犯罪の防止及び処罰に関する条約の規定に抵触しない法律により、最も重大な犯罪についてのみ科することができる。この刑罰は、権限のある裁判所が言い渡した確定判決によってのみ執行することができる[27]。

同条は続けて、死刑を言い渡されたいかなる者も大赦、特赦又は減刑を求める権利を有すると規定し、また犯行時に18歳未満の者(SchabasとSax、2006年参照)[28]と妊娠中の女子については死刑を禁止している。同条の最終項〔訳注：6項〕は、規範的であるというよりはプログラム的であるが、「この条のいかなる規定も、この規約の締約国により死刑の廃止を遅らせ又は妨げるために援用されてはならない」と宣言している[29]。これは死刑廃止を唱える諸国が同条に置いた目印であった。同条2項と同条6項との間には緊張関係が存在する。この緊張関係は、保守的な国家実行という条文採択時の現実を示すものであるが、それと同時に進歩的な展望を示すものでもある。1957年の条文はB規約の採択時までそのまま維持されており、1966年に総会が採択したB規約はその10年後に発効した。

現在では約155カ国がB規約を批准しており、その諸原則はほぼ普遍的に受け入れられつつある。条約解釈の動的原則に従い、B規約第6条の意味は採択以来かなり発展してきた。B規約の実施を主に担うB規約人権委員会は、近年以下のような見解をとっている。すなわち、同条1項で支持された、生命に対する権利の恣意的な剥奪の禁止が意味するのは、死刑と生命に対する権利とは根本的に相容れないということである。同条2項に定められた例外は狭い範囲で適用されるべきであり、また死刑を依然として維持している国家のみがそれを援用できる。この不可避的な帰結として、死刑を廃止している国家は永久に

その再導入を禁じられる[*30]。そのような国家はさらに、死刑執行の危険があるかもしれない場所へ個人を引渡すか他の方法で移送するなど、死刑の実施に間接的に参加することもできない[*31]。

3　国連の議題における死刑問題の位置付け

　死刑問題は国連が人権分野で行う基準設定の一部として議論されてきたが、国連の初期においては、死刑が国連の定例議題に含まれるべきである、ということは少しも明らかになっていなかった。一部の国家は、死刑は単に国内刑法上の問題であって国連の活動対象ではない、という見解をとった。それらの国家が上の点に関して援用したのは、「この憲章のいかなる規定も、本質上いずれかの国の国内管轄権内にある事項に干渉する権限を国際連合に与えるものではなく」と規定する憲章第2条7項である。したがって、人権に関する基準設定という文脈以外では、国連が関心を有すべき問題として死刑が位置付けられるだけでも決して小さな成果ではなかったのである。

　B規約第6条が採択された1957年に第三委員会で行われた議論の結果、死刑廃止を唱える諸国はさらなる行動へと鼓舞された。1959年にオーストリア、セイロン、エクアドル、スウェーデン、ベネズエラ及びウルグアイは、死刑問題に関する研究を始めることを国連経済社会理事会〔訳注：以下「経社理」と訳す〕に慫慂する総会決議案を提出した[*32]。それらの国家はガーナ、インド、イスラエル、日本、パキスタン、フィリピン、英国など幅広い国連加盟国からの支持を集めることに成功した。上の研究は世界人権宣言の関連規定とB規約草案第6条に基づくことになっていた[*33]。総会が採択した決議に従って、パリの比較法研究所の刑事学部門長で著名なフランス人法学者のMarc Ancelが研究の準備に従事した[*34]。死刑廃止の影響と抑止の問題を論じてAncelは、「入手可能な全ての情報からは次のことが確認できると思われる。すなわち、実際には死刑を廃止しても、もはや死刑を科し得ない犯罪の発生率が著しく上昇したことは一度もない」と述べた（Ancel、1962年、54頁）。Ancelによると、必要的な死刑ではなく裁量的な死刑への「現代的傾向」が存在し、必要的な死刑は極刑に値する殺人や国家の対外的安全に対する犯罪などの例外的な事件でのみ

使用されている(Ancel、1962年、12頁)。Ancelはまた、大多数の法制度の下では少年少女と妊娠中の女子は死刑から保護されており、妊娠中の女子に対する死刑執行の停止は実際上ほとんどいつも減刑につながっていると結論付けた(Ancel、1962年、13、25頁)。

　人権委員会の1968年の会期に提出された決議案は、前文で「死刑廃止に向かう大きな流れがその分野の専門家や実務家の間で存在する」と指摘した上で、上訴、恩赦や刑の執行停止、これらの手続を尽すまでの死刑執行の延期などの保護措置を支持した[35]。人権委員会における短い議論[36]の中で、一部の国家は死刑廃止への一般的傾向に言及することに反対したが、それらの国家も犯罪の数や種類が減少傾向にあるという見解は是認した[37]。また、死刑を廃止していない国家は世界人権宣言第3条に違反しているという、ある代表が「非難のニュアンス」と呼んだものに対する異議も存在した[38]。米国は、死刑執行の数が自国で減少傾向にあること、また連邦政府が死刑廃止を予期していることを指摘しつつ同案を支持した[39]。スウェーデンが同案の文言を少し和らげた後、人権委員会がそれを採択した[40]。

　1971年に国連事務総長〔訳注：以下「事務総長」と訳す〕は、死刑問題について加盟国から得た情報に関する覚書を作成した。この覚書は事実上、Ancelによる報告書とその後のNorval Morrisによる報告書(Morris、1967年)を最新の内容に改訂したものであった[41]。上の覚書と共に経社理に提出された決議案は、死刑が科されるべき犯罪の数を漸進的に制限するという方針と、死刑の完全な廃止の望ましさとを諸国に想起させるものであった[42]。同案の本文第3項は「世界人権宣言第3条に規定された生命に対する権利が十分に保障されるよう、あらゆる国家における死刑の完全な廃止を視野に入れて、死刑が科され得る犯罪の数を漸進的に制限することが、追求されるべき主な目標である」と規定していた。経社理の社会委員会における議論の中で、同案を提出した諸国は、「完全な廃止」を「廃止という望ましいこと」に変えるのに同意した[43]。経社理は同案を賛成14、反対0、棄権6で採択した[44]。恩赦、減刑又は刑の執行停止の請願権を律する実行と法令に関して、別の報告書を作成することを事務総長に要請する項が本文に追加された後、サウジアラビアからの唯一の反対票や多くの国家の棄権はあったが総会は決議案[45]を可決した[46]。

事務総長が死刑に関する報告書を経社理に提出したのは1973年のことであった*47。その報告書において事務総長は、世界人権宣言第3条を引用して同条が死刑の制限及び廃止を含意していることを示唆しつつ*48、「国連は死刑問題に関心はあっても関与はしない中立的な傍観者の立場から、死刑の最終的な廃止に賛成する立場に徐々に移行してきた」と述べた*49。経社理は、同様の報告書を5年ごとに作成することを事務総長に要請し*50、また事務総長の報告書を検討してさらなる科学的調査にふさわしい分野を提案することを国連犯罪防止統制委員会〔訳注：以下「犯罪防止統制委員会」と訳す〕と国連社会防衛研究所〔訳注：以下「社会防衛研究所」と訳す〕に求めた（Leone、1987年参照）*51。決議案は、「あらゆる国家における死刑の廃止という望ましいことを視野に入れて」、死刑が科され得る犯罪を漸進的に制限することが追求されるべき主な目標であることを再確認した。この項から「あらゆる国家における」を削除することをインドネシアが提案し*52、これが分離投票で受け入れられた*53。

　1975年に経社理は、死刑が科され得る犯罪を漸進的に制限することと、死刑廃止という望ましいことへの関与を再確認した*54。経社理はまた、犯罪防止統制委員会に対し、社会防衛研究所と協力して、死刑を科し得る犯罪の数が制限されつつある現在の傾向を分析するのに適した方法を検討することを要請した。経社理はさらに事務総長に対し、恩赦、減刑または刑の執行停止の請願権を律する実行と法令に関して報告書の作成を継続し、1980年提出予定の次回の報告書にその情報を含めることを求めた*55。

　総会の1977年の会期に提出された決議案は、経社理決議の定式化を採用して、死刑の完全な廃止の望ましさに言及すると共に、死刑が科され得る犯罪の数を漸進的に制限することが、死刑の分野における主な目標であることを確認した*56。同案はまた、事務総長の5年単位の研究のために情報を提供して事務総長と協力することを加盟国に強く求め、また死刑問題を検討することを1980年の国連犯罪防止犯罪者処遇会議〔訳注：以下「犯罪防止会議」と訳す〕に要請した。総会は、同会議の数週間後に始まる1980年の会期で、死刑問題を「優先して」検討することを約束した*57。

　犯罪防止会議は、1980年8月25日から9月5日にかけて、カラカスで開催された。同会議では死刑問題に他の問題よりも多くの時間があてられた*58。

同会議の第二委員会の報告書によると、死刑を依然として維持している多くの諸国の代表団が、「達成可能な最終目標としての死刑廃止の達成に関心を示した」[59]。しかしながら、死刑を支持する強硬な発言もなされた。こうした発言は以前には、死刑問題に関して国連で行われる議論の特徴をなすものではなかった[60]。同会議に提出された決議案は、死刑の制限と最終的な廃止を求め、また死刑廃止が「人権、特に生命に対する権利の強化への意味ある寄与」になるであろうと付言した[61]。同案はまた、死刑を維持している国家に対し、「一般的に受け入れられた国際人権基準」を法典化したB規約第6条及び第14条を遵守することを慫慂した。同案はさらに、物議を醸す次のような規定も含んでいた。すなわち、死刑を廃止していない国家に対し、「それらの国家が暫定的な死刑廃止の影響を調査できるように、死刑適用のモラトリアムを確立することを検討するか、死刑が科されも執行されもしない他の条件を創り出すことを検討する」ことを強く求める規定である。

エジプトは上の決議案に挑んで「修正案」を提出した。この修正案は、死刑などの刑罰を定めることによる一般予防の重要性を強調する項を前文に追加し、また「人々の心に必要な恐怖感を植え付けるために死刑を定めることの重要性」に言及するものであった[62]。上の決議案を提出した諸国は、断固とした反対や議論時間の不足に直面して、同案を撤回した[63]。死刑廃止を唱える諸国にとっては、とりとめのない議論の結果は残念なものであった。もっとも、同案が投票で否決されれば、死刑廃止に向けた動きは著しく後退していたかもしれない[64]。

1980年の犯罪防止会議における議論は、多くの点で、総会がB規約第6条を採択した1957年に始まる進展の極致であった。死刑に関する議論は、1959年の総会決議が慫慂した中立的研究の1つから、1960年代後半と1970年代を通じた死刑の制限の要求と、死刑廃止のみが近代科学思想と一致するとの示唆に漸進的に進展した。死刑問題に関して報告する技能が発展したことで、死刑廃止への傾向が認識されたようであった。議論をさらに一歩進める機は熟していた。同会議は、死刑問題に関して「死刑適用のさらなる制限」という目標を表明する決議案[65]を採択できなかったが、報告書上で同案に「留意」しまた国連の立法機関が同案をさらに検討すべきことに合意した(国連、1983年、781、

783頁)*66。この直接の帰結として、死刑を依然として維持している国家のために死刑使用に関する「保護措置」が用意された。

4 「保護措置」

　1981年に総会は、犯罪防止統制委員会に対し、B規約第6条に従って略式処刑と「正当な」死刑を区別する方法を検討することを命じた*67。事務総長はその後、加盟国に送付したアンケートをもとに、略式・恣意的処刑に関する報告書を作成した*68。そして、1982年に犯罪防止統制委員会は、死刑を科そうとしている場合に守られるべき一連の「指針」や「保護措置」の案を公表した*69。同案によると死刑は、犯行時に有効な法に従い最も重大な犯罪についてのみ科すことができ、18歳未満の者又は妊娠中の女子が行った犯罪については科すことができない。また、死刑は権限ある裁判所の確定判決に常に拠らなければならず、手続の全段階で法律面での援助が得られるべきである。さらに、恩赦又は減刑に関する手続や上訴の間は死刑執行を停止しなければならず、恩赦や減刑を求める権利及び上訴の権利がなければならず、大赦や恩赦や減刑を求めることが全段階で可能でなければならない。

　上の案に対して事務総長は次のような多数の修正を提案した。まず、「最も重大な犯罪」の範囲は意図的かつ致命的な犯罪に限定されるべきで政治的な犯罪はそこに含まれるべきではないと述べて、上の文言を使う指針を敷衍することを提案した*70。次に、少年少女と妊娠中の女子に対する死刑を禁じる指針に関しては、新しく母親になった者と70歳を超える者を指針に追加することを強く求めた*71。これらの者はB規約第6条5項には含められなかったが、その後に起草された他の文書には登場していた*72。事務総長はさらに、かつての提案*73に回帰して、死刑宣告後2カ月から6カ月の一時的な執行停止を勧告した*74。そして最後に、死刑が関わる事件では上訴手続が必須である、と指針に明記されることも強く求めた*75。

　犯罪防止統制委員会は、1984年3月の会期で「死刑に直面する者の権利保護を保証する保護措置」〔訳注：以下「保護措置」と訳す〕を採択し、これを経社理決議で確固たるものとすることを提案した*76。事務総長が提案した修正の多くは

受け入れられたが、同委員会は自分自身でも新たなものを導入した。例えば同委員会は、「最も重大な犯罪」についてのみ死刑が科され得ると規定する第1条に関して、致命的な結果を伴う犯罪に言及すべきであるとの提案を歓迎しつつも、そこに「又は他の極めて重大な結果」という文言を追加してかなり大きな抜け穴を添えた[*77]。第2条はつまるところ、死刑が遡及的に科されることを禁じる規則と、法が変更された場合はより軽い刑罰の恩恵を受けることを規定していた。

死刑使用に関して追加された他の重要な制限で、それまで基準設定の議論に登場していなかったものには、死刑が関わる事件における証明義務を扱った第4条などがある。同条は「事実について異なる説明の余地を残さない明確で説得的な証拠」がない限り死刑は科され得ないと宣言した。第6条は、上訴が必須であるべきという事務総長の提案を取り上げた（Strafer、1983年；Urofsky 1984年；White、1991年、164-185頁参照）[*78]。第9条は死刑が最小限の苦痛で執行されるべきことを追加したが、この点は死刑に関する国際法の議論においてそれまでほとんど注目されてこなかった[*79]。

保護措置は犯罪防止統制委員会によって採択された後、経社理に提出された。保護措置が死刑を正当化するように見えるかもしれないとの懸念が存在し、死刑廃止を強く唱える諸国は修正案を提出した。これにより、第3条の「死刑の廃止又は維持という問題の検討に影響するとは解されない」という中立的文言が、「死刑廃止を遅らせ又は妨げるために援用されない」という死刑廃止に傾いた文言に置き換えられた[*80]。経社理では、米国が元の第3条の復活を求めて口頭で修正を提案したが、これは否決された[*81]。第1条の最初には、B規約第6条2項から借用した「死刑を廃止していない国においては」という文言が追加された。このことの意義は2つある。すなわち、死刑廃止が目標であることを想起させるという意義と、既に死刑を廃止している国はそれを復活できないことを示唆するという意義である。

保護措置は経社理[*82]によって採択された後、総会[*83]さらには第7回犯罪防止会議[*84]によって支持された。1985年にミラノで開催された同会議は、決議で保護措置の広範な普及と実施を求めた[*85]。

保護措置は、世界人権宣言第3条の内容を発展させた、その権威ある所産で

あると言える。保護措置はまた、その採択の状況と主題の重要性ゆえに、慣習国際法の規範を記したもの、すなわちB規約の未批准国に対しても適用可能な、容認され得る行動の公分母のようなものであるとも論じ得る[*86]。2006年に人権委員会の後を継いだ国連人権理事会〔訳注：以下「人権理」と訳す〕は、新たな普遍的かつ定期的審査の一部として国家報告書を検討するにあたり、条約規範を直接には適用できない国家を扱う場合は保護措置に依拠するであろう。

　その後の決議によって保護措置には細かな改良がなされてきた。1988年に犯罪防止統制委員会は、刑事学学者Roger Hoodによる死刑の研究(Hood、1989年)[*87]を土台に、保護措置の内容を敷衍しその実施を扱う決議案を可決した。同案は、弁護士による十分な援助がなければならない(保護措置の第5条)だけでなく、それが「死刑が関係しない事件で与えられる保護を上回る」ものでなければならないと宣言した[*88]。同案はまた、死刑の対象となり得る者の最高年齢が設けられるべきことも明記した[*89]。もっとも、1984年には具体的な年齢が提案されたが採用されず、同案も具体的な年齢は定めなかった。1984年の保護措置は死刑の対象から精神障害者を除外し、同案は「精神遅滞の者や極度に限定された精神的能力の者」を追加した[*90]。当時ワシントンの最高裁判所で精神障害者に対する死刑執行が問題になっており、上述した力点の変化はそこでの判例の進展によるものであった[*91]。経社理は「死刑に直面する者の権利保護を保証する保護措置の実施」と題された決議を採択した[*92]。

5　B規約の第二選択議定書

　死刑に関する国際的議論にとって1970年代後半は非常に大きな転機であった。Amnesty Internationalは死刑問題を主要な活動対象の1つとした。ストックホルムで開催された重要な国際会議によって死刑廃止の気運が作り出された。これらの進展の結果、欧州審議会などの地域的機関と国連自身の双方で一連のイニシアチブが取られた。その1つの表れが保護措置の策定であったが、重要性がより持続したのはB規約を改良する努力の方かもしれない。死刑に関する元の妥協は第6条に反映されているが、上の改良はそれをある意味修正することによって行われた。その方法とは「議定書」という補助的条約を考案して

死刑への言及を修正または撤回することであり、これによってB規約は死刑廃止論に真に合致するものとなった。ストラスブールでなされた同様の努力は、1983年に欧州人権条約第六議定書の採択をもたらした*93。

　死刑を廃止する最初の普遍的条約は、総会の1980年の会期に草案の形で提出された。「市民的及び政治的権利に関する国際規約の第二選択議定書」〔訳注：以下「議定書案」と訳す〕が決議案に付されたのである*94。議定書案に前文はなかったが、後で項を追加するために余白が残されていた。本文の9つの項の中で、早くも第1条は次のように本質的なことを定めていた。

　　第1条
　　1　各当事国は自国領域において死刑を廃止して、もはや自国管轄下の個
　　　　人に対する死刑の使用を予見することも、死刑を科すことも、死刑を執
　　　　行することもしない。
　　2　死刑を廃止している国において死刑は再開されない。

　第2条は、第1条は「当事国間の関係では」B規約の追加条項とみなされる、と規定していた。第2条はまた、第1条からのいかなるデロゲーションもなし得ないことを明記していた。同案の残りの部分では、人権委員会への通報、署名・批准・加入の手続、連邦国家、効力発生などの問題が扱われた。同案を提案した諸国は、自分達の提案が「新境地を開く」ものであること、また何らかの行動が取られるまでに何年もかかるかもしれないことを自認していたので、かなり慎重に事を進めた。それらの国家によると、自分達の真の目標は、事務総長が提案に留意すること、そして事務総長が、翌年さらに徹底した議論が行われるために、加盟国に情報を求めることであった*95。

　1982年の会期で死刑問題を本格的に議論するため、総会は加盟国からのさらなる意見を求めることを決定した*96。16カ国の政府が事務総長に回答を提出したが、死刑廃止を唱える諸国とその維持を唱える諸国との間で意見はほぼ等しく分かれた*97。1982年に総会は死刑問題を人権委員会に割り当てた*98。その後、同委員会は国連差別防止少数者保護小委員会〔訳注：以下「差別防止小委員会」と訳す〕に議定書案を送った*99。1984年8月の会期で同小委員会は、死

刑問題の分析を準備することをMarc Bossuytというベルギー人の学者に命じた[*100]。1987年にBossuytが同小委員会に提出した報告書[*101]には、死刑に関する国際法の条項、「市民的及び政治的権利に関する国際規約の選択議定書」〔訳注：以下「第一選択議定書」と訳す〕に基づくB規約人権委員会の決定、B規約第40条に従って同委員会に提出された定期報告書、定期報告書に対する同委員会のコメント、並びに米州人権委員会及び米州人権裁判所の判例法が収録されていた[*102]。

　Bossuytによる分析と改訂された議定書案は、差別防止小委員会により受理されて、1988年9月1日に人権委員会に送られた[*103]。同案は、翌年の初めに同委員会[*104]と経社理[*105]により承認され、1989年の秋に総会の第44会期に提出された。1989年12月29日、総会は「死刑廃止を目指す、市民的及び政治的権利に関する国際規約の第二選択議定書」〔訳注：以下「第二選択議定書」と訳す〕を賛成59、反対26、棄権48で採択した[*106]。賛成票、反対票及び棄権の数からして、死刑を支持する諸国が手続的戦略を使って採択を阻むことはおそらく可能であった。それらの国家は単に十分に組織化されていなかったのかもしれない。また、国連が人権を促進する新たな時代の始まりを告げるような、冷戦終結に伴う高揚した空気が採択に影響したのかもしれない。同議定書は、10番目の批准書が寄託された後、1991年7月11日に発効した。2007年9月1日現在、60カ国が同議定書を批准している[*107]。

　総会の1989年の会期は、児童の権利条約の採択という、死刑に関するもう1つの重要なイニシアチブの場となった。B規約第6条5項は、18歳未満の者が行った犯罪について死刑執行を禁じている。この規範は保護措置にも登場している。18歳未満の者が行った犯罪についての死刑執行の禁止は、児童の権利条約[*108]第37条(a)でも再確認されている。同条約はほぼ普遍的に批准されているので、その定める諸規範は慣習法であるとの有力な主張が存在する。米国の最高裁判所が2005年に判決を下した後、少年少女の犯人に対する死刑執行の実行は完全になくなったように思われる。ただし、イランは例外かもしれない。児童の権利に関する委員会は、18歳未満の者が行った犯罪についてイラン当局が死刑を適用していることに「ひどく困惑している」と述べている[*109]。超法規的・略式・恣意的処刑に関する特別報告者は2007年に、イラン

では少年少女に死刑が執行されているとの信頼できる報告を引き続き受けており、そのような国家は世界で同国だけであると述べた(国連、2007年a、パラ63)。

6　気運の高まりと反対国の団結

　1989年にAmnesty Internationalが公表した研究「国家が殺すとき」〔訳注：邦訳として、アムネスティ・インターナショナル編/辻本義男訳『死刑と人権——国が殺すとき』(成文堂、1989年)〕は、現代世界における死刑について統計に基づき叙述したもので、その後の進展に強い影響を及ぼした(Amnesty International、1989年)。それによると、70カ国が法律上又は実行上死刑を廃止している一方で、100カ国が依然として死刑を維持していた。後者の諸国の多くはたまにしか死刑を使用していなかった。最も重要なのは、全世界的な死刑廃止への明白な傾向が統計で示されたことであろう。毎年2カ国から3カ国が死刑を廃止し、反対方向への動きを示す証拠は散発的なものでしかなかった。それにもかかわらず、安保理の常任理事国5カ国のうちの3カ国、すなわちロシア、中国及び米国は死刑を頻繁に使用していた。4カ国目の常任理事国であるフランスは、10年前の執行を最後に、1981年に死刑を廃止したばかりであった。5カ国目の常任理事国である英国は、1964年以来死刑を執行していなかったが、Margaret Thatcher率いる保守党政権は、死刑廃止論に沿った議題を国際的レベルで進展させる努力については非常に消極的であった。

　このように幾分不安定な状況と並行し、国連内ではイスラム諸国の派閥がますます動きを活発化させていた。それらの国家は、イスラム法の反動的な解釈を支持し、死刑は自分達の宗教に必要であると主張していた(Schabas、2000年a参照)。その結果、死刑廃止論に沿った議題は1990年代を通じてまた21世紀に入っても進展し続けたが、ますます議論は敵意を帯びて困難なものとなっていった。

(1)　1994年総会決議案

　1990年の犯罪防止会議はハバナで開催された。そこで死刑に関して提出さ

れた決議案は、「少なくとも３年を基本とする」死刑のモラトリアムというアイディアに回帰したものであった*110。イタリア代表団が同案の通過に努め、委員会では賛成40、反対21、棄権16で可決された*111が、本会議では３分の２の多数を得られずに否決された(Clarke、1990年、518-519頁)*112。カイロで開催された1995年の同会議では死刑問題は議題とされなかった。

　1994年にイタリアは、死刑問題を新たな段階に進めようとして、死刑のモラトリアムを求める総会決議案を提出した*113。イタリアの努力は、「死刑」の項目が議題に追加されることを総会議長事務所に要請することから始まった。議題を修正して上の項目を含めることにパキスタンは反対した*114。スーダン代表は死刑を「一部の宗教、特にイスラム教と一致した神授の権利」と称した*115。

　上の決議案の前文の一連の項は、死刑に関する以前の総会決議、1984年の保護措置、世界人権宣言とＢ規約と児童の権利条約の関連規定、旧ユーゴスラビア国際刑事裁判所とルワンダ国際刑事裁判所の規程、また国際刑事裁判所の規程案に言及していた。本文の３つの項のうち１つ目のものは、死刑を依然として維持している諸国に対し、Ｂ規約と児童の権利条約に基づく義務を遵守すること、特に妊娠中の女子と少年少女を死刑執行の対象から除外することを慫慂した。２つ目の項は、死刑をまだ廃止していない諸国に対し、死刑が科され得る犯罪の数の漸進的な制限を検討すること、また死刑の対象から精神障害者を除外することを慫慂した。３つ目の項は、「国家はいかなる者の生命も奪うべきでないとの原則が2000年までに世界各地で支持されることを確実にするため、死刑をまだ廃止していない諸国に対し、未執行の死刑のモラトリアムを実施する機会を検討することを奨励」した。

　イタリアは上の決議案について、最終的に48カ国の共同提案国を得た*116。第三委員会での議論の際には、シンガポールが同案に対する攻撃のイニシアチブを取った。同国代表は、「一部の国家が国連を利用して自分達の価値観と司法制度を他国に押し付けようとすることに、シンガポールは強く反対する」と述べ、また、死刑は国際法に反するという世界的な意見の一致がないことはＢ規約の文言から明らかである、と付言した*117。

　シンガポールはまず「不議決」動議を提案して上の決議案を阻もうと試みた。

この種の動議は往々にして、イタリアが取ったようなイニシアチブを阻むのに有効な手続的手段となる。上の試みは賛成65、反対74、棄権20で退けられた。シンガポールは次に、「重大な犯罪と効果的に闘うために、自らの社会に適した法的措置及び刑罰を決定する国家の主権的権利を支持し」という項を前文に追加して同案の元の趣旨を実質的に歪める「修正案」を提案した[*118]。そこでイタリアは、上の決議案を救うために元のテキストを次のように修正した。すなわち、シンガポールが「国家主権」に反動的に訴えるのを国際規範の承認という前提の下に置くため、同国の修正案を取り入れる一方で、それと同時に憲章と国際法への言及を追加したのである[*119]。シンガポールの修正案は賛成71、反対65、棄権21という僅差で可決された。この修正の結果、上の決議案は死刑廃止を唱える多くの諸国にとって受け入れられないものとなった。イタリアは修正後も同案を支持し続けたが、共同提案国の大多数は支持を撤回して最終投票で棄権した（合計74カ国が棄権した）。残りの諸国は、ほとんどが死刑維持を唱える国家であったが、賛成36、反対44と割れることになった[*120]。

　第三委員会で上の議論が行われていた最中に、安保理では、ルワンダ国際刑事裁判所の設立過程において、死刑に関する論争が生じた。同裁判所の規程案上、集団殺害犯罪などに死刑は科し得なかった[*121]。同案のモデルとなったのは、旧ユーゴスラビア国際刑事裁判所の設立のため1993年5月に安保理が採択した類似の文書である[*122]。同裁判所の場合は、死刑を排除する規定が論争の的になることは全くなかったようである。また、国連国際法委員会は1994年に常設的な国際刑事裁判所の規程案を提示したが、同案上も死刑は使用できなかった[*123]。

　ルワンダは、当時全くの偶然で安保理の構成国であったが、死刑の禁止に反対して次のように主張した。すなわち、国際裁判所が裁くのはおそらく集団殺害の首謀者であるが、これらの者が終身刑にしか服さず、他方、自国の国内裁判所で訴追される者が死刑を執行され得るなら、自国の国内裁判所が裁く者を死刑執行に晒すのは全くもって不公平となろう[*124]。同国の代表いわく、「国際刑事裁判所は集団殺害を考案、計画及び組織した者を取り扱うことが見込まれるので、それらの者は死刑を免れ得るが、他方、単に計画を実行しただけの者はこの厳しい刑に服するであろう」「そのような状況はルワンダにおける国民の

和解に資さない」*125。

　結局、ルワンダ国際刑事裁判所が未処理事件の一部を国内裁判所による裁判のためルワンダに戻す際に、同国はそれらの事件では死刑を適用しないことを約束した*126。その数カ月後に同国は、自らの立場をその論理的帰結まで進めて、死刑を全国的に廃止した(国連、2007年b)。かくして、ルワンダ国際刑事裁判所は死刑を使用すべきでないと安保理が主張したことにより、最終的には同国内での死刑廃止が促進されたのである。

(2) 90年代後半の人権委員会

　死刑廃止を唱える諸国は、1994年に総会で挫折を味わった後、数年をかけて形勢を立て直した。1996年に国連犯罪防止刑事司法委員会の第5回会期で、事務総長の5年ごとの報告書を受けて決議案が可決された*127。同案はその年のうちに経社理によって支持された*128。1997年3月には死刑に関する決議案が人権委員会の年次会期に提出された*129。同案は、旧ユーゴスラビア国際刑事裁判所とルワンダ国際刑事裁判所の規程に死刑が定められなかったことを歓迎し、B規約第6条は死刑廃止が望ましいことを強く示唆する文言で死刑廃止に言及していると指摘するB規約人権委員会の一般的意見に留意し、また人権委員会が「死刑廃止は人間の尊厳の向上と人権の漸進的発達に寄与するものであることを確信している」と記した。同案はまた、B規約の当事国であるが第二選択議定書についてはまだ批准も加入もしていない諸国に対しては、それらを行うことを検討することを要請し、死刑を依然として維持している諸国に対しては、国際条約に基づく自国の義務で死刑問題に関するものを完全に遵守すること、保護措置に従うこと、死刑が科され得る犯罪の数を漸進的に制限すること、また死刑を科すことに関する情報を公開して入手可能にすることを強く求めた。同案はさらに、上の諸国に対し、「死刑の完全な廃止を視野に入れて、死刑執行の停止を検討することを要請」した*130。同案は点呼投票により賛成27、反対11、棄権14で可決された*131。

　死刑問題は翌年の人権委員会の議題に再び含められた*132。死刑のモラトリアムの要求については、死刑を依然として維持している諸国に対し「死刑の完全な廃止を視野に入れて、死刑執行のモラトリアムを確立することを強く求め

る」という、以前よりやや強い文言で決議に記された[*133]。再び点呼投票が行われ、結果は賛成26、反対13、棄権12とほぼ同じであった。この進展に反発し、1998年3月31日に51カ国が同委員会の委員長に書簡を提出した。それらの国家は書簡の中で、さまざまな国家の宗教や司法制度と関連した相違を挙げつつ、死刑廃止を求める国際的な意見の一致など存在しない、と主張したのである[*134]。その数カ月後、国際刑事裁判所規程の採択の場となったローマ会議の際に、死刑問題で交渉を決裂させようとする試みが出現した。これも、上の決議が同委員会で採択されたことにより促されたのかもしれない(Schabas、2000年b)。

　1999年に人権委員会で可決された決議案は、欧州連合に加盟する15カ国が提出したものであった[*135]。同案の前文は国際刑事裁判所規程に死刑が定められなかったことを「歓迎」したが、このことは死刑維持を唱える諸国へのジャブのようなものであった。ローマ会議でそれらの国家は、同規程が死刑問題については中立であると示唆するような、曖昧な声明を交渉により引き出していたのである。同案は1997年や1998年のものよりかなり踏み込んで、死刑を依然として維持している諸国に対し、「暴力を用いない金融犯罪又は暴力を用いない宗教的慣習や良心の表明について」も「何らかの精神障害を患っている者に対して」も死刑を科さないこと、また「関係する法的手続が国際的又は国内的レベルで係属している間はいかなる者にも死刑を執行しないこと」を要請した。同案はまた、B規約第6条にいかなる留保も付さないこと、また既存の留保を撤回することを諸国に強く求めた(当時、同条に留保を付していたのは米国だけであった)[*136]。同案はさらに、引渡しに初めて言及し、死刑を執行しないとの有効な保証がなければ引渡しを拒否する権利を明示的に留保することを諸国に要請した。もっとも、このことでカナダは、少なくとも一時的に同案の共同提案国のリストから外れた[*137]。最終的には、妥協のための文言が考案されて、何とかカナダは同案を支持する陣営に戻った。同委員会の年次会期の最終日である1999年4月28日に、同案は点呼投票により賛成30、反対11、棄権12で可決された[*138]。

(3) 1999年総会決議案

　人権委員会での成功に自信を得た欧州連合は、1994年にイタリアが失敗した総会の攻略のために戦略を練った。欧州連合の当時の議長国はフィンランドであり、同国が提案のイニシアチブを取ることになった。同国代表団の決議案は1999年10月7日に配布された。同案は諸国に対し、死刑適用の際に保護措置を適用することを強く求める一方で、死刑の完全な廃止を視野に入れて、B規約の当事国は第二選択議定書を批准すること、死刑を漸進的に制限すること、また死刑のモラトリアムを確立することを要請した[139]。

　反対派はエジプトとシンガポールをリーダーとして団結した。両国は死刑の実行について国際的非難を受けていた[140]。反対派の戦略は、上の決議案を投票で否決することではなく、かつてと同様に、死刑廃止を唱える者にとって同案が不快なものになるような、いわゆる「難破修正案(wrecking amendments)」を使用することであった。同案に以下のような文言を追加しようと2つの修正案が上程された。すなわち、死刑問題について世界的な意見の一致はなく死刑は国際法上禁じられていないと明記する文言、憲章第2条7項を援用する文言、「被害者と社会が平和に生存する権利の文脈で」死刑は主として刑事司法の問題であり人権の問題ではないと主張する文言、そして、各国の法社会的及び経済的状況は多様なので、あらゆる規則が時代や場所を問わず適用できる訳ではないことを想起させる文言である[141]。

　面目を失った欧州連合は、上の決議案がすっかり変容してしまうのを目にするよりは、それを撤回することにした。そのしばらく後に、欧州議会でChris Patten委員は「死刑に関する我々の決議案を凍結するか、さもなければ、人権は普遍的に適用可能で有効な訳ではない、との全く受け入れられない主張を取り入れた決議案が可決される危険を冒す」必要があったと述べた(Patten、2000年a)。同委員は「昨年の総会で我々は、精力的な交渉の末11月に、致命的な欠陥のある決議案が可決されるよりは何らの決議案も可決されない方がよく、従って欧州連合は総会でイニシアチブを追求すべきではないと決定した」との説明を行った。同委員によると、死刑維持を強硬に唱える諸国は、今や人権委員会では決議案に従っているようだが、総会決議を得ようとする努力に対しては引き続き強く抵抗するであろう。同委員は「これにより議論の対立はさらに

深まるであろう」と指摘した。そこで欧州連合は、総会の2000年の会期で「死刑に関する決議案を上程することは、得策ではなく時宜にもかなわないであろう」と決定した(Patten、2000年b)。

(4) 2000年以降の人権委員会

　決議案が年々要求を上げても可決されるという人権委員会での慣例に総会での挫折が影響を及ぼすであろう、との心配は結果的には見当違いであった。2000年に同委員会は、賛成27、反対13、棄権12という過去3年と基本的に同じ投票パターンで決議を採択した(Dennis、2001年、214頁)[*142]。この決議は、1999年の決議に記された諸原則を繰り返しつつ、多くの国家が実際に死刑執行のモラトリアムを適用しているという事実を歓迎した。2001年の投票結果は賛成27、反対18、棄権7であった。賛成票の数は過去4つの決議の投票結果と同等であったが、反対票の数はそれまでで最も多かった[*143]。2001年の決議は、5年ごとの報告書に対して毎年の最新情報を準備するように、という事務総長への要請を繰り返した。1997年に同委員会が最初の関連決議を採択して以来、そのような情報の準備は慣例となっていた。2001年の決議はまた、人権促進保護小委員会〔訳注：以下「人権小委員会」と訳す〕が前年の8月に採択した決議を歓迎した。この決議は、少年少女に対する死刑執行の禁止は慣習国際法の規範であるとしていた[*144]。人権委員会が最後に作業を行った2005年の会期では、死刑に関する決議はそれまで採択されたどの関連決議よりも強硬なものとなった。2005年の決議は、死刑を完全に廃止すること、またそれまでの間は死刑執行のモラトリアムを確立することを諸国に求めた。死刑を維持している諸国に対しては、死刑が科され得る犯罪の数を漸進的に制限すること、また少なくとも、以前は死刑が適用されなかった犯罪までその適用を拡大しないことを要請した。それらの国家に対してはまた、「最も重大な犯罪」の概念が致死的または極めて重大な結果を伴う国際犯罪より広がらないことを確保すること、また死刑が、金融犯罪、宗教的慣習や良心の表明、同意した成人間の性的関係などの暴力を用いない行為について科されず、必要的刑罰としても科されないことを確保することを要請した。2005年の決議は賛成26、反対18、棄権7で採択されたが、その共同提案国の数は、1997年に以上のような過程が

始まって以来、最も多かった[*145]。

　国連内で死刑に関する議論が始まった1947年にその舞台となった人権委員会は2006年に解散し、人権理が同委員会の後を継いだ[*146]。死刑に関する決議案は人権理の議題にはまだ登場していない。同委員会と人権理では構成が多少異なるので、前者での投票パターンを後者に機械的に当てはめることはできない。それでも、人権理の構成国が同委員会の時と同じように投票すれば、死刑に関する決議案が可決されるのはほぼ確実であろう。人権理の2007年3月の会期では、死刑について短い議論が行われた。そこでの中国代表の次のような発言は進展を表すものであった。すなわち、同国代表であるLa Yifanは「死刑の適用範囲はまもなく見直される予定であり、死刑廃止を最終目標にその範囲は狭くなると予想される」と述べたのである(国連、2007年c、9頁)。

(5) 他の国連機関

　死刑の制限や廃止を目指したイニシアチブは、他の国連機関でも見られるようになっている。1999年に人権小委員会は、「犯行時に18歳未満の者に死刑を科すこと及び執行することを明確に」非難する決議を採択した(国連、1999年a)。また、同小委員会は同じ会期で人権条約の廃棄に懸念を表明する決議を採択し、この決議はトリニダード・トバゴとガイアナが死刑との関連で第一選択議定書を廃棄したことに明示的に言及した[*147]。2000年に同小委員会は死刑問題に再び取り組み、今度は何とかコンセンサスで決議が採択された。この決議は、犯罪を行った少年少女に対する死刑執行は慣習国際法に反する、と主張するものであった。上の決議において人権委員会のために採択された決定案には、「少年少女に死刑を科すことについては、犯行時に18歳未満の者に死刑を科すことは慣習国際法に反することが国際法上はっきりと確立している」と明記されたのである[*148]。

　国連による人権監視作業の多くは、特別手続と総称される特別報告者及び類似の制度によって実施される。死刑問題は女子に対する暴力(国連、1998年a)、宗教的不寛容[*149]、裁判官の独立[*150]などについてのテーマ別報告者によって扱われたことがある。恣意的拘禁に関する作業部会も死刑の事例を検討したことがある[*151]。同様に、死刑に関する懸念がナイジェリア[*152]、コンゴ民主共

和国[*153]、ミャンマー[*154]、スーダン[*155]、イラク[*156]、ブルンジ[*157]及び旧ユーゴスラビア[*158]についての国別報告者によって、またイラン特別代表によって表明されたことがある(国連、1997年a、パラ19-21、65；国連、1998年b、パラ4、27-29)。しかしながら、赤道ギニアについての特別報告者は、殺人に科される死刑に政治的含意はないと指摘しつつ、国際法違反は存在せずまた死刑適用について意見を表明することは自らの任務に含まれないと述べた[*159]。

　死刑について特別な責務を担う制度としては、超法規的・略式・恣意的処刑に関する特別報告者が存在する。1982年に経社理は、人権委員会の勧告に基づき[*160]、略式・恣意的処刑に関する特別報告者のポストを創設した[*161]。1992年に「超法規的」という語が報告者の肩書に追加されたことは、その任務に対してより広いアプローチが採られたことを示唆し、またその任務に死刑問題が含まれることを含意するものであった(国連、1993年、パラ42-68参照)[*162]。人権委員会は同特別報告者に、「死刑が科されることに関して、保護措置や制限などの国際的基準の実施を監視する」作業をはっきりと委ねている[*163]。同特別報告者は、死刑の実施に関する国際的基準が遵守されないことに対して定期的に抗議している(国連、2005年、パラ19 (a))。同特別報告者はまた、死刑の実行を監視するために、米国(国連、1998年c)やジャマイカ(国連、2004年、パラ21)などの諸国を訪問してきた。

　超法規的・略式・恣意的処刑に関する特別報告者は、B規約第6条及び他の適用可能な規範の解釈について権威ある見解を述べてきた。人権委員会への年次報告書で同特別報告者は、「失われた生命の回復が不可能であることを考えると……生命に対する権利を十分に尊重するには死刑廃止が極めて望ましい」との見解を表明し、「生命に対する基本的権利が存在するところでは死刑に対する権利は存在しない」と付言している[*164]。同特別報告者によると、死刑を新たな犯罪に拡大することは同条に反する(国連、1997年b、パラ176)。また、相当量の麻薬を所持していた者に証明責任を転換して、危険な薬物の密輸という起訴内容への反証を求める法律は、死刑が関わる事件では無罪の推定だけでなく生命に対する権利にも違反するおそれがある、と同特別報告者は訴えている(国連、1995年、パラ212；国連、1997年b、パラ306-307、436、438)。死刑適用には透明性が求められるので、死刑が依然として実施されている国家では正確な

統計が入手できなければならない(国連、2005年、パラ57-59)。同特別報告者はさらに、一部の国家における公開処刑の実行に対して抗議し(国連、2004年、パラ53)、「経済犯罪と薬物関連犯罪については死刑が廃止されるべきである」と述べ(国連、1997年b、パラ473；国連、2007年a)、死刑はいかなる犯罪についても必要的刑罰とされるべきではないと述べている(国連、2005年、パラ63-64；国連、2007年a、パラ54-62)。しかしながら同特別報告者は、「死刑待ち現象」が国際規範に反すると論じるのはためらっており、そのように論じると各国政府を勇気づけてより性急に死刑を執行させるおそれがあるとの懸念を表明している(国連、1994年、パラ682；国連、1995年、パラ382)。

　国連の主要な行政官で人権について責務を担う国連人権高等弁務官〔訳注：以下「人権高等弁務官」と訳す〕は、死刑に反対しており、執行停止・モラトリアム・廃止を定期的に求めている[165]。同弁務官の代理人は、死刑を刑事司法の問題ではなく専ら人権の問題として国連内で論じることは人権促進の進展であると考えられる、と指摘している[166]。1998年2月にMary Robinson同弁務官は、テキサス州がCarla Fay Tuckerに死刑を執行したことを非難し(国連、1998年d)、また同年4月には、1994年の集団殺害に関し有罪判決を受けた22人にルワンダが死刑を執行したことに抗議した。さらに同弁務官は、世界のさまざまな国家で死刑が執行されていることを非難する声明を定期的に出していた(国連、1999年b)。

(6) 2007年総会決議

　しかしながら、総会での成功は依然として大きな目標である。死刑廃止を唱える陣営は1994年と1999年の失敗が引き続き頭から離れず、またそれらの失敗により、死刑問題に関して国際的な意見の一致が確立されつつある、という主張に対して疑念が生じている。2006年12月に総会で、死刑廃止を唱える諸国は少々斬新なアプローチを試みた。第三委員会の報告書の提示という文脈で、85カ国もの加盟国が決議案の代わりに「声明」を発表したのである[167]。この声明は次のようなものであった。

　生命に対する万人の権利は、世界人権宣言第3条で普遍的な支持を受け、

また市民的及び政治的権利に関する国際規約第6条、児童の権利に関する条約第6条及び第37条(a)などの他の国際文書で再確認された。人権委員会は過去10年間、全ての会期で死刑に関する決議を採択して、世界中で死刑が引き続き使用されていることに深い懸念を表明し、死刑を依然として維持している諸国に対しては、それを完全に廃止すること、また完全な廃止までの間は死刑執行のモラトリアムを確立することを要請してきた。我々は、死刑廃止が人間の尊厳の向上と人権の漸進的発達に寄与するものであることを確信している。死刑には抑止の面で何の付加価値もない。生命に対する人の権利が死刑により(残酷かつ非人道的な方法で)剥奪された場合、いかなる誤審も取り返しがつかない。この声明の署名国は、世界的な死刑廃止への傾向が続いていることを喜んで指摘し、また、過去1年間に3カ国で死刑が廃止されたことと、他の多くの国家で死刑の完全な廃止への明るい進展があったことを歓迎する。しかしながら、こうした進展にもかかわらず、大きな不安要因が依然として存在する。この声明の署名国は、世界中で死刑が使用されていることを引き続き深く懸念している。この声明の署名国は、死刑廃止に向けた活動に関与する一方で、死刑が依然として存続するところでは、死刑の使用が漸進的に制限されることを求め、経済社会理事会決議1984/50に定めるような最低基準に従って死刑が実施されることを主張し、また死刑廃止までの間は死刑執行のモラトリアムが確立されることを求める。この声明の署名国は総会に対し、死刑問題に今後関与することを要請する*168。

　この声明は、総会の2007年の会期に向けて計画されていた新たな取り組みへの序曲であった。
　2007年11月に第三委員会では、激しくそしてかなり不愉快な議論が行われたが、その中で欧州連合は、世界の多くの地域から幅広い支持を得て、総会決議案の可決を実現しようと再び試みた*169。同案は次のようなものであった。

　　死刑使用のモラトリアム
　　総会は、

国際連合憲章に定められた目的及び原則に導かれ、
　世界人権宣言、市民的及び政治的権利に関する国際規約並びに児童の権利に関する条約を想起し、
　人権委員会が過去10年間の全会期で採択した死刑問題に関する諸決議（最後の決議2005/59で同委員会は、死刑を依然として維持している諸国に対し、それを完全に廃止すること、また完全な廃止までの間は死刑執行のモラトリアムを確立することを要請した）も想起し、
　人権委員会が死刑問題に関して挙げた重要な成果も想起し、また同委員会の後を継いだ人権理事会が死刑問題に関して作業を続け得ると予想し、
　死刑の使用により人間の尊厳が損なわれることを考慮し、また死刑使用のモラトリアムが人権の向上と漸進的発達に寄与するものであること、抑止の面における死刑の価値には決定的な証拠がないこと、死刑が実施されればいかなる誤審も取り返しがつかないことを確信し、
　ますます多くの国家が死刑執行のモラトリアムの適用を決定し、決定した国家の多くが後に死刑を廃止していることを歓迎して、
1　死刑が引き続き適用されていることに深い懸念を表明する。
2　死刑を依然として維持している全ての国家に対し、次のことを要請する。
　（a）　死刑に直面する者の権利保護を保証する保護措置を提示する国際的基準、特に1984年5月25日の経済社会理事会決議1984/50の付属書に定めるような最低基準を遵守すること
　（b）　死刑の使用に関する情報、及び死刑に直面する者の権利保護を保証する保護措置の遵守に関する情報を事務総長に提供すること
　（c）　死刑の使用を漸進的に制限し、死刑が科され得る犯罪の数を減らすこと
　（d）　死刑廃止を視野に入れて、死刑執行のモラトリアムを確立すること
3　死刑を廃止している諸国に対し、死刑を再導入しないことを要請する。
4　事務総長に対し、本決議の実施に関して総会第63会期に報告を行うことを要請する。

5　総会第63会期も同じ議題項目の下でこの問題の検討を継続すること
を決定する。

　かつてと同様に、進展を妨げようと複数の「難破修正案」が提出された。しかしながらいずれも可決されなかった。第三委員会で上の決議案について投票が行われると、結果は賛成99、反対52、棄権33であった。この投票結果が総会本会議で追認されたのは、形だけのことに過ぎなかった。2007年12月18日に同案は賛成104、反対54、棄権29で可決された[*170]。同案の共同提案国87カ国を代表してメキシコは、人権向上のための戦いにおいて同案が総会の後押しとなってほしいとの願望を表明した。死刑問題は国際社会の悩みの種となっていたので、死刑のモラトリアムを確立する決議が長年を経て総会により採択されることに共同提案国は喜んだ。同案に反対する複数の代表団は発言で不満を表明した。カリブ共同体13カ国はそろって同案に反対票を投じ、アンチグア・バーブーダはそれらの国家を代表して発言した。シンガポールは、死刑廃止は普遍的には受け入れられておらず、実際は激しい対立を生じさせることが投票で証明されたと述べた。ナイジェリア、中国、シリア及びマレーシアも類似のコメントをした。エジプトは、同案は「宗教的、実践的及び法的規範」に反するので自国は反対票を投じたと述べ、また死刑は「イスラム法の規定に従って」のみ科されるとも述べた。バングラデシュは、死刑に反対する傾向の強まりが同案により示されていると認めたが、「今は死刑の完全な廃止に適した時期ではない」と述べた。
　上と同じ2007年の1月2日に、潘基文事務総長は就任後初めて記者会見を行った。このほんの数日前にSaddam Husseinに死刑が執行されており、そのやり方は野蛮で尊厳を損なうものであった。予想されていたことであろうが、集まった記者団から最初に質問されたのは死刑問題についてであった。

　　質問：事務総長、Saddam Husseinに死刑は執行されるべきだったのでしょうか。
　　事務総長：Saddam Husseinには、イラクの人民に対して凶悪な犯罪や言語に絶する残虐行為を行った責任があります。彼による犯罪の犠牲者のこ

とを我々は決して忘れるべきではありません。死刑問題は各加盟国が決定すべきものです。それと同時に事務総長として私は、不処罰には断固として反対ですが、国際社会の構成国が国際人道法のあらゆる側面に十分な注意を払うことを望んでもいます。私は任期中、加盟国そして国際社会が法の支配を強化するのを、全力を尽して援助するつもりです。

質問：あなたの考えでは、このようにSaddam Husseinが死亡したことで、イラクの安定化が促進されるでしょうか、それともイラクで内戦が起こる可能性があるでしょうか。
事務総長：イラクの人民と政府は自らの過去に対処するための措置を講じており、私は国際社会も利害関係を理解して、一国内でまた国際的に法の支配を確立するよう努力することを望んでいます。

〔中略〕

質問：〔死刑やモラトリアムに関する質問であるが、聞き取り不可能〕
事務総長：すでに述べたように、死刑問題は各加盟国が決定すべきものです。それと同時に私は、国際社会の構成国が国際人道法のあらゆる側面に十分な注意を払うことを望んでいます。

　以上の回答は、あらかじめ用意されていなかった可能性があり、国連の見解よりもむしろ事務総長の個人的見解を反映しているようであった。特に憂慮すべきなのは、事務総長の見解が米国大統領の態度に同調したもののように思われたことであった。しかしながら、会見後程なくダメージの抑制が行われた。2007年1月11日の記者会見で事務総長は、生命が尊いこと、また自らは死刑が廃止されるべきであると考えていることを明確にした。事務総長はイラク政府に対し、すでに死刑を言い渡されている者についてその執行を停止することを要請した。事務総長はまた、Saddam Husseinに対する死刑執行を明確に非難した人権高等弁務官の立場を支持した。事務総長の当初の発言は困惑を感じさせるものであったが、その後の訂正により死刑廃止に関する国連の揺るぎない立場が図らずも確認された。2007年12月18日に事務総長は、死刑に関する決議案が総会で可決されたことを熱烈に歓迎した。

※　本稿は、以下の論文を、Ashgate Publishing Limitedの許可を得て翻訳したものである。なお、「**6**　気運の高まりと反対国の団結」の(**1**)などの数字を付した小見出しは、訳者が付した。William A. Schabas (2008), 'The United Nations and Abolition of the Death Penalty', in Jon Yorke (ed), *Against the Death Penalty: International Initiatives and Implications* (Ashgate Publishing Limited).

*1　GA Res. 95(I).
*2　*Agreement for the Prosecution and Punishment of Major War Criminals of the European Axis, and Establishing the Charter of the International Military Tribunal (I.M.T.),* annex (1951) 82 UNTS 279, art.27.
*3　UN Doc. A/CONF.87/9, para.4.
*4　SC Res. 827 (1993); SC Res. 955 (1994).
*5　*Statute of the International Criminal Tribunal for the former Yugoslavia,* UN Doc. S/25704, annex, art.24(1); *Statute of the International Criminal Tribunal for Rwanda,* SC Res. 955 (1994), annex, art.23(1). *See also, Statute of the Special Court for Sierra Leone,* art.19(1); *Statute of the Special Tribunal for Lebanon,* SC Res. 1757 (2007), attachment, art.24(1).
*6　UN Doc. S/PV.3453, 5.
*7　*Charter of the United Nations,* TS 67 (1946), Cmd.7015, P. (1946-47) XXV1, 145 BSP 805.
*8　*Universal Declaration of Human Rights,* GA Res. 217(III)A; UN Doc. A/810.
*9　GA Res. 2200(XXI)A, annex.
*10　UN Doc. E/CN.4/AC.1/3, reprinted in UN Doc. E/CN.4/21, annex A.
*11　UN Doc. E/CN.4/AC.1/SR.2, 10.
*12　UN Doc. E/CN.4/AC.1/W.2/Rev.1; UN Doc. E/CN.4/AC.1/W.2/Rev.2.
*13　UN Doc. A/C.3/265.
*14　例えばベルギー代表(UN Doc. A/C.3/SR.103, 9)。実際のところベルギーは、第二次世界大戦直後の少数の例外はあるが、19世紀以来死刑を執行していなかった。もっとも、ベルギーが死刑を正式に廃止したのは1990年代になってからで、それまで同国の裁判所は死刑の宣告を続けていた。
*15　ボリビア代表(UN Doc. A/C.3/SR.105, 5)、ノルウェー代表(UN Doc. A/C.3/SR.104, 12)、パキスタン代表(UN Doc. A/C.3/SR.105, 8)、ハイチ代表(UN Doc. A/C.3/SR.105, 2)、ニュージーランド代表(UN Doc. A/C.3/SR.105, 10)、オーストラリア代表(UN Doc. A/C.3/SR.103, 2)及びトルコ代表(UN Doc. A/C.3/SR.103, 11)。
*16　レバノン代表(UN Doc. A/C.3/SR.102, 4-5)。
*17　*Ibid.,* 9.

*18 Pakistan代表(UN Doc. A/C.3/SR.105, 8) 及びペルー代表(UN Doc. A/C.3/SR.104, 10)。
*19 UN Doc. A/C.3/SR.105, 6.
*20 UN Doc. A/C.3/SR.102, 10-11.
*21 UN Doc. A/C.3/SR.104, 7.
*22 UN Doc. A/C.3/268.
*23 UN Doc. A/C.3/SR.107, 6. 賛成票を投じたのはベラルーシ、キューバ、チェコスロバキア、ドミニカ共和国、メキシコ、ポーランド、ウクライナ、ソ連及びユーゴスラビアであった。反対票を投じたのはアフガニスタン、オーストラリア、ブラジル、カナダ、チリ、中国、フランス、ギリシア、グアテマラ、ハイチ、ルクセンブルク、パナマ、フィリピン、シャム、シリア、トルコ、南アフリカ、英国、米国、ウルグアイ及びイエメンであった。棄権したのはアルゼンチン、ベルギー、ビルマ、コスタリカ、デンマーク、エクアドル、エジプト、エチオピア、ホンジュラス、インド、レバノン、オランダ、ニュージーランド、ノルウェー、ペルー、サウジアラビア、スウェーデン及びベネズエラであった。
*24 UN Doc. A/C.3/SR.103, 12.
*25 UN Doc. A/C.3/SR.820, para.27.
*26 *International Covenant on Civil and Political Rights* (1976) 999 UNTS 171, art.6.
*27 *Ibid.*, art.6(2).
*28 *Ibid.*, art.6(5). 1989年に総会が採択した児童の権利に関する条約〔訳注：以下「児童の権利条約」と訳す〕(UN Doc. A/RES/44/25, annex)第37条(a)も、18歳未満で行った犯罪について死刑執行を禁止している。192カ国が同条約を批准しており、米国は署名はしたが批准はしていない。関連規定については、SchabasとSax、2006年参照。
*29 *Ibid.*, art.6(6).
*30 *Piandong et al. v. Philippines* (No.869/1999), UN Doc. CCPR/C/70/D/869/1999, para.7.4.
*31 *Judge v. Canada* (No.829/1998), UN Doc. CCPR/C/78/D/829/1998.
*32 UN Doc. A/C.3/L.767. 死刑問題に関する研究というアイディアはもともと、B規約草案第6条に関して1957年に議論が行われた際にスウェーデンが提案していた。UN Doc. A/C.3/SR.813.
*33 UN Doc. A/4250, para.55.
*34 GA Res. 1396 (XIV). 投票結果は賛成57、反対0、棄権22であった。UN Doc. A/SR.841.
*35 UN Docs. E/4475 and E/CN.4/972, 134-136, 162-164.
*36 *Ibid.*, 265-269.
*37 フランス、インド、ポーランド及びソ連。

*38 UN Doc. E/CN.4/SR.990, 267.

*39 *Ibid.*, 266.

*40 *Ibid.* 投票結果は賛成19、反対0、棄権3であった。

*41 UN Doc. E/4947; UN Doc. ST/SOA/SD/9; UN Doc. ST/SOA/SD/10.

*42 UN Doc. E/AC.7/L.578. この決議案はイタリア、ノルウェー、英国及びウルグアイによって提出された。ソ連は修正案を提出した。UN Doc. E/AC.7/L.579.

*43 UN Doc. E/4993, para.6.

*44 ESC Res. 1574(L); UN Doc. E/SR.1769.

*45 UN Doc. A/C.3/L.1908. この決議案はオーストリア、コスタリカ、イタリア、オランダ、ニュージーランド、ノルウェー、スウェーデン、英国、ウルグアイ及びベネズエラによって提出された。

*46 GA Res. 2857(XXVI); UN Doc. A/PV.2027. 投票結果は賛成59、反対1、棄権54であった。第三委員会では前文第1項の「完全な廃止」について分離投票が行われたが、この文言は賛成24、反対8、棄権61で維持された。UN Doc. A/C.3/SR.1905, para.69. 本文第4項の「完全な廃止」についても分離投票が行われたが、この文言は賛成23、反対9、棄権62で維持された。*Ibid.* 事務総長に新たな報告書を要請することも分離投票で受け入れられ、投票結果は賛成33、反対0、棄権62であった。*Ibid.* 第三委員会では決議案は賛成33、反対0、棄権62で可決された。*Ibid.*

*47 UN Doc. E/5242 and Add.1. *See also*, UN Doc. E/AC.57/12 and Corr.1, paras.1-6; UN Doc. E/AC.57/18.

*48 UN Doc. E/5242, para.11.

*49 *Ibid.*, para.16.

*50 UN Doc. E/5298.

*51 UN Doc. E/AC.7/L.624. この決議案はイタリア、オーストリア、フィンランド、オランダ、ニュージーランド、スウェーデン及びベネズエラによって提出された。事務総長と犯罪防止統制委員会とのやり取りについては、*see*, UN Doc. E/AC.3/18. 社会防衛研究所の作業については、〔訳注：資料番号が記されていない〕。

*52 UN Doc. E/AC.7/L.624/Rev.2.

*53 UN Doc. E/5298, para.16. 投票結果は賛成25、反対10、棄権7であった。

*54 UN Doc. E/AC.7/L.678/Rev.1. この決議案はイタリア、オーストリア、エクアドル、ノルウェー、オランダ及びベネズエラによって提出された。

*55 ESC Res. 1930(LVIII); UN Doc. E/SR.1948. 投票結果は賛成27、反対0、棄権9であった。*See also*, UN Doc. A/10003, paras.296-302.

*56 UN Doc. A/C.3/32/L.21. この決議案はオーストリア、コスタリカ、デンマーク、エクアドル、フィンランド、ホンジュラス、イタリア、オランダ、ニュージーランド、ノルウェー、ポルトガル、セネガル、スウェーデン及びベネズエラによって提出された。*See also*, UN Doc. A/C.3/32/SR.40, paras.46-47.

*57 GA Res. 32/61; UN Doc. A/32/PV.98. この決議は投票なしで採択された。第三委員会での採択については、UN Doc. A/C.3/32/SR.49, para.35.

*58 事務局の犯罪防止刑事司法部門の長が述べたコメントを参照。UN Doc. A/C.3/35/SR.74, para.40.

*59 UN Doc. A/CONF.87/14/Rev.1, para.98.

*60 *Ibid.,* paras.99-100.

*61 UN Doc. A/CONF.87/C.1/L.1. この決議案はオーストリア、エクアドル、ドイツ連邦共和国及びスウェーデンによって提出された。また、同案は非公式の議論を経て改訂された。UN Doc. A/CONF.87/14/Rev.1, para.111; UN Doc. A/CONF.87/C.1/L.1/Rev.1. 同会議の報告書の付属文書として同案は再録されている。UN Doc. A/CONF.87/14/Rev.1, 58-60.

*62 UN Doc. A/CONF.87/C.1/L.9. この修正案は同会議の報告書の付属文書として再録されている。UN Doc. A/CONF.87/14/Rev.1, 60.

*63 UN Doc. A/CONF.87/14/Rev.1, para.111.

*64 その年のうちに総会に提出された決議案は、カラカスで失敗したのと同じ死刑のモラトリアムをねらったものであった(UN Doc. A/C.3/35/L.67. 同案はオーストリア、コスタリカ、デンマーク、エクアドル、ドイツ連邦共和国、イタリア、ノルウェー、パナマ、パプアニューギニア、ポルトガル、スペイン、スウェーデン及びベネズエラによって提出された)。もっとも同案は、カラカスでの議論を蒸し返すと批判され、モロッコとインドという死刑維持を唱える2カ国からの手続的動議で事実上棚上げにされた。UN Doc. A/C.3/35/SR.76; UN Doc. A/C.3/35/SR.84.

*65 UN Doc. A/CONF.87/C.1/L.1.

*66 UN Doc. A/CONF.87/14/Rev.1.

*67 GA Res. 36/22.

*68 UN Doc. E/AC.57/1982/4 and Add.1.

*69 UN Doc. E/CN.5/1983/2, chap.I, sect.A, para.1, draft resolution I, chap.V, para.174.

*70 「それらの範囲は意図的かつ致命的な犯罪に限定されるべきと理解されている。したがって、単に政治的な性格のものと考えられる犯罪や、犯罪の政治的な性格がその刑事的な側面を超える事件は含まれるべきではない」(UN Doc. E/AC.57/1984/16, para.43)。

*71 *Ibid.,* para.49.

*72 「70歳を超える者」(article 4(5) of the *American Convention on Human Rights* (1979) 1144 UNTS 123, OASTS 36, adopted in 1969)、「依存する幼児を有する母」(article 76(3) of *Protocol Additional I to the 1949 Geneva Conventions and Relating to The Protection of Victims of International Armed Conflicts* (1979) 1125 UNTS 3, adopted in 1977)、「幼児の母」(article 6(4) of *Protocol Additional*

第9章 国際連合と死刑廃止 221

II to the 1949 Geneva Conventions and Relating to The Protection of Victims of Non-International Armed Conflicts (1979) 1125 UNTS 609, adopted in 1977).

*73 GA Res. 2393(XXIII), art.1(b).

*74 「そしてどのような場合でも、死刑廃止に消極的な各国の法実行と社会状況に従って設けられた通常2カ月から6カ月の最低期間が経過していること、死刑が関わる手続におけるあらゆる法的救済手段が尽されていること、並びに死刑囚の肉体的及び精神的な健康状態を考慮すること〔以下略〕」(UN Doc. E/AC.57/1984/16, para.55).

*75 UN Doc. E/AC.57/1984/16, para.87.

*76 'Draft resolution VII', UN Doc. E/1984/16; UN Doc. E/AC.57/1984/18.

*77 Amnesty Internationalのオブザーバーとして会合に出席したNigel Rodleyによると、「又は他の極めて重大な」という文言は犯罪防止統制委員会のあるメンバーの主張に基づいて追加された。その主張とは、戦時に敵に秘密情報を提供するなどの行為は大規模な人命の喪失に帰結し得るが、当該犯罪の致死的な結果は容易には証明されないかもしれない、というものである(Rodley、1987年、174頁参照)。

*78 米国の裁判所における複数の事件で、死刑を宣告された者が、上訴の権利が絶対的でも実際上死刑執行を歓迎してそれを放棄し、上訴を尽くすことを拒否するという問題が提起されてきた。*See, Gilmore v. Utah,* 429 U.S. 1012 (1976); *Commonwealth v. McKenna,* 476 Pa. 428, 383 A.2d 174 (1978); *Lenhard as next friend of Bishop v. Wolf,* 100 S.Ct. 3 (1979); *Betty Evans, as next friend of John Evans v. Bennett,* 440 U.S. 1301 (1979).

*79 *See, General Comment No. 20(44),* UN Doc. CCPR/C/21/Rev.1/Add.3, para.6; *Ng v. Canada* (No. 469/1991), UN Doc. CCPR/C/49/D/469/1991, UN Doc. A/49/40, Vol.II, 189.

*80 UN Doc. E/1984/C.2/L.8. この修正案はオーストリア、コスタリカ、イタリア、オランダ、スウェーデン及びウルグアイによって提出された。同案は賛成29、反対1、棄権17で可決された。

*81 UN Doc. E/1984/SR.21, para.22. 投票結果は賛成23、反対6、棄権16であった。

*82 ESC Res. 1984/50. この決議は投票なしで採択された。

*83 GA Res. 39/118; UN Doc. A/39/PV.101, para.79. この決議は投票なしで採択された。

*84 UN Doc. A/CONF.121/22/Rev.1, 83-84, 131-132.

*85 UN Doc. A/CONF.121/C.1/L.9. この決議案はオーストリア、デンマーク、フランス、ギリシア、インド、イタリア、ノルウェー、ウルグアイ及びユーゴスラビアによって提出された。同案は、第一委員会の第15回会合でコンセンサスにより可決され、そして第14回全体会合で可決された。UN Doc. A/CONF.121/22/Rev.1, paras.195, 214. 同案は1984年にヴァレンナで開催された同会議の準備会合で起草されていた。UN Doc. A/CONF.121/IPM/3, paras.61-68. ヴァレンナ会合には死刑に関する事務

局の覚書が提出されていた。UN Doc. A/CONF.121/CRP.2.
*86 'Capital punishment and implementation of the safeguards guaranteeing protection of the rights of those facing the death penalty', UN Doc. E/2005/3.
*87 UN Doc. E/AC.57/1988/CRP.7. See, UN Doc. E/1988/20, para.72.
*88 UN Doc. E/1988/20; UN Doc. E/AC.57/1988/17, 28-29. Draft resolution E/AC.57/1988/L.19, art.1(a).
*89 *Ibid.*, art.1(c).
*90 *Ibid.*, art.1(d).
*91 *Penry v. Lynaugh,* 492 US 302, 331, 109 SCt 2934, 2953, 106 Led.2d. 256 (1989). これは後に覆された。*Atkins v. Virginia,* 122 SCt 2242 (2002).
*92 ESC Res. 1989/64. この決議は投票なしで採択された。
*93 *Protocol No. 6 to the Convention for the Protection of Human Rights and Fundamental Freedoms Concerning the Abolition of the Death Penalty,* ETS No.114.
*94 UN Doc. A/C.3/35/L.75. この決議案はオーストリア、コスタリカ、ドミニカ共和国、ドイツ連邦共和国、イタリア、ポルトガル及びスウェーデンによって提出された。別の決議案(UN Doc. A/C.3/35/L.80)では略式処刑が扱われていた。
*95 UN Doc. A/C.3/35/SR.74, para.56.
*96 UN Doc. A/C.3/36/L.33/Rev.1. この決議案はオーストリア、コスタリカ、ドミニカ共和国、エクアドル、ドイツ連邦共和国、イタリア、オランダ、ニカラグア、ノルウェー、パナマ、ペルー、ポルトガル、スウェーデン及びウルグアイによって提出された。
*97 *See,* UN Doc. E/CN.4/Sub.2/1987/20, para.83.
*98 GA Res. 37/192; UN Doc. A/37/PV.111.
*99 CHR Res. 1984/19; UN Doc. E/1984/14.
*100 SCHR Res. 1984/7; UN Doc. E/CN.4/Sub.2/1984/L.8; UN Doc. E/CN.4/1985/3.
*101 UN Doc. E/CN.4/Sub.2/1987/20.
*102 UN Doc. E/1985/43.
*103 SCHR Decision 1988/22; UN Doc. E/CN.4/Sub.2/1987/28.
*104 CHR Res. 1989/25; UN Doc. E/1989/20, 80-81.
*105 ESC Res. 1989/139.
*106 GA Res. 44/128; UN Doc. A/44/824; UN Doc. A/44/PV.82, 11.
*107 本文の数字と欧州審議会及び米州機構の死刑廃止文書の批准を合わせると、合計80カ国が国際条約によって死刑の廃止を義務付けられている。
*108 *Convention on the Rights of the Child,* GA Res. 44/25, annex.
*109 UN Doc. CRC/C/15/Add.123, para.29; UN Doc. CRC/C/SR.617,

* 110　UN Doc. A/CONF.144/C.2/L.7. この決議案は口頭で修正された。
* 111　UN Doc. A/CONF.144/Rev. 1, para.350.
* 112　UN Doc. A/CONF.144/Rev. 1, para.358.
* 113　UN Doc. A/49/234 and Add.1 and Add.2 (1994). この決議案は後に改訂された。UN Doc. A/C.3/49/L.32/Rev.1 (1994). 同案はHands Off Cain — the International League for Abolition of the Death Penalty Before the Year 2000という新たに結成された非政府組織が考案したものであり、この組織は同案についてイタリア議会の支持を得ていた。
* 114　UN Doc. A/BUR/49/SR.6, para.2.
* 115　UN Doc. A/BUR/49/SR.5, para.13.
* 116　アンドラ、アルゼンチン、オーストラリア、オーストリア、ベルギー、ボリビア、カンボジア、カーボベルデ、チリ、コロンビア、コスタリカ、キプロス、チェコ、デンマーク、ドミニカ共和国、エクアドル、エルサルバドル、フィンランド、フランス、ドイツ、ギリシア、ハイチ、ホンジュラス、ハンガリー、アイスランド、アイルランド、リヒテンシュタイン、ルクセンブルク、マルタ、マーシャル諸島、ミクロネシア、モナコ、ニュージーランド、ニカラグア、ノルウェー、パナマ、パラグアイ、ポルトガル、ルーマニア、サンマリノ、サントメ・プリンシペ、スロバキア、ソロモン諸島、スペイン、スウェーデン、ウルグアイ、バヌアツ及びベネズエラ。
* 117　UN Doc. A/C.3/49/SR.33, paras.23-27.
* 118　UN Doc. A/C.3/49/L.73.
* 119　UN Doc. A/C.3/49/L.74.
* 120　UN Doc. A/C.3/49/SR.61.
* 121　*Statute of the International Tribunal for Rwanda,* SC Res. 955 (1994), annex, art.23(1).
* 122　*Statute of the International Tribunal for the Former Yugoslavia,* UN Doc. S/25704, annex, art.24(1).
* 123　UN Doc. A/49/10 (1994), art.47.
* 124　UN Doc. S/PV.3453, 16.
* 125　*Ibid.*
* 126　UN Doc. S/PV.5594, 31; UN Doc. S/PV.5697, 15.
* 127　UN Doc. E/CN.15/1996/19.
* 128　ESC Res. 1996/15.
* 129　1997年に始まった毎年の決議に加えて、人権委員会は特定の地域又は国家に向けた決議で死刑の使用のあり方を非難してきた。例えば、1998年に同委員会は、コンゴ民主共和国の軍事裁判所による死刑の使用がB規約に反している、との懸念を表明した。*See,* CHR Res. 1998/61, para.2(b)(ii); CHR Res. 1999/56, para.2(b)(iv).

同様にブルンジの死刑囚監房の状況について、CHR Res. 1998/82, para.12. イランにおける投石刑及び公開処刑並びに同国で死刑が科される犯罪の範囲について、CHR Res. 1998/80, para.3(a)(j); CHR Res. 1999/13, para.4(b). イラクで恣意的に死刑が科されていることについて、CHR Res. 1999/14, para.2(b).

*130　UN Doc. E/CN.4/1997/L.40.
*131　死刑維持を唱える諸国は後で経社理に訴えた。UN Doc. E/CN.4/1997/L.20; UN Doc. E/1997/196.
*132　UN Doc. E/CN.4/1998/L.12.
*133　「死刑問題」と題された決議。CHR Res. 1998/8.
*134　UN Doc. E/CN.4/1998/156. この書簡に署名したのはアルジェリア、アンチグア・バーブーダ、バハマ、バーレーン、バングラデシュ、バルバドス、ブータン、ブルネイ、ブルンジ、中国、コンゴ、エジプト、ガーナ、ガイアナ、インドネシア、イラン、イラク、ジャマイカ、日本、ヨルダン、クウェート、レソト、レバノン、リベリア、リビア、マレーシア、マラウイ、モルジブ、モーリタニア、モンゴル、ミャンマー、ナイジェリア、オマーン、フィリピン、カタール、ルワンダ、セントクリストファー・ネイビス、セントルシア、セントビンセント、サウジアラビア、シンガポール、スーダン、スワジランド、シリア、タジキスタン、タンザニア、トリニダード・トバゴ、アラブ首長国連邦、ベトナム、イエメン及びジンバブエであった。
*135　UN Doc. E/CN.4/1999/L.91. 1998年の決議案の共同提案国が65カ国であったのに対し、1999年の決議案の共同提案国は72カ国であった。
*136　*Ibid.*
*137　UN Doc. E/CN.4/1999/SR.58, para.40.
*138　CHR Res. 1999/61. See, UN Doc. E/CN.4/1999/SR.58, paras.61-62. 決議案本文の第3項(f)、第4項(b)及び第5項については分離投票が行われて賛成27、反対13、棄権13で可決された。
*139　UN Doc. A/C.3/54/L.8.
*140　シンガポールについては、UN Doc. E/CN.4/1997/60/Add.1, para.438. エジプトについては、UN Doc. E/CN.4/1999/39, para.57.
*141　UN Doc. A/C.3/54/L.31; UN Doc. A/C.3/54/L.32. これらの修正案に署名したのはアフガニスタン、アルジェリア、アンチグア・バーブーダ、バハマ、バーレーン、バングラデシュ、バルバドス、ベリーズ、ベナン、ボツワナ、ブルネイ、ブルキナファソ、ブルンジ、カメルーン、チャド、中国、コモロ、キューバ、北朝鮮、コンゴ、ドミニカ、エジプト、赤道ギニア、エリトリア、エチオピア、ガボン、ガーナ、グァテマラ、ガイアナ、インド、インドネシア、イラン、ジャマイカ、日本、ヨルダン、カザフスタン、ケニア、クウェート、キルギスタン、ラオス、レバノン、レソト、リベリア、リビア、マラウイ、マレーシア、モルジブ、モーリタニア、モンゴル、モロッコ、ミャンマー、ニジェール、ナイジェリア、オマーン、パキスタン、フィリピン、カター

ル、韓国、ルワンダ、セントクリストファー・ネイビス、セントルシア、セントビンセント、サウジアラビア、シエラレオネ、シンガポール、ソマリア、スーダン、スリナム、スワジランド、シリア、タジキスタン、タイ、トーゴ、トリニダード・トバゴ、チュニジア、ウガンダ、アラブ首長国連邦、タンザニア、ウズベキスタン、ベトナム、イエメン、ユーゴスラビア、ザンビア、ジンバブエ及びトルコであった。

*142　CHR Res. 2000/65.
*143　CHR Res. 2001/68. この決議の元になったものとして、UN Doc. E/CN.4/2000/L.93. 投票については、*see*, UN Doc. E/CN.4/2001/SR.78, paras.17-18.
*144　SCHR Res. 2000/17. この決議については後述する。
*145　CHR Res. 2005/59.
*146　GA Res. 60/251.
*147　SCHR Res. 1999/5.
*148　SCHR Res. 2000/17, para.6.
*149　UN Doc. E/CN.4/1998/6, para.62(a).
*150　UN Doc. E/CN.4/1998/39, paras.96, 122, 170.
*151　UN Doc. E/CN.4/1998/44/Add.1, para.5; UN Doc. E/CN.4/1998/44/Add.2, para.33.
*152　UN Doc. E/CN.4/1998/62, paras.31, 81, 91, 109(g) and (x).
*153　UN Doc. E/CN.4/1998/65, paras.102, 126.
*154　UN Doc. E/CN.4/1998/70, para.24.
*155　UN Doc. E/CN.4/1998/66, paras.7, 8, 9, 10, 11, 16.
*156　UN Doc. E/CN.4/1998/67, paras.1-5, 12, 18, 32, 34, 37.
*157　UN Doc. E/CN.4/1998/72, paras.45-46.
*158　UN Doc. E/CN.4/1998/13, paras.72-75, 159-160; UN Doc. E/CN.4/1998/15, paras.16, 17, 19, 38.
*159　UN Doc. E/CN.4/1998/73, para.43.
*160　CHR Res. 1982/29.
*161　ESC Res. 1982/35.
*162　CHR Res. 1992/72; ESC Res. 1992/242.
*163　CHR Res. 2000/31; CHR Res. 2003/53.
*164　UN Doc. E/CN.4/1997/60 (1996); UN Doc. E/CN.4/1996/614, paras.507-517, 540-557.
*165　UN Doc. E/CN.4/1998/61, paras.38, 81.
*166　UN Doc. E/CN.4/Sub.2/1998/19, para.66.
*167　アルバニア、アンドラ、アンゴラ、アルゼンチン、アルメニア、オーストラリア、オーストリア、ベルギー、ボリビア、ボスニア・ヘルツェゴビナ、ブラジル、ブルガリア、カンボジア、カナダ、カーボベルデ、チリ、コロンビア、コスタリカ、コート

ジボワール、クロアチア、キプロス、チェコ、デンマーク、ドミニカ共和国、エクアドル、エルサルバドル、エストニア、フィンランド、フランス、グルジア、ドイツ、ギリシア、グアテマラ、ギニアビサオ、ハイチ、ホンジュラス、ハンガリー、アイスランド、アイルランド、イスラエル、イタリア、ラトビア、リヒテンシュタイン、リトアニア、ルクセンブルク、マケドニア、マルタ、マーシャル諸島、モーリシャス、メキシコ、ミクロネシア、モルドバ、モナコ、モンテネグロ、ネパール、オランダ、ニュージーランド、ニカラグア、ノルウェー、パラオ、パナマ、パラグアイ、フィリピン、ポーランド、ポルトガル、ルーマニア、サンマリノ、サントメ・プリンシペ、セネガル、セルビア、セイシェル、スロバキア、スロベニア、ソロモン諸島、スペイン、スウェーデン、スイス、東ティモール、トルコ、ツバル、英国、ウクライナ、ウルグアイ、バヌアツ及びベネズエラ。

*168　UN Doc. A/61/PV.81, p.33.
*169　賛成票を投じたのはアルバニア、アルジェリア、アンドラ、アンゴラ、アルゼンチン、アルメニア、オーストラリア、オーストリア、アゼルバイジャン、ベルギー、ベナン、ボリビア、ボスニア・ヘルツェゴビナ、ブラジル、ブルガリア、ブルキナファソ、ブルンジ、カンボジア、カナダ、カーボベルデ、チリ、コロンビア、コスタリカ、コートジボワール、クロアチア、キプロス、チェコ、デンマーク、ドミニカ共和国、エクアドル、エルサルバドル、エストニア、フィンランド、フランス、ガボン、グルジア、ドイツ、ギリシア、グアテマラ、ハイチ、ホンジュラス、ハンガリー、アイスランド、アイルランド、イスラエル、イタリア、カザフスタン、キルギスタン、ラトビア、リヒテンシュタイン、リトアニア、ルクセンブルク、マリ、マルタ、マーシャル諸島、モーリシャス、メキシコ、ミクロネシア、モルドバ、モナコ、モンテネグロ、モザンビーク、ナミビア、ネパール、オランダ、ニュージーランド、ニカラグア、ノルウェー、パナマ、パラグアイ、フィリピン、ポーランド、ポルトガル、ルーマニア、ロシア、ルワンダ、サモア、サンマリノ、サントメ・プリンシペ、セルビア、スロバキア、スロベニア、南アフリカ、スペイン、スリランカ、スウェーデン、スイス、タジキスタン、マケドニア、東ティモール、トルコ、トルクメニスタン、ツバル、ウクライナ、英国、ウルグアイ、ウズベキスタン、バヌアツ及びベネズエラであった。
*170　賛成票を投じたのはアルバニア、アルジェリア、アンドラ、アンゴラ、アルゼンチン、アルメニア、オーストラリア、オーストリア、アゼルバイジャン、ベルギー、ベナン、ボリビア、ボスニア・ヘルツェゴビナ、ブラジル、ブルガリア、ブルキナファソ、ブルンジ、カンボジア、カナダ、カーボベルデ、チリ、コロンビア、コンゴ、コスタリカ、コートジボワール、クロアチア、キプロス、チェコ、デンマーク、ドミニカ共和国、エクアドル、エルサルバドル、エストニア、フィンランド、フランス、ガボン、グルジア、ドイツ、ギリシア、グアテマラ、ハイチ、ホンジュラス、ハンガリー、アイスランド、アイルランド、イスラエル、イタリア、カザフスタン、キリバス、キルギスタン、ラトビア、リヒテンシュタイン、リトアニア、ルクセンブルク、マダガス

第9章　国際連合と死刑廃止

カル、マリ、マルタ、マーシャル諸島、モーリシャス、メキシコ、ミクロネシア、モルドバ、モナコ、モンテネグロ、モザンビーク、ナミビア、ナウル、ネパール、オランダ、ニュージーランド、ニカラグア、ノルウェー、パラオ、パナマ、パラグアイ、フィリピン、ポーランド、ポルトガル、ルーマニア、ロシア、ルワンダ、サモア、サンマリノ、サントメ・プリンシペ、セルビア、スロバキア、スロベニア、南アフリカ、スペイン、スリランカ、スウェーデン、スイス、タジキスタン、マケドニア、東ティモール、トルコ、トルクメニスタン、ツバル、ウクライナ、英国、ウルグアイ、ウズベキスタン、バヌアツ及びベネズエラであった。反対票を投じたのはアフガニスタン、アンチグア・バーブーダ、バハマ、バーレーン、バングラデシュ、バルバドス、ベリーズ、ボツワナ、ブルネイ、チャド、中国、コモロ、北朝鮮、ドミニカ、エジプト、エチオピア、グレナダ、ガイアナ、インド、インドネシア、イラン、イラク、ジャマイカ、日本、ヨルダン、クウェート、リビア、マレーシア、モルジブ、モーリタニア、モンゴル、ミャンマー、ナイジェリア、オマーン、パキスタン、パプアニューギニア、カタール、セントクリストファー・ネイビス、セントルシア、セントビンセント、サウジアラビア、シンガポール、ソロモン諸島、ソマリア、スーダン、スリナム、シリア、タイ、トンガ、トリニダード・トバゴ、ウガンダ、米国、イエメン及びジンバブエであった。棄権したのはベラルーシ、ブータン、カメルーン、中央アフリカ、キューバ、コンゴ民主共和国、ジブチ、赤道ギニア、エリトリア、フィジー、ガンビア、ガーナ、ギニア、ケニア、ラオス、レバノン、レソト、リベリア、マラウイ、モロッコ、ニジェール、韓国、シエラレオネ、スワジランド、トーゴ、アラブ首長国連邦、タンザニア、ベトナム及びザンビアであった。欠席したのはギニアビサオ、ペルー、セネガル、セイシェル及びチュニジアであった。

《文献リスト》
・Amnesty International (1989), *When the State Kills...* (New York: Amnesty International).
・Ancel, M. (1962), *Capital Punishment,* UN Doc. ST/SOA/SD/9, Sales No. 62.IV.2 (New York: United Nations).
・Clark, R.S. (1990), 'The Eighth United Nations Congress on the Prevention of Crime and the Treatment of Offenders, Havana, Cuba, August 27-September 7, 1990' (1990) 1 *Criminal Law Forum* 513.
・Dennis, M.J. (2001), 'The Fifty-sixth Session of the UN Commission on Human Rights' (2001) 95 *AJIL* 213.
・Hood, R. (1989), *The Death Penalty: A World-wide Perspective* (Oxford: Clarendon Press).
・Lauren, P.G. (2003), *The Evolution of International Human Rights, Visions Seen,* 2nd Edition (Philadelphia: University of Pennsylvania Press).

- Leone, U. (1987), 'UNSDRI's Activities Related to the Death Penalty Issue', 58 *Revue internationale de droit pénal* 325.
- Morris, N. (1967), *Capital Punishment: Developments, 1961-1965*, Sales No. E.67.IV. 15.
- Patten, C. (2000a), 'Excerpts from a Statement Delivered by the Rt. Hon. Christopher Patten,' EU Commissioner for External Relations to the European Parliament, 16 February 2000.
- ―――― (2000b), 'Speech to European Parliament', 25 October 2000.
- Rodley, N. (1987), *The Treatment Of Prisoners Under International Law* (Oxford: Clarendon Press).
- Schabas, W.A. (2000a), 'Islam and the Death Penalty', 9 *William & Mary Bill of Rights Journal* 223.
- ―――― (2000b) 'Life, Death and the Crime of Crimes: Supreme Penalties and the ICC Statute', 2 *Punishment & Society* 263.
- Schabas, W.A. and Sax, H. (2006), 'Article 37, Prohibition of Torture, Prohibition of Death Penalty and Life Imprisonment and the Deprivation of Liberty', in Alen, A. et al. (eds) *A Commentary on the United Nations Convention on the Rights of the Child* (Leiden / Boston: Martinus Nijhoff Publishers).
- Strafer, M. (1983), 'Volunteering for Execution: Competency, Voluntariness and the Propriety of Third Party Intervention', 74 *J. Criminal Law and Criminology* 860.
- United Nations (1983), *Yearbook of the United Nations, 1980* (New York: United Nations).
- ―――― (1993), 'Extrajudicial, Summary or Arbitrary Executions, Report of the Special Rapporteur', UN Doc. E/CN.4/1993/46.
- ―――― (1994), 'Report by the Special Rapporteur, Mr. Bacre Waly Ndiaye, submitted pursuant to Commission on Human Rights resolution 1993/71', UN Doc. E/CN.4/1994/7.
- ―――― (1995), 'Report by the Special Rapporteur, Mr Bacre Waly Ndiaye, submitted pursuant to Commission on Human Rights resolution 1994/82', UN Doc. E/CN.4/1995/61.
- ―――― (1997a), 'Report on the situation of human rights in the Islamic Republic of Iran, prepared by the Special Representative on the Commission on Human Rights, Mr. Maurice Copithorne, pursuant to Commission resolution 1996/84 and Economic and Social Council decision 1996/287', UN Doc. E/CN.4/1997/63.
- ―――― (1997b), 'Report of the Special Rapporteur, Mr. Bacre Waly Ndiaye,

- submitted pursuant to Commission on Human Rights resolution 1996/74', UN Doc. E/CN.4/1997/60/Add.1.
- ———— (1998a), 'Report on the mission to Rwanda on the question of violence against women in situations of armed conflict', UN Doc. E/CN.4/1998/54/Add.1; UN Doc. E/CN.4/1998/54.
- ———— (1998b), 'Interim report on the situation of human rights in the Islamic Republic of Iran, prepared by the Special Representative of the Commission on Human Rights in accordance with General Assembly Resolution 51/107 and Economic and Social Council Decision 1997/264', UN Doc. A/52/472, E/CN.4/1998/59.
- ———— (1998c), 'Report of the Special Rapporteur on extrajudicial, summary or arbitrary executions, Mr. Bacre Waly Ndiaye, submitted pursuant to Commission resolution 1997/61', Addendum, Mission to the United States of America, UN Doc. E/CN.4/1998/68/Add.3.
- ———— (1998d), 'Statement by Mary Robinson, United Nations High Commissioner for Human Rights', UN Doc. HR/98/6, 4 February 1998.
- ———— (1999a), 'The death penalty, particularly in relation to juvenile offenders', UN Doc. E/CN.4/Sub.2/RES/1999/4.
- ———— (1999b), 'Daily Press Briefing of Office of Spokesman for Secretary-General', 16 June 1999.
- ———— (2004), 'Extrajudicial, summary or arbitrary executions, Report of the Special Rapporteur, Asma Jahangir', UN Doc. E/CN.4/2004/7.
- ———— (2005), 'Extrajudicial, summary or arbitrary executions, Report of the Special Rapporteur, Philip Alston', UN Doc. E/CN.4/2005/7.
- ———— (2007a), 'Extrajudicial, summary or arbitrary executions, Report of the Special Rapporteur, Philip Alston', UN Doc. A/HRC/4/20.
- ———— (2007b), UN Press Release, 'High Commissioner for Human Rights Hails Abolition of Capital Punishment in Rwanda', 27 July 2007.
- ———— (2007c), 'Human Rights Council Opens Fourth Session', HRC/07/3, 12 March 2007.
- Urofsky, M.L. (1984), 'A Right to Die: Termination of Appeal for Condemned Prisoners', 75 *J. Criminal Law and Criminology* 553.
- White, W.S. (1991), *The Death Penalty in the Nineties* (Ann Arbor: University of Michigan press).

（ウィリアム・A・シャバス〔アイルランド国立大学教授〕／
きたの・よしあき〔京都大学法学部助教〕）

第10章

少年事件で死刑にどう向きあうべきか
世論と専門的知見の相克の中で

本庄 武

1 はじめに

　裁判員が裁く事件のうち最も悩ましく、判断が難しいもののひとつが、犯行時少年であった被告人(以下、単に少年という)に対し死刑を科すべきか否かが問題になる場合であろう。少年法51条1項は犯行時18歳未満である場合、死刑は必要的に無期刑に減軽されなければならないと定める。したがって、問題となるのは犯行時18歳以上20歳未満の少年についてである。この問題をめぐる議論は、重大少年事件に厳罰を求める世論(およびそれを重視する専門家)と少年法の理念を説く専門家との間で大きく対立しているように見える。本稿は、この対立への折り合いのつけ方について、アメリカ合衆国判例を参照しつつ、モデルの提示を試みるものである。

2 少年と死刑をめぐる最近の議論

　世論は一般に重大な事件を犯した少年に対して厳しい処罰を求める傾向にある。裁判員制度開始前に実施された調査では、被告人が未成年であるという事情につき、裁判官は刑を軽くする事情としてかなりの重視をしていた。対照的に、一般市民は半数が刑を重くも軽くもしないとし、むしろ刑を重くする事情

と評価した者も4分の1いるという状況にあった[*1]。

そして、実際の裁判員裁判において、犯行時18歳の少年に対して死刑を言い渡した事件が登場した。いわゆる石巻事件(仙台地判平22・11・25裁判所HP)である。この事件には、少年事件にふさわしい十分な審理がなされたかという手続上の問題があるが[*2]、それとともに一般市民が重大事件を犯した少年に対して抱く厳しい感情をあらためて浮き彫りにしたものでもある。

この判決は、いわゆる永山基準に従うことを明記している[*3]。永山基準とは犯行時19歳の少年によるいわゆる永山事件において、最高裁判所が定立したものであり(最判昭58・7・8刑集37巻6号609頁)、考慮要素のひとつとして「年齢」を掲げながら、「罪刑の均衡の見地からも一般予防の見地からも極刑がやむをえない」かどうかを基準とするものであった。以来この基準は、死刑適用の是非が問題となる多くの事件において、被告人が少年か成人かを問わず引用され続けている。基準自体に少年を特別視する要素はなく、少年事件においても成人事件と同様の基準が適用されている。もちろん基準は同じであっても、「年齢」の考慮を通して、少年事件かどうかはなお意味を持ちうる。先の調査に見られるように、職業裁判官達は被告人が少年であるという事情をかなり重視してきたと思われる[*4]。結果として少年に対する死刑は謙抑的に適用されてきた可能性がある[*5][*6]。しかし、裁判員時代になってみると、この職業裁判官の間で通用していた「暗黙のルール」は裁判員には通用せず、少年に対する死刑適用が積極化している可能性がある、というのが実務の現状であろう。曖昧な永山基準にそれを阻むものはない。世論の影響力が強まっていると評価できることになる。

これに対して、石巻事件判決を論評した学説にあっては、「少年の歪んだ人格は、『育て直し』をすることによって良い方向に変化する大いなる可能性が秘められているのだから、命を絶つという方法は、最後の手段でなければならない」[*7]、「少年に対する死刑は、現行法上認められているということを尊重すれば、全く矯正可能性が認められないような史上例を見ない残虐犯罪にだけ適用が許されると解すべきである」[*8]というように、少年に対する死刑は成人とは異なる基準の下で極限的な場合にのみ適用されるべきとの見解が強い。さらに、2011年10月に日本弁護士連合会は、「成育した環境の影響が非常に強い少年の

犯罪について、少年にすべての責任を負わせ死刑にすることは、刑事司法の在り方として公正ではない」として、「犯罪時20歳未満の少年に対する死刑の適用は、速やかに廃止することを検討すること」と提言するに至っている[*9]。伝統的に、少年法の理念を重視する研究者の間では少年に死刑を科すことに対し批判が強かったが、実務の一翼を担う弁護士会が旗幟を鮮明にしたことで、批判勢力もより大きくなってきている。

このように、少年と死刑をめぐる世論と専門家の対立は大きく、しかもその激しさを増している感がある。ではアメリカ合衆国ではこの両者にどのように折り合いをつけているのだろうか。

3 アメリカ判例における少年に対する死刑

(1) 概要

アメリカ合衆国連邦最高裁判所の判例において、ある属性を持った事件や被告人に死刑を適用することが憲法に適合するかどうかは、「成熟過程にある社会の進歩の度合いを示す、発展する品位の基準」に従って判断される[*10]。具体的には、世論調査などの不確かな資料ではなく、各州の立法や陪審裁判における死刑選択の動向という客観的事情をできる限り参照することで国民的合意の有無を探りつつ、究極的には死刑の目的とされる応報（罪刑の均衡）と抑止という2つの要素に照らし、その事件で死刑を科すことが正当化されるかを裁判所自身が判断することによって結論が導かれる[*11]。ここには、立法者や陪審員の判断に見られる世論の動向と裁判所独自の専門的判断の両方を重視する姿勢が見受けられるといえよう。

(2) トンプソン判決

少年に対する死刑を巡ってはまず、1988年のトンプソン判決が犯行時16歳未満の少年に死刑を科すことは憲法違反であると判断した[*12]。ただし、法廷意見に賛成した裁判官は8人中4人であり、判決の基盤は強固ではなかった。法廷意見の理由づけは以下のとおりである。
① 子どもと大人の線引きは州によりさまざまであるが、たとえば投票や陪審

就任などの制度において、16歳未満を未成年と扱うことにはほぼ一致がある。とりわけ、少年裁判所で裁かれる年齢の上限を設定している州で、16歳未満としている州はない。このことは通常の15歳は大人としての完全な責任を担うとは想定されていないことを示している。死刑を廃止している14州、死刑を存置し適用年齢を定めていない19州は、最低年齢設定の問題に直面していないが、それがどんなに低年齢でも死刑を科するという趣旨とは考えられない。これらの州は度外視すべきである。他方、最低年齢を設定している18州はいずれも16歳未満には設定していない。犯行時16歳未満の者に死刑を執行することが文明社会の品位の基準に抵触するという結論は、アメリカ法曹協会やアメリカ法律協会の見解、アングロサクソン系諸国や主要西欧諸国の姿勢とも合致している。

② 死刑存置州でもこの年齢層の少年に対して最後に死刑が執行されたのは1948年のことであり、1982年から86年に死刑が宣告されたのは5人のみである。このことは15歳の犯罪者に死刑を科すことが、社会の良心にとって一般的に忌まわしい出来事であることを意味している。

③ 立法者、陪審、検察官の判断は重視されるべきであるが、究極的な判断は裁判所が行うべきである。若年性を死刑事件で刑を減軽する要素と扱った連邦最高裁判所の判例とそこで引用された20世紀ファンドのタスクフォースレポートは少年は成人より脆弱で衝動的で自己を律する力が弱いこと、成熟性と有責性が低減していることを肯定している。この結論は明らかでさらに説明する必要はない。ティーンエイジャーは経験・教育・知識が不足しているため、行動の結果を評価する能力が減退しており、同時に成人よりもはるかに感情や仲間の圧力に駆り立てられやすい。それを踏まえると、応報の見地からこの年齢層の少年に死刑はふさわしくない。またこの年齢層の少年への死刑を廃止してもほとんどの殺人を犯す成人への抑止力は影響がなく、またごく少数の殺人を犯す少年に抑止力が働くことは考えにくい。それゆえに、この年代への死刑賦科が、死刑が達成しようとする目的に意味のある寄与をなすとは考えられない。

(3) スタンフォード判決

それから1年後、1989年に出されたスタンフォード判決では犯行時18歳未満の少年に死刑を科すことの是非が問題となったが、今度は合憲と判断された[*13]。法廷意見に賛成したのは9人中5人の裁判官であり、トンプソン判決の法廷意見を形成していた4人の裁判官は全員、違憲にすべきとの反対意見を形成するという構図であった。以下に、理由を掲げるが、このうち①②については過半数である5名の裁判官が賛成した法廷意見であったが、③④については4名しか賛成せず相対多数意見を形成するにとどまっている。

① 37州の死刑存置州のうち、15州が16歳、12州が17歳への死刑執行を禁止しているにとどまり、過半数の州がこの年齢層の少年に死刑を許容している。
② 1982年から88年に死刑宣告を受けたこの年齢層の少年は、16歳以下が15人で17歳が30人である。また、死刑を執行された者のうちこの年齢層の少年は約2%であり、最後に執行があったのは1959年である。しかしもともとこの年齢層の少年が死刑相当の犯罪を犯す確率が低いことを考慮すると、死刑になる確率の相違は見た目よりずっと小さい。また、社会が圧倒的にこの年齢層の少年に対し死刑の適用を否認していることの証拠としては不十分であり、むしろ稀であっても少年に対して死刑が科されるべき場合が存在することについての合意が存在していることを示している。
③ 運転免許、飲酒、投票などが18歳から認められているという事情は、考慮すべきでない。これらと死刑適用年齢とは求められる能力が異なり、またそれらはせいぜい当該年齢の大部分の者はそのことにふさわしくないという総体としての判断であり、個別に成熟性がテストされるべき死刑の問題とは無関係である。
④ 世論調査、利害関係者やさまざまな専門家集団の見解という不確実な基盤に基づいて憲法判断を行うべきではない。というのも説得すべきは裁判所ではなく国民であり、裁判所の任務は品位の基準を設定することではなく、それを認識することであるからである。

(4) ローパー判決

最後に2005年のローパー判決はスタンフォード判決を見直し、犯行時18歳

未満の少年に死刑を科すことは違憲であると判断するに至った[*14]。しかしここでも、法廷意見は 9 人中 5 人の裁判官というぎりぎりの過半数により構成されていた。

その理由をやや詳しく見るならば、以下のとおりである。

① 12州が死刑を完全に廃止し、18州が適用対象から少年を除外している。少年に対する死刑を存置している20州においても、スタンフォード判決以来少年に対し死刑を執行したのは 6 州のみであり、過去10年に限ると 3 州のみである。スタンフォード判決以降の15年間に少年に対する死刑を廃止したのは 5 州にとどまり、廃止のペースは遅いが、その時点での廃止州で少年に対する死刑を再導入した州はなく変化の方向性は一貫している。これらの事情は、社会が少年の有責性について成人に比べてカテゴリカルに低いと見ていることの十分な証拠である。

② 少年は一般的に 3 点にわたって成人と異なっている。すなわち、第 1 に、少年は成熟性が欠如しており、責任感が未発達である。ゆえに、ほとんどの州では18歳未満の少年に対し投票、陪審への従事、親の同意なしの結婚を禁止している。第 2 に、少年は否定的な影響や仲間の圧力等の外部からの圧力に脆弱であり、さらされやすい。このことは、少年が自らを取り囲む環境をコントロールする程度が低く、またコントロールした経験に乏しい場合が一般的に見られることから説明される。第 3 に、少年の性格は成人の性格ほど固まっておらず、その人格特性はより流動的である。したがって、少年犯罪者は死刑に相応しい最悪の犯罪者には分類されえない。少年の有責性や非難可能性は実質的に減少しているため、応報の要請は成人の場合ほど強くなく、抑止力も働きにくい。

確かに稀には十分に成熟した少年犯罪者もいるかもしれないが、犯罪の野蛮さや冷酷さが少年の未成熟さ等に基づく刑の減軽の主張から目を奪い、また少年であることがむしろ刑を加重する事情と評価されるおそれもある。アメリカ精神医学会の診断マニュアルでも18歳未満の少年を反社会性パーソナリティ障害と診断することが禁じられているように、専門家にとっても成熟性の判断は難しいことを想起すべきである。

少年を成人から区別する性質は18歳に達したときに消失するわけではな

く、線引きには異論がありうる。しかし、社会が多くの制度に関して18歳で線引きをしている以上、この年齢で線を引くのが妥当である。
③　裁判所の判断を拘束するものではなく、あくまで参考にすぎないが、国際的な動向に目を向ける必要がある。第1に、子どもの権利条約、自由権規約などの国際条約が18歳未満の死刑を禁止している[*15]。第2に、1990年以降少年事件で死刑を執行した国はアメリカ以外に7カ国しかなく、そのいずれもが少年に対する死刑を廃止するか公式に停止しており、アメリカは世界で唯一少年に対する死刑に直面しているといってよい。第3に、アメリカと歴史的に密接な結びつきを持つイギリスでは死刑を完全に廃止するのに先立って、少年に対する死刑を廃止していた。このように圧倒的な国際的意見が、少年の不安定さと情緒の不均衡を理解することで、少年死刑に反対であることを認めなければならない。それは尊重されなければならないし、われわれ自身の結論を強く裏づけるものである。

4　アメリカ判例に見る世論と専門的判断の関係

　このように見てくると、連邦最高裁のなかで、立法者や陪審員の判断に見られる世論の動向と裁判所独自の専門的判断のうちの重点が変遷していることがわかる。
　トンプソン判決では、①において、死刑適用の最低年齢が定められていなくても自ずと最低年齢はあるはず、という論理が用いられている。どんなに低年齢でも死刑を科すのかと問われると、そうとはいえないであろうからこれは説得的である。それに、②実際ほとんど死刑が用いられてこなかったことが相まって、16歳未満の少年に死刑を科すべきでないとのかなり強固な国民的合意が存在することが確認されている。それを受けた、③裁判所自身の判断においては、「少年の有責性が成人より低いことは明らかで、さらに説明する必要はない」としつつも、脚注でエリク・エリクソンをはじめ青年期(adolescents)の特性を論じた発達心理学の文献が多く参照されている[*16]。裁判所独自の判断といっても、恣意的独善的にならないよう、科学的根拠を挙げることで判断の専門性を確保しようとする姿勢がうかがえる。

この判決では世論と専門的判断はともに重視されているように見える。では仮に強固な国民的合意がないとされた場合に、裁判所独自の判断で違憲の結論が導かれることがありうるだろうか。確たることは言えないが、国民的合意を強調する以上、考えにくいように思われる。実際に、スタンフォード判決の法廷意見は、各州の①立法および②判決の動向の検討によって国民的合意が存在しないという結論を導いただけで、第2段階の裁判所独自の判断に進むことがなかった。しかし反対に、第1段階の国民的合意の有無の審査だけで決めるべきとする④が過半数の判事の賛成を得ることもなかった。そしてこの判決の反対意見は、18歳未満への死刑禁止について国民的合意が存在するとしたうえで、裁判所独自の判断としても憲法違反の結論を導いていた*17。

　両判決では、違憲判断を導くためには国民的合意と裁判所独自の判断が一致して、死刑に否定的な評価を下す必要があるとされ、その意味で国民的合意と裁判所独自の判断の両者がともに重視されているように見える。

　しかしながら、この両判決は国民的合意の判断方法について対照的な判断を示している。両判決が基礎とした、各州の立法動向や陪審による判断傾向に大きな違いがあるわけではない。判断が分かれたのは、第1に死刑適用の最低年齢を設定していない州について、トンプソン判決はどう考えているかは不明として合意形成を図るうえでの分母から除いたのに対し、スタンフォード判決は死刑を科すことがありうるという趣旨に理解したこと、第2に死刑を一般的に廃止した州について、トンプソン判決は同様に分母から除外し、また脚注においてはこの年齢層に死刑を科すべきでないとの判断をした州として数えたのに対し*18、スタンフォード判決はこれらの州は死刑を存置する前提でどの年齢層に死刑を科すべきかには判断を示していない州と見たこと、第3に死刑判決の少なさについて、トンプソン判決は少年に死刑を科すことに陪審は嫌悪感を有していることを示すと評価したのに対し、スタンフォード判決は少数であっても死刑を言い渡すべき事案が存在するという陪審の意思だと評価したことに由来している。つまり、いずれについても依拠したデータが異なるわけではなく、その解釈が異なっているにすぎない。しかもやっかいなことに、どちらの見方にもそれなりの根拠がありそうである。このことから、客観的資料から国民的合意の存否を判断するといっても、その評価は一義的には決まらないこと

が示唆される。

　そしてローパー判決になると、国民的合意と裁判所独自の判断の両者を重視するとの枠組み自体は維持されつつも、国民的合意の重要性は実質的にはかなり後退してくる。ローパー判決は、スタンフォード判決以降5州が死刑を廃止したことを強調しているが、依然として死刑存置州38州のうちの20州、実に過半数が少年に対する死刑を認めており、このことだけでは少年への死刑を廃止することに国民的合意が成立していると判断することは難しかったはずである。もっともこの分布は、連邦最高裁アトキンス判決が少年に対するのと同様に、かつて合憲とした精神遅滞者に対する死刑適用は違憲であると判断を改めた際の分布と同様である[*19]。アトキンス判決はこの国民的合意の弱さを、合憲判決以降に精神遅滞者への死刑を廃止した州が16州にも上ること、反対に再導入した州はなく廃止の方向性が一貫していることにより、補っていた。アトキンス判決自体、死刑廃止への国民的合意を従来よりも緩やかに認定していることに注意すべきである。のみならずローパー判決の場合、少年に対する死刑廃止の潮流自体がより緩やかであった。また反対意見が指摘するように、精神遅滞者の場合と異なり、明示的に死刑適用年齢を16歳と設定した州が2州存在した[*20]。確かに再導入に踏み切った州は存在しないが、だからといって、廃止の方向性が一貫していると言い切れるかどうかは微妙である。ローパー判決は、①国民的合意の弱さを②少年の有責性の低さに関する裁判所独自の判断と③国際的動向の指摘で補うという構造にあるように思われる。③国際的動向とは一種の世論ではあるが、国内法の自律性からすれば、国際世論により国内での国民的合意の弱さを補うことはできないであろう。そのため国際的動向もまた、科学的知見と同様に、裁判所独自の判断を恣意的でなく行うための参考資料という位置づけになるだろう。

　なお、このような国民的合意の形骸化ともいうべき現象は、ローパー判決後に、ほぼ同様の理由づけで、非殺人事件で少年に仮釈放のない終身刑を科すことを違憲と判断したグラハム判決においてはいっそう顕著になっている[*21]。そこでは、37州もの州が非殺人事件で少年に仮釈放のない終身刑を科すことを許容しており、量刑実務においても123人の少年が実際に仮釈放なしの終身刑で受刑しているにもかかわらず、この刑を受けうる被告人数との比率でいえ

第10章　少年事件で死刑にどう向きあうべきか　239

ば稀にしか科されていないという理由で、国民的合意の存在が肯定されているのである。

　以上のように、連邦最高裁は国民的合意の存在を確認した後に、裁判所独自の判断で違憲かどうかを決定するという方式を維持している。その限りで世論を重視した判断を行っているといえる。しかし、国民的合意判断の内容は徐々に形骸化しつつあり、いわば裁判所独自の判断を実施するためのトリガーのような役割を果たすにとどまっていると言いうる。相対的に、裁判所独自の判断が果たす役割が大きくなっているのである。

5　少年の有責性低減に関する科学的知見

(1) 前提

　ローパー事件では、多くのアミカス・ブリーフ(当事者以外の第三者による意見書)が提出され、そこでは心理学や脳科学の新しい知見が主張されていた。そしてそれらが、判決の②において、少年は成人より有責性が低減していることの根拠として採り入れられたように見える点で注目された[*22]。関連する業績は膨大に出されているが、ここでは、判決で引用されているだけでなく、引用箇所以外でも判決に強い影響を与えたと思われる、法学者と心理学者による共同執筆の論文を手がかりに、主張の内容を概観してみたい[*23]。

(2) 刑法の基本原則と少年の有責性

　議論の出発点は、刑罰は生じた害の量だけでなく行為者の非難可能性とも均衡していなければならないとの基本原則である。したがって、少年犯罪者が発達上未成熟である場合、有責性が低減していると評価され、その処罰の厳しさも低減することになる。同時に、完全に免責するわけではないため、潜在的な犯罪者に犯罪が引き合わないという強いメッセージを発し、社会を防衛することもできる。

　一般論として刑事責任の限定は３つのカテゴリーにおいてなされる。①犯罪に関与するとの選択に影響する意思決定能力に内因性の損傷や欠如がある場合である。これは、精神病、精神遅滞、極端な精神的苦痛、影響や支配にさらさ

れることによって生じうる。②行為者が直面した外部的状況が、通常の（合理的）人であっても同様のプレッシャーにさらされたといえるほどに強制的である場合である。これは、強要、挑発、外傷のおそれや極端な必要性に関係している。③典型的な犯罪と異なり、その行為が行為者の性格を反映しておらず、犯罪が悪性格の産物ではないとされる場合である。たとえば、初犯の場合、真摯な悔悟が表明されている場合や損害回復の努力がされている場合、堅実な仕事に就いていた場合、家族への義務を果たしていた場合、善き市民である場合のように、被告人の確立した性格特性や法の価値を尊重する姿勢に照らして犯罪が異常といえる場合には刑が減軽されうるのである。

　これらのカテゴリーに照らして少年の有責性を検討するならば、①については、青年期の認知的・心理社会的な発達水準が十分でないことは犯罪を含む行動選択に影響し、意思決定能力を損ないうる。②については、意思決定能力の未成熟さと自律性の不足のゆえに、青年期は成人よりも強制的状況の影響を受けやすい。③については、青年期はなおアイデンティティの形成過程にあるため、その犯罪は成人の犯罪より悪性格を反映しづらい。ゆえに典型的な青年期にあっては成人よりも有責性は低減しているといえる。

(3) 少年の有責性と経験科学

　①の意思決定能力の減退に関して、推論能力が子ども期から青年期にかけて増進すること、前青年期や10代前半の認知能力が成人とかなり異なっていることは十分に実証されている。推論能力は、教育や経験を介して得られた特殊なあるいは一般的知識の増大や、注意力や短期・長期記憶や組織化といった基本的な情報処理技術の改善を通じて向上していく。青年期中期までに理解・推論能力は成人とほぼ変わらなくなるとの見解もあるが、犯罪が行われる実際の状況は、実験室内と異なり、感情をかき立てる状況下でかつ通常集団的状況下での意思決定であり、同列には論じられない。

　さらに、認知能力に違いがないとしても、青年期は心理社会的に未成熟であるため、その判断は成人のそれとは異なりうる。認知能力が意思決定のプロセスに関係するのに対し、心理社会的要素は価値や選好に関連し、意思決定の結果に影響する。第1に、同輩から影響を受ける度合いは親から自立し始める

10代中盤まで高まり、その後緩やかに低下していく。このことは、同輩から誘われた反社会的行いと自ら選択した向社会的行いのうちどちらを選択するかに関する実験研究で明らかになっている。第２に、青年は仮定的条件についての認知的限界と人生経験の少なさのゆえに、成人より短期的な利害を重視する。このことは避妊しない性交渉や美容整形に関してリスクを冒すかを尋ねた研究で明らかである。第３に、時間感覚の乏しさ、リスクを魅力的と感じる価値観、集団で行動することの多さに起因して、青年は成人よりもリスクを過小評価する。このことは、治験への参加やギャンブルをする状況を設定した実験で示されている。第４に、青年期は成人よりも気分、衝動、行動を統制することが困難である可能性を示唆する研究がある。

　これらの研究成果は、神経心理学、神経生物学により補強される。青年期の脳の発達、青年期と成人の脳の活動パターンの相違に関する研究によれば、たとえば思春期の大脳辺縁系の変化はより高レベルの新規性を求め、リスクを冒し、情動性やストレス脆弱性を増加させる。また前頭前皮質の発達の様相は、高次の認知能力は青年期後期においても未成熟でありうることを示唆している。２つの研究領域の知見の関連性は間接的なものにとどまるが、同じ方向性を示しており、少年の意思決定能力が成人に比して減退していると信じる正当な理由がある。

　②の異常な外部的事情の影響に関しては、前述のように仮定的状況で同輩の圧力を受けやすいことからすれば、青年期は成人よりも同輩の影響を受けやすく、より挑発に乗りやすく、強要への耐性が弱いと推測することに説得力がある。もっとも、この点についてはさらなる研究が必要である。

　③の性格の未形成に関しては、多くの経験的研究が示すように、青年期中期にアイデンティティの危機が訪れ、しばしば違法活動や危険行動が行われるが、青年期後期または成人期初期になればさまざまなアイデンティティ要素の発達した自我への統合が生じる。ほとんどのティーンはつかの間この種の活動に手を染めるが、アイデンティティ確立とともに手を引く。成人後も継続する者はごく一部にすぎない。ほとんどの少年犯罪は、悪性格を反映した根深い道徳的欠陥ではなく、危険な行動に手を出すというありふれた試みに由来する。少年犯罪者を駆け出しの精神病質者とみる見解もあるが、精神病質性が青年期から

成人期にかけて安定し継続することを示すデータはない。

(4) 少年に死刑を科すことへの示唆

このように、少年の犯罪への意思決定は、未成熟な判断と性格の未形成を反映している。それは、情緒障害、精神病、精神遅滞、異常な強制状況の故に意思決定能力が損なわれ、したがって犯罪が性格を反映していないがため非難可能性が低減している成人犯罪者に類似している。しかし、これらの刑減軽要因が無限に多様性を有するため事案ごとの個別評価になじむのに対し、青年期はおおよそ体系的な成熟の過程をたどる相対的に明確な集団であるため、一律に軽減事情として扱うのになじむ。このことは実務を効率的にすることにも役立つ。しかも、そうしなければ、しばしば未成熟性は無視され、懲罰的な反応が引き起こされるおそれがある。同情できる事案や子どもっぽい外観などの些末な事柄がある事案においてのみ、未成熟性が減軽要素として扱われるならば、問題であろう。これに対して、少年が成熟している場合には成人の罰を受けるのが公正だとの意見もあるだろう。しかし、現在のところ、心理社会的な未成熟性を個別に信頼できる方法で評価するための診断ツールは存在していない。事案ごとの評価は誤りやすい。

年齢により能力の相違が存在するという間接的証拠は十分である。決定的な研究はまだされていないけれど、とりわけ生と死に関わる決定がされる場合には、そういった研究がなされるまで死刑回避の方向で判断を誤るのが賢明である。

6 裁判所独自の判断の検討

このように少年の有責性低減に関する科学的知見は、トンプソン判決で引用された一般的な青年期の特性論にとどまらず、刑法の基本原則に即して整理された形で主張されるに至っており、かなりの説得力を有するように見える。しかし、ローパー判決の反対意見は多方面にわたって反論を試みているため、それを検討しなければならない[24]。

第1に、青年期が一般的に成人よりも成熟していないとしても、十分に成熟

している場合が稀であるとの証拠はない。第2に、成熟性の程度には個人差があり、年齢で線引きを行うことは恣意性を免れない。第3に、アトキンス判決で問題となった精神遅滞者の場合は、「定義上」認知や行動の能力が損なわれているが、青年期と能力の間にはそのような対応関係がない。第4に、罪刑の均衡性をよりよく達成できるのは、一律に少年への死刑を禁止することではなく、陪審が減軽要素を適切に判断できるように個別事情に即した量刑を可能にしておくことである。第5に、陪審に死刑の決定を委ねる制度は、彼らに適切な判断能力があると信頼することが前提となっている。陪審は成熟性の判断を適切に行えないというが、他の要素とは異なり成熟性だけを特別に扱う根拠は示されていない。

さらに、第6に心理学的知見は妊娠などのリスクについての調査に基づいており、殺人のような重大な結果をもたらす行動を同列に扱うことはできない。第7に、アメリカ心理学協会は、親の同意なしに中絶を決断する能力は16歳未満でも十分に備わっているという科学的知見があると主張しており、その主張と18歳未満の成熟性は十分でないとの主張の整合性は疑わしい。

以上の批判のうち、1点目については、ある目的のために一定の年齢で線引きを行う制度を設ける際に、そこまでの証拠の存在は通常要求されないと思われる。たとえば青年期への悪影響を理由に喫煙禁止年齢を設定する場合、悪影響が及ぶことが一般的に認められるのであれば十分なのではないだろうか。

2点目、4点目については、例外的に青年期ですでに十分な成熟を遂げている場合がありうるとしても、それを適切に判別できないとすれば、個別審査に委ねるべきでないという見解には説得力がある。少年期に犯罪を犯した者の予後を調査した研究で、成人後に立ち直った場合と常習的な犯罪者になった場合とで、少年期の犯罪の特徴は類似しているとの指摘は重い[*25]。

3点目については、青年期にあっては必ずしも精神遅滞者ほどに認知・行動能力が低減していない場合があるというのはそのとおりであろう。むしろそうでない場合が通例だと思われる。しかし、少年の有責性低減の根拠に、人格が形成途上にあり、犯行に本人が本来有している悪性が反映する程度が低いという精神遅滞者には見られない特徴が含まれている点に注目する必要がある。この可塑性とか成長発達可能性という言葉で語られてきた要素を有責性評価に組

み込むことで、精神遅滞者ほどに能力が低減していない場合であっても、それを補うという論理構成が用いられているのである[*26]。これはまさに、少年に特有の罪責評価と言いうるであろう。

5点目については、未成熟性という要素を特別扱いするのは、それが将来についての予測判断を伴っており、かつ、刑を減軽する要素でありながら加重する要素としても受け取られうるという両義的な性質を有しているからであろう。再犯の可能性など予測判断は一般に難しいが、科学的知見を適正かつ謙虚に用いれば不可能とまではいえないであろう。他方で、精神障害のように両義的な性質を有する判断は他にもあるが、その場合は必ずしも予測判断には重点がない[*27]。この2つの特徴を併せ持つ未成熟性の評価は、陪審の判断にはなじまないという結論は十分な合理性を有すると思われる。

6点目については、殺人などの行動を別異に扱うというのであれば、むしろその根拠を示すべきであろう。一定の科学的知見を受け入れたうえで、その適用範囲について素人的に限定をかける姿勢は科学の用い方として適正とは思われない。

7点目については、認知的能力は情緒的・社会的成熟性よりも早期に成人と同じ水準に達するため、青年期は、妊娠を終わらせる決断をするのに必要な能力を有しつつ、それでもなお刑事責任の程度は成人よりも低いと主張することはまったく合理的である、と反論されている。具体的には、認知能力の発達は16歳まででほぼ頭打ちになるのに対し、心理社会的成熟性は青年期中期にはじめて発達し始め、青年期後期から成人期初期にかけて発達し続ける。すなわち10-11歳、12-13歳、14-15歳、16-17歳の各グループ間では心理社会的成熟性に有意な相異はないのに対し、16-17歳と22-25歳の間、18-21歳と26-30歳の間には有意な相異がある、というデータが存在するとされている[*28]。

このように見てくると、裁判所が独自の判断として、少年の有責性は一般に成人より低減しており、そうでない場合があるとしてもそれを適切に判別するのが難しい以上、最悪の犯罪者だけに留保されるべき死刑を少年に科すことは一律にすべきでない、とした判断は、相応の科学的根拠を有し、それに究極の人権侵害でありかつ取り返しがつかないという死刑の特殊性[*29]を加味するならば、十分に是認できるように思われる。

7　日本法への示唆

　以上に見てきたようなアメリカの動向を日本はどう受け止めるべきだろうか。まず確認すべきなのは、永山判決以降の少年に対する死刑判決は数えるほどであり、かつてに比べて極端に少なくなってきているということである[*30]。ただし裁判員制度開始以前の職業裁判官による判断が、国民の意思をどれだけ反映しているかという問題はある。また、個別事件で死刑を要求する世論は一般的に非常に強いように見える。しかし、そのようなあまりにも不安定な生の世論をそのまま受け止めることは、アメリカでも避けられており、すべきではなかろう。またアメリカでは、強固な国民的合意が要求されなくなってきており、国民の間に死刑に慎重な姿勢が見受けられれば、裁判所独自の判断を許容する前提としての国民的合意要件はクリアーされるとみることもできるように思われる。そうすると、長い目で見て、少年事件に対しては死刑以外の選択肢でも十分だという意識が徐々に醸成されつつあるかどうかを問うべきことになるだろう。そしてこのことは、少年に対する死刑を極小化する裁判所の動向に対して、世論が強く反発しているように見えない日本においても、十分に肯定されるように思われる。

　次に検討すべきは、日本で問題なのは、アメリカではなお死刑の対象となっている犯行時18歳以上20歳未満の少年であるという点である。しかし先に提示したデータによれば、心理社会的成熟性は18歳以降、さらに成人後もなお発達し続ける。その中で、どこで少年と成人の線を引くかは、ローパー判決が言うようにさまざまな制度に現れる社会の意識を参考にして決めるしかない。この点で、日本では民法の成年年齢をはじめとして多くの制度が20歳を区切りとしており、社会的な意識としてもこのラインを超えると成人すると考えられている以上、ラインを20歳に引くことは十分に合理的である。日弁連の提言が援用する、北京ルールズが死刑廃止のラインを「少年」とし、具体的な年齢を明示していないことも、国際的動向としてこの主張を裏づける。

　なお、関連して、日本では近い将来に成年年齢が18歳に引き下げられる可能性があるため、付言する。この構想はもともと少年の成熟度が向上したとの

認識に基づくものではなく、「大人としての自覚を高める」という政策的な理由により提言されたものである。しかも世論は、未成熟性を理由に成年年齢引下げには反対だが、少年法適用年齢の引下げには賛成というねじれた状態にあるとされる[*31]。世論は20歳未満の少年は社会的に未成熟と意識しているが、専門的知見をよく理解していないがために厳罰化に賛成していると評価できる。そうだとすると、世論の厳罰化要求そのものを受け止める必要はない。少なくとも死刑の議論に関しては、成年年齢が引き下げられるかどうかを意識する必要はない。

　最後に、日本で立法者および裁判所に求められる専門家独自の判断について述べる。18歳以上の少年の精神的成熟度は一般に未発達であり、有責性が低減しているという科学的知見がアメリカでは確立しつつあり、それは日本でも同様に当てはまる可能性が高い。このことは日本の研究者や弁護士会が重視する少年法の理念が実証的基盤を獲得しつつあることを意味する。有責性が低減した少年の犯罪に対しては、永山基準にいう「罪刑の均衡、一般予防」を基準としても、罪刑が均衡せず、また十分な一般予防効果も期待できない。究極の人権侵害であり取り返しがつかないという死刑の特殊性をも加味すれば、こういった少年に死刑を科すべきではないことになる。もちろん成人同様の成熟度を示す少年がいないとはいえないが、それを判別するのは困難である。しかも判断者たる裁判員は、この減軽事由を十分に理解せずむしろ外形的な結果の重大性に目を奪われたり、少年であることを刑を加重する事由と評価するおそれがある。この状況では、成人事件と同様の基準を用いつつ事実上謙抑的な運用を行うという従来のやり方に限界があることは明らかである。そこで永山基準の下位基準として、裁判員にも適用が容易で、適切な判断を担保する新たな基準を定立する必要がある。その内容は、少年は原則として未成熟な存在であるから死刑は科されえず、例外的に犯行時被告人に十分な精神的成熟度が存在していたと確認できた場合にのみ死刑の余地が生じるというものであるべきだろう。これは学説上有力な、更生可能性がある限り死刑を回避するという主張とは異なるものの、実質的には重なることが多いものである。しかしこの基準を用いてもなお、判断の誤りが発生するおそれは残る。精神的成熟性の判断は不確実であるためである。究極的には、犯行時20歳未満の少年に対して死刑を

科すことを立法あるいは解釈により禁止することが必要になると思われる。以上のことは、アメリカ合衆国憲法の解釈論として展開されている判例法を参考にした立論であり、日本でも憲法論として要請されるべきものである[*32]。

8 おわりに

　少年と死刑という問題に関してアメリカ法を参照した結果、世論をさまざまな夾雑物にまみれた生の形ではなく、少年に対する死刑適用を謙抑的に行う運用に対して強い反発がないという限度で受け止めることを前提に、最近の経験科学的知見を踏まえて、裁判所や立法者の専門家としての独自の判断において、少年に対する死刑を抑制しさらに禁止すべきという結論に至った。このことは、国連自由権規約人権委員会の「世論調査の結果如何にかかわらず、締約国は、死刑廃止を前向きに考慮し、公衆に対して、必要があれば、廃止が望ましいことを伝えるべきである。廃止までの間、B規約第6条2に従い、死刑は最も重大な犯罪に厳しく限定されるべきである」との第5回日本政府審査最終見解(2008年)にも沿うものである。この見解もまた専門家の独自の判断を後押しするものである。

　ところが、2012年2月20日最高裁判所第一小法廷は、光市事件第2次上告審において、上告を棄却し、原審の死刑判断を維持した。本件では犯行時18歳になって間もない少年であった被告人の精神的成熟度およびそれと密接な関連のある更生可能性が大きな争点であった。しかし、法廷意見は「更生の可能性もないとはいえない」とするのみで、その程度については言及せず、またこの事情が死刑相当判断において果たすべき役割についても明確にすることがなかった。これに対して反対意見は、精神的成熟度が少なくとも18歳を相当程度下回っていることが証拠上認められるような場合、死刑を回避するに足るとくに酌量すべき事情になると主張したものの、補足意見はこれに反論する形で、少年法51条1項は形式的基準であり、精神的成熟度は単なる一般情状にすぎないとした[*33]。

　最高裁判所判事の多数派が、少年事件の特殊性と死刑事件の特殊性が交錯し最も慎重な判断が求められるこの領域で、形式的な判断に終始したことは深刻

である。この問題を憲法問題として理解したうえで、少年の有責性判断の特殊性を適切に評価することを可能にし、かつ十分な安全装置を備えた判断枠組みを確立することが急務である。

*1 　司法研修所編『量刑に関する国民と裁判官の意識についての研究』(法曹会、2007年)125頁。
*2 　多く指摘されていることであるが、たとえば、武内謙治「少年に対する裁判員裁判」季刊刑事弁護69号(2012年)191頁、斉藤豊治「裁判員裁判と少年の死刑判決」『人権の刑事法学(村井敏邦先生古稀記念論文集)』(日本評論社、2011年)797頁参照。
*3 　ただし、それが本来の永山基準であるかどうかには疑問があり得る。本庄武「少年事件での死刑判決——石巻事件における裁判員裁判」法学セミナー678号(2011年)38頁を参照。
*4 　門野博「刑事裁判ノート：裁判員裁判への架け橋として(9)」判例タイムズ1337号(2011年)55頁は、少年事件に携わり、多くの非行少年が更生していく姿を目の当たりにするなかで、少年事件では更生可能性を慎重に判断しなければならないと思うようになった旨述べる。このような感覚は多くの裁判官に共有されているのかもしれない。
*5 　永山事件以降で少年時の犯行について死刑が確定したのは、市川一家殺害事件(最判平13・12・3集刑280号713頁)、木曽川長良川事件(最判平23・3・10集刑303号133頁)、そして光市事件(最判平24・2・20裁判所HP)と3件5名しかなく、対象をいったん死刑判決が下されたことのあるものに広げても、石巻事件(控訴審継続中)以外には、大高緑地アベック殺人事件第一審(名古屋地判平元・6・28判時1332号36頁。控訴審である名古屋高判平8・12・16判時1595号38頁で無期懲役に減軽)が加わるだけである。
*6 　もちろん裁判所がこれまで個々の少年事件で言い渡してきた死刑判決の妥当性については別論である。
*7 　川村百合「19歳の少年に対する死刑判決を考える」世界814号(2011年)209頁。
*8 　菅原由香「裁判員裁判初の年長少年に対する死刑判決」季刊教育法169号(2011年)104頁。
*9 　日本弁護士連合会「罪を犯した人の社会復帰のための施策の確立を求め、死刑廃止についての全社会的議論を呼びかける宣言」(2011年)。
*10 　Trop v. Dulles, 356 U.S. 86 (1958). 以下で言及するものも含め、米判例の邦語での紹介として、小早川義則『デュープロセスと合衆国最高裁Ⅰ』(成文堂、2006年)がある。

*11 Coker v. Georgia, 433 U.S. 584 (1977), Enmund v. Florida, 458 U.S. 782 (1982).
*12 Thompson v. Oklahoma, 487 U.S. 815 (1988).
*13 Stanford v. Kentucky, 492 U.S. 361 (1989).
*14 Roper v. Simmons, 543 U.S. 551 (2005).
*15 この判断は、連邦最高裁史上初めて国際人権法を援用したものとして大いに注目された。
*16 Thompson, 487 U.S. 815, 835.
*17 Stanford, 492 U.S. 361, 382.
*18 Thompson, 487 U.S. 815, 829.
*19 Atkins v. Virginia, 536 U.S. 304 (2002). アトキンス判決が覆したのは、スタンフォード判決と同日に言い渡されていた、Penry v. Lynaugh, 492 U.S. 302 (1989)であった。
*20 Roper, 543 U.S. 551, 594.
*21 Graham v. Florida, 130 S. Ct. 2011 (2010).
*22 Aliya Haider, Roper v. Simmons: The Role of the Scientific Brief, 3 Ohio St. J Crim. 369 (2006).
*23 Laurence Steinberg & Elizabeth S. Scott, Less Guilty by Reason of Adolescence: Developmental Immaturity, Diminished Responsibility, and the Juvenile Death Penalty, 58 Am. Psychologist 1009 (2003).
*24 以下の第1点から第5点はオコナー裁判官の反対意見、第6、7点はそれに加えてスカリア裁判官の反対意見に現れた指摘である。Roper, 543 U.S. 551, 598; 617.
*25 Steinberg & Scott, supra, at 1015.
*26 犯行に規範意識(の低さ)が反映している程度に応じて、責任が重くなるという理論は、日本でも性格論的責任論(性格相当性の理論)という名で主張されている。問題点も含め、井田良『講義・刑法学総論』(有斐閣、2008年)360頁を参照。他方で、少年には将来成長発達を遂げることで、自らの犯行を冷静に見つめ刑事罰を受ける以外の形で責任を果たしていくことが期待できる、という点に注目して、少年に特有の有責性の低減論を導く可能性もあると思われる。こうした構想については、本庄武「少年刑事事件における、憲法上の権利としての手続的・実体的デュー・プロセス」『刑事法における人権の諸相(福田雅章先生古稀祝賀論文集)』(成文堂、2010年)227頁を参照。
*27 ただし、裁判員裁判で責任能力判断をどう適正に行うかは難問である。
*28 Laurence Steinberg, et al., Are Adolescents Less Mature Than Adults?: Minors' Access to Abortion, the Juvenile Death Penalty, and the Alleged APA "Flip-Flop", 64 Am. Psychologist 583 (2009).
*29 本庄武「裁判員時代における死刑事件のデュー・プロセス」季刊刑事弁護64号(2010年)70頁。

*30 永田憲史「犯行当時少年であった被告人に対する死刑選択基準」同『死刑選択基準の研究』(関西大学出版部、2010年)73頁。
*31 広井多鶴子「成年年齢と若者の『精神的成熟』——民法と少年法の改正をめぐって」実践女子大学人間社会学部紀要6集(2010年)9頁。
*32 罪刑均衡は憲法31条の要請するところである。
*33 補足意見は18歳未満と同視できる場合に51条1項を適用するとの解釈は採れない旨を強調するが、反対意見は、18歳という年齢にはこだわっていない。指導理念としての北京ルールズや刑法・少年法の諸規定から結論を導いているのであり、補足意見の指摘は的外れと言わざるをえない。この判決の意味については、本庄武「光市事件第二次上告審判決——死刑の理由は説明されたのか」世界830号(2012年)160頁も参照。

※　本章は、同テーマの論文(季刊刑事弁護70号〔2012年〕101〜111頁)に加筆・訂正して転載したものである。

(ほんじょう・たけし／一橋大学准教授)

執筆者・翻訳者プロフィール(執筆順)

髙山佳奈子(たかやま・かなこ)

京都大学大学院法学研究科教授。1968年、東京都生まれ。1991年、東京大学卒業。成城大学助教授などを経て、現職。主な著作に、『故意の違法性の意識』(有斐閣、1999年)、『法の同化：その基礎、方法、内容――ドイツからの見方と日本からの見方』(カール・リーゼンフーバーと共編著、de Gruyter、2006年)、『たのしい刑法Ⅰ 総論』(島伸一ほかと共著、弘文堂、2012年)などがある。

永田憲史(ながた・けんじ)

関西大学法学部准教授。1976年、三重県生まれ。2005年、京都大学大学院法学研究科民刑事法専攻博士課程研究指導認定退学。主な著作に、『死刑選択基準の研究』(関西大学出版部、2010年)、「罰金刑の量定(一)」関西大学法学論集57巻2号(2007年)、「同・(二・完)」57巻3号(2007年)などがある。

佐藤 舞(さとう・まい)

オックスフォード大学・犯罪学研究センター(Centre for Criminology)のオックスフォード・ハワードリーグ・フェロー。1981年、東京生まれ。2010年法学博士(PhD、ロンドン大学・キングスカレッジ)。主な著作に「司法・立法は『世論』とどのように向き合うべきか？――海外の研究に基づいて」犯罪と非行152号(2007年)、「裁判員は死刑判決を適切に行えるか――死刑に対する態度と知識」季刊刑事弁護62号(2010年)などがある。

木村正人(きむら・まさと)

高千穂大学准教授。1976年、北海道生まれ。早稲田大学助教等を経て、現職。近著に「意志と行為の現象学：ヒルデブラント・ライナー・シュッツ」行為論研究1号(2010年)、「シラバスにみる社会学知の変遷――分野別開講状況と科目名の動向」(那須壽編『知の構造変動に関する理論的・実証的研究』2007-2009年度科学研究費補助金(基盤B)研究成果報告書、2010年)などがある。

本庄 武(ほんじょう・たけし)

一橋大学准教授。1972年、福岡県生まれ。一橋大学専任講師を経て現職。主な著作に、「少年刑事事件における、憲法上の権利としての手続的・実体的デュー・プロセス」『刑事法における人権の諸相――福田雅章先生古稀祝賀論文集』(成文堂、2010年)、「裁判員時代における死刑事件のデュー・プロセス」季刊刑事弁護64号(2010年)などがある。

山崎優子(やまさき・ゆうこ)

立命館大学グローバルイノベーション研究機構「法と心理学」研究拠点の創成博士研究員。2008年、北海道大学で博士(文学)取得。主な著作に「裁判員への知識の教示とその効果――模擬裁判実験による検討」裁判員制度と法心理学(ぎょうせい、2009年)、「『未必の故意』に関する教示が司法修習生と大学生の裁判理解および法的判断に及ぼす影響」法と心理7号(日本評論社、2008年)などがある。

後藤貞人(ごとう・さだと)

弁護士(大阪弁護士会所属)。1947年、大阪生まれ。1969年、大阪大学卒業。主な著作に、『公判前整理手続を活かす』(分担執筆、現代人文社、2005年)、『公判前整理手続を活かす Part2 (実践編)』(分担執筆、現代人文社、2007年)、『法廷弁護技術』(分担執筆、日本評論社、2007年)、『裁判員裁判における弁護活動――その思想と戦略』(分担執筆、日本評論社、2009年)などがある。

福井 厚（ふくい・あつし）

京都女子大学法学部教授。1942年、神戸市に生まれる。1966年、京都大学法学部卒業。主な著作に『刑事訴訟法〔第6版〕』(有斐閣、2009年)、『刑事訴訟法講義〔第5版〕』(法律文化社、2012年)、『未決拘禁改革の課題と展望』(編、日本評論社、2009年)などがある。

デイビッド・T・ジョンソン（David T. Johnson）

ハワイ大学教授。専門は法社会学。シカゴ大学で社会学を専攻後、カリフォルニア大学バークレー校で法律学と社会政策の博士号を取得。"The Japanese Way of Justice"で2002年にAmerican Society of Criminology、2003年にAmerican Sociological Associationの各最優秀図書賞受賞。主な著作に、"The Japanese Way of Justice: Prosecuting Crime in Japan," New York: Oxford University Press, 2002, "The Next Frontier: National Development, Political Change, and the Death Penalty in Asia," New York: Oxford University Press, 2009（Franklin E. Zimringとの共著）。

布施勇如（ふせ・ゆうすけ）

龍谷大学法学研究科博士後期課程在籍。1966年、新潟生まれ。2004年、アメリカ・オクラホマシティ大学修士号(刑事政策)取得。主な著作に『アメリカで、死刑をみた』(現代人文社、2008年)、「性犯罪者の登録・情報公開と連邦主義」季刊刑事弁護57号(2009年)など、共訳著に『グローバル化する厳罰化とポピュリズム』(現代人文社、2009年)がある。

ウィリアム・A・シャバス（William A. Schabas）

アイルランド国立大学教授、アイルランド人権センター所長。1950年、米国クリーブランド生まれ。トロント大学卒業、モントリオール大学博士。ケベック州弁護士などを経て2000年より現職。2002年から2004年までシエラレオネ真実和解委員会委員。主な著作に"The Abolition of the Death Penalty in International Law, 3rd ed.," Cambridge: Cambridge University Press, 2002, "Introduction to the International Criminal Court, 3rd. ed.," Cambridge: Cambridge University Press, 2007などがある。

趙 炳宣（チョ・ビュンソン、Cho Byung-Sun）

韓国の清州大学校法科大学教授。1959年、ソウル生まれ。アメリカのSt. Louis University School of Law（セント・ルイス法科大学院）の兼任教授。主な著作に、『秩序違反法』(韓国刑事政策研究院、1991年)、『環境刑法』(清州大学校出版部、1998年)、"South Korea's changing capital punishment policy: The road from de facto to formal abolition" Punishment & Society, Vol. 10 No.2（2008). 171-206などがある。

北野嘉章（きたの・よしあき）

静岡県立大学大学院国際関係学研究科助教。1978年、熊本生まれ。2010年、京都大学大学院法学研究科博士後期課程修了。主な著作に、「国際刑事裁判所による管轄権行使の国際法上の根拠付け——裁判所規程の起草過程の検討を中心に——(一)・(二)・(三・完)」法学論叢163巻3号(2008年)・163巻5号(2008年)・163巻66号(2008年)、「国際刑事裁判所といわゆる九八条協定(一)・(二)・(三・完)」法学論叢168巻1号(2010年)・168巻3号(2010年)・168巻5号(2011年)などがある。

死刑と向きあう裁判員のために

2011年4月10日　第1版第1刷
2012年5月20日　第1版第2刷（増補）

編著者	福井　厚
発行人	成澤壽信
発行所	株式会社現代人文社
	〒160-0004　東京都新宿区四谷2-10八ッ橋ビル7階
	振替　00130-3-52366
	電話　03-5379-0307（代表）
	FAX　03-5379-5388
	E-Mail　henshu@genjin.jp（代表）／hanbai@genjin.jp（販売）
	Web　http://www.genjin.jp
発売所	株式会社大学図書
印刷所	株式会社ミツワ
装丁	Malpu Design（星野槇子）

検印省略　PRINTED IN JAPAN　ISBN978-4-87798-479-3　C0036
©2011　FUKUI Atsushi

本書の一部あるいは全部を無断で複写・転載・転訳載などをすること、または磁気媒体等に入力することは、法律で認められた場合を除き、著作者および出版者の権利の侵害となりますので、これらの行為をする場合には、あらかじめ小社また編集者宛に承諾を求めてください。